La communication authentique

APPROFONDISSEZ VOS RELATIONS INTIMES

3e édition revue et corrigée
40e MILLE

Autres ouvrages de Colette Portelance
aux Éditions du Cram

Relation d'aide et amour de soi

La communication authentique : approfondissez vos relations intimes

Éduquer pour rendre heureux

La liberté dans la relation affective

Vivre en couple et heureux, c'est possible

Aimer sans perdre sa liberté

La guérison intérieure, un sens à la souffrance

La guérison intérieure par l'acceptation et le lâcher-prise

Les 7 étapes du lâcher-prise

3 grands secrets pour réussir votre vie amoureuse

COLETTE
PORTELANCE

La communication authentique

APPROFONDISSEZ VOS RELATIONS INTIMES

Table des matières

À mon conjoint
et à mes quatre enfants
pour ce qu'ils m'ont donné,
pour ce qu'ils m'ont appris,
pour ce qu'ils sont.

Introduction

Les plus grandes joies de ma vie, celles qui m'ont le plus conviée à l'amour, celles qui ont alimenté en moi l'espoir, celles qui m'ont le plus donné le goût et la force de franchir tous les obstacles, sont des joies issues de moments de communication profonde. Par contre, les plus grandes souffrances, celles qui ont suscité le plus de remises en question, celles qui ont contribué le plus largement à ma réalisation, ont presque toutes été des souffrances causées par des insatisfactions relationnelles. Par la relation, j'ai connu des moments de bonheur intense et des instants où la souffrance prenait toute la place. Ces diverses expériences ont fait de moi une personne vivante, jamais éteinte ni terne.

J'ai vécu pleinement ma vie jusqu'à ce jour et, par conséquent, j'ai rarement été habitée par le regret. Quand la joie était au rendez-vous, je la vivais entièrement et, lorsque la souffrance se manifestait, elle remplissait tout mon être. Certaines périodes de crise de ma vie affective ont déclenché en moi tellement d'angoisse que j'ai parfois perdu l'espoir d'émerger de la douleur dans laquelle je m'étais enlisée. J'ai pleuré. J'ai crié. J'ai accusé et condamné les autres. Je me suis accusée et condamnée. J'ai aussi versé dans la plainte, l'apitoiement, la *victimite*. Comme il est facile, quand nous souffrons, de rendre les autres responsables de notre souffrance et d'essayer de les changer pour qu'ils nous rendent enfin heureux ! D'autre part, comme il est naturel, quand nous nous sentons coupables, de nous attribuer tous les torts et de nous laisser happer par le puits sans fond de la pulsion de mort ! En effet, j'ai parfois laissé à ceux auxquels j'étais attachée la responsabilité de combler mes manques et le pouvoir d'assurer mon bonheur. J'ai aussi, et trop souvent, pris sur mes épaules la responsabilité de leur souffrance, même quand elle ne m'appartenait pas. À ces moments-là, je me suis placée dans des situations d'insécurité et d'impuissance qui m'enlevaient tous les moyens dont j'aurais pu disposer pour prendre ma vie en main, pour trouver ma liberté et être heureuse.

Quand je connaissais des instants profonds de désespoir, il m'arrivait de chercher dans des livres, dans des cours, dans les astres la solution magique à mes problèmes, la recette miracle, la technique-choc qui me sortirait de mes angoisses relationnelles. Dans ces moments de désarroi, je plaçais à l'extérieur de moi non seulement la source de mes déboires, mais aussi la clé de ma délivrance. J'entretenais ainsi mes blessures, le manque de confiance en moi et un sentiment permanent d'esclavage. Quand j'imputais à l'autre la cause de ma souffrance, je devais le blâmer, le punir, le culpabiliser ou le rejeter jusqu'à ce qu'il change. Comme j'attendais tout de lui, je contribuais moi-même à augmenter ma souffrance, parce que je brisais, du moins pour un temps, la relation dont j'avais tant besoin. Par contre, lorsque je m'assignais tous les torts sans discernement – et c'est l'attitude que j'adoptais le plus souvent –, je *m'autodétruisais* entièrement et j'entretenais le manque d'amour de moi. Dans ce dernier cas, la honte et la culpabilité non accueillies m'empêchaient de rester en relation.

J'ai tenté des démarches de toutes sortes avant d'accepter mon besoin des autres et de comprendre d'où provenait ma difficulté relationnelle avec certains d'entre eux. Quand l'angoisse du manque ou de la peur m'envahissait, c'est d'abord avec moi que j'éprouvais de la difficulté à être en relation. Pour saisir la cause de mes insatisfactions, j'ai dû apprendre à communiquer authentiquement avec moi-même avant d'être en mesure de communiquer authentiquement avec les autres.

Ce livre résulte précisément de plusieurs décennies d'expériences relationnelles de nature affective, tant personnelles que professionnelles, qui m'ont conduite à la découverte de la communication authentique. Il ne contient pas de recettes, pas de trucs, pas de solutions magiques aux problèmes de communication. En effet, nous n'apprenons pas à être en relation par des techniques, mais par une ouverture à notre mouvance intérieure, une écoute de notre vie profonde, un regard accueillant sur nos blessures, une acceptation inconditionnelle de toutes nos facettes. Apprendre à communiquer authentiquement, c'est apprendre à vivre et à rester vivant avec l'autre, tant dans le bonheur que dans la souffrance.

C'est à cette ouverture au monde de la relation profonde à soi et aux autres que vous convient ces pages. Vous y apprendrez d'abord en quoi consiste la communication authentique, comment communiquer, quels sont les éléments et les niveaux de la communication, quels en sont aussi les obstacles et les *facilitateurs*. Y seront aussi abordés les problèmes de communication dans le couple, avec les parents, avec les enfants, avec l'autorité.

J'ai écrit ce livre non seulement à partir de mon expérience de fille, de mère, d'amie, de conjointe, mais aussi avec mon expérience professionnelle de pédagogue, de thérapeute en relation d'aide, de créatrice et de formatrice à l'Approche non directive créatrice[MD] (ANDC[MD]) et d'ancienne directrice de l'école de formation des thérapeutes non directifs créateurs : le Centre de Relation d'Aide de Montréal (CRAM[MD]). Aussi cet ouvrage s'adresse-t-il à tous ceux qui, sur le plan personnel et dans l'exercice de leur profession ou de leur fonction, accordent une importance capitale à la relation et à la communication. Par exemple, il concerne autant les parents et les conjoints que les spécialistes de la santé psychique et physique : psychothérapeutes, psychologues, psychiatres, psychanalystes, travailleurs sociaux, enseignants, infirmiers, spécialistes de la médecine allopathique ou alternative, etc.

À chaque lecteur, je suggère d'aborder la lecture de ces pages avec un regard sur lui-même plutôt que sur les autres ; je lui propose une remise en question de lui-même plutôt qu'une remise en question des autres. C'est la seule façon d'en retirer un enseignement vraiment utile pour apprendre à communiquer et à être en relation. C'est le seul moyen de récupérer le pouvoir sur sa vie et de trouver enfin une satisfaction dans ses relations affectives, que celles-ci soient de nature personnelle ou professionnelle.

S'ouvrir à la communication authentique, c'est d'abord et avant tout prendre la route qui mène au cœur de nous-mêmes, là où nous sommes certains de pouvoir rejoindre l'essentiel, parce que cette route est la seule voie de la véritable relation, d'une relation constructive et propulsive tissée de vérité, de profondeur, de liberté et d'amour vrai.

Chapitre 1

La communication authentique

En m'assoyant à ma table de travail pour écrire sur la communication authentique, rien d'autre ne me vient à l'esprit que des images de mon enfance et de mon adolescence, des images de mes dimanches à la campagne.

Des plages de bonheur ont existé au cours de ces dimanches où mon père, qui profitait de son demi-jour de congé hebdomadaire, prenait le temps de rire, de jouer, de parler, d'écouter, de communiquer avec moi.

Ces images heureuses qui surgissent aujourd'hui comme un cadeau me rappellent les moments ensoleillés que j'ai connus avec cet homme qui m'a beaucoup appris sur la communication authentique. Il m'écoutait comme si j'avais été l'être le plus important du monde. Il me parlait de lui avec tellement d'authenticité que j'ai développé, petite fille, un grand besoin de communiquer authentiquement. Ces moments figurent parmi les plus importants et les plus beaux de ma vie d'enfant et d'adolescente, parce que je me sentais aimée et importante. Je comprends maintenant pourquoi je trouve dans la communication authentique tant de satisfaction et de bonheur.

Que signifie « communiquer authentiquement » ?

Dans le Petit Robert, **communiquer signifie *être en relation***. Au mot « relation », le même Petit Robert précise, notamment, qu'il s'agit d'un *lien d'influence réciproque*. Il existe donc un lien entre la communication, la relation et l'influence.

Qu'en est-il de l'authenticité ? Lorsqu'il définit le mot *authentique*, Robert écrit : « Qui exprime une vérité profonde de l'individu et non des habitudes superficielles, des conventions. » Il complète sa définition par cette citation éclairante de Gide : « Je crois que les sentiments authentiques sont extrêmement rares et que l'immense majorité des êtres humains se contentent de sentiments de convention qu'ils s'imaginent réellement éprouver. » Autrement dit, être authentiques, c'est exprimer nos sentiments réels. L'authenticité suppose une profondeur qui dépasse les apparences, une intériorité qui touche la vie psychique de l'être, une énergie qui reflète l'intensité réelle de ce qui est exprimé. En fait, l'authenticité est l'expression pure de la vie intérieure de la personne humaine. Être authentiques, c'est être pleinement nous-mêmes.

Communiquer authentiquement, c'est être en relation avec quelqu'un d'autre tout en restant en relation dans l'ici et maintenant avec le plus profond de nous-mêmes, c'est-à-dire avec nos désirs, nos besoins, nos émotions, nos sentiments, nos intuitions et nos blessures.

Aucune véritable relation profonde avec l'autre ne peut exister sans relation avec nous-mêmes. Voilà pourquoi je considère comme un pléonasme l'association des mots *communication* et *authenticité*, en ce sens qu'il est impossible d'être vraiment en relation avec les personnes importantes de nos vies si n'intervient pas l'authenticité, la vérité profonde.

Avoir des relations ou _être_ en relation

Je fais une distinction très nette entre *avoir des relations* et *être en relation*. Nous pouvons *avoir* de nombreuses relations sans vraiment connaître le bonheur d'*être* en relation. Nous pouvons rencontrer beaucoup de gens, leur parler de nos accomplissements, de l'état du monde, des autres, sans jamais révéler notre vérité profonde et sans jamais atteindre la profondeur de l'autre. Néanmoins *avoir des relations* n'a rien de répréhensible, bien au contraire. J'éprouve moi-même un grand plaisir à participer à des discussions intellectuelles sur différents sujets, à établir des contacts avec différentes personnes. Toutefois cela est loin de suffire à mon besoin viscéral de relation, de communication et d'échanges profonds avec les gens que j'aime.

Heureusement nous pouvons découvrir, par la pratique de la communication authentique, que nous possédons tous une capacité à aller au fond de nous, à nous accueillir dans ce que nous avons de plus profond, de plus vrai dans le domaine du ressenti, des émotions et des sentiments réels. Nous pouvons aussi découvrir en nous une capacité à recevoir l'autre dans ce qu'il est vraiment, dans ce qu'il ressent, dans ce qu'il vit au cœur de lui-même, et ce, même quand le vécu ressenti ou exprimé est désagréable. Cela dit, la communication authentique ne s'acquiert pas toujours facilement. Elle se développe et s'apprend à travers l'influence qu'exercent sur nous les relations vraies. Elle s'apprend surtout par un travail qui mène à la relation la plus importante : celle que nous entretenons avec nous-mêmes.

Le phénomène de l'influence en relation

La rencontre de deux êtres qui sont à la fois en relation avec eux-mêmes et avec l'autre produit un impact inconscient et favorable sur le psychisme de chacun parce qu'elle a pour caractéristique d'être vraie et, par conséquent, sécurisante. D'ailleurs, dans toute relation, quel que soit son degré d'authenticité et de profondeur, nous pouvons noter une influence réciproque. En effet, lorsque deux personnes se rencontrent, tout regard, toute parole, tout geste de l'une des deux produit un effet immédiat de transformation sur l'inconscient de l'autre. Par exemple, si le regard de l'émetteur est menaçant, le récepteur peut vivre de la peur et réagir par la fermeture, le silence ou la fuite. Dans ce cas, le regard exerce sur lui un impact sur son vécu et son comportement. Puis, le récepteur devient à son tour l'émetteur et sa fermeture représente un autre langage qui influence le vécu et la réaction de l'autre. Chaque action ou réaction de l'une des personnes en relation entraîne une modification dans le cœur de l'autre. Toute rencontre entre les êtres humains conduit vers une influence réciproque et celle-ci s'avère difficile à cerner parce qu'elle est en majeure partie inconsciente.

Le phénomène de l'influence est subtil, de nature prioritairement affective et sensitive. Il se joue d'inconscient à inconscient et s'exprime par l'attitude, une disposition psychologique qui se dégage inconsciemment d'une personne et qui révèle à l'inconscient d'une autre ses émotions, ses sentiments et ses intentions réelles. Si l'attitude de l'une déclenche des sensations et des émotions agréables chez l'autre, celle-ci se laissera plus facilement influencer. Il en découle des conséquences importantes, spécialement chez les éducateurs, les parents, les enseignants, les thérapeutes, les chefs de gang. En effet, si ces personnes influentes déclenchent, par leur personnalité, des sensations et des émotions agréables chez leurs enfants, leurs élèves, leurs clients, leurs amis, ceux-ci les choisiront comme modèles et se laisseront influencer.

Souvent des jeunes se laissent influencer par des gangs plus que par leurs parents, tout simplement parce que, dans le gang, ils se sentent écoutés, reconnus, aimés, compris, ce qu'ils ne retrouvent pas nécessairement dans leur famille. Ces jeunes refusent donc l'influence du père et de la mère parce qu'ils ne se sentent pas acceptés tels qu'ils sont par eux et ils accueillent celle des amis parce que l'attitude de ces derniers présente un impact global plus agréable sur leur vie émotionnelle. Parce qu'ils se sentent relativement heureux d'être reconnus, ils se laissent influencer pour le meilleur et pour le pire. Dans ce cas, le meilleur peut se situer dans le fait de vivre un sentiment d'appartenance dans un groupe, de fréquenter des gens qui les prennent au sérieux, de connaître des amis à qui se référer; le pire pouvant être de se laisser glisser dans les pièges de l'alcool, de la drogue et de la délinquance.

Sachant que l'influence est un phénomène d'ordre prioritairement émotionnel et sensoriel, certains jouent inconsciemment sur les émotions et les sensations des autres pour les amener là où ils veulent, même si cela peut s'avérer néfaste et dangereux. Ce genre de manipulation se produit parfois dans les milieux publicitaires. Si nous négligeons de demeurer attentifs à ce qui se passe en nous, nous pouvons devenir très facilement manipulables.

Personne n'a de pouvoir sur l'existence même du phénomène de l'influence inconsciente parce que celle-ci naît de ce que nous sommes, beaucoup plus que de ce que

nous faisons. Dans nos relations, nous sommes influencés, que nous le voulions ou non, et nous influençons les autres malgré leur volonté. Cependant nous avons le pouvoir de rendre cette influence bénéfique par la conscientisation et l'expression de notre vérité profonde, ce qui implique la pratique de la communication authentique. En effet, quand une personne nous partage sa vérité profonde et que le langage verbal et le langage non verbal s'expriment harmonieusement chez elle, l'influence est toujours favorable parce que, dans de telles situations, nous ne sommes pas piégés par la confusion du double langage. Nous recevons un message clair qui nous place devant la possibilité de choisir et de garder le pouvoir sur notre vie. Peu importe si les sentiments et les émotions qui composent la vérité profonde sont positifs ou négatifs, peu importe s'ils expriment la joie, la colère, l'amour, le rejet, la culpabilité, la honte, la reconnaissance, l'impuissance ou la jalousie, l'important, c'est qu'ils soient vrais. **Si l'une ou l'autre des personnes en relation exprime par ses paroles et son comportement le contraire de sa vérité profonde ou, par sa défensive inconsciente, déforme cette vérité, l'impact sur l'inconscient de l'autre risque d'avoir des conséquences néfastes à long terme par manque d'authenticité. Cette réalité présente toujours des répercussions plus ou moins graves en éducation.**

Grâce à la communication authentique, nous découvrons une manière d'être en relation qui nous permet de bénéficier de l'influence sécurisante et propulsive de l'expression de la vérité intérieure. Cette manière d'être passe inévitablement, vous l'avez compris, par le sentiment et par l'émotion.

Chapitre 2

L'émotion dans la communication authentique

J'ai vécu dans une famille dont je suis aujourd'hui très fière. Pourtant, de mon enfance, je suis loin de n'avoir conservé que des souvenirs heureux sur les plans émotionnel et relationnel. Il m'a fallu du temps pour comprendre d'où venaient ma souffrance de petite fille et mes angoisses d'adolescente. Souvent je me suis questionnée à ce sujet. J'ai cherché à connaître, à déchiffrer, à interpréter, à analyser mon passé, jusqu'à ce qu'une démarche thérapeutique me fasse vivre les émotions du moment. Celles-ci m'ont ouvert les portes d'un début de libération et m'ont fourni plusieurs réponses. En écrivant ces lignes, je constate encore, et je le vérifie presque chaque jour avec les personnes de mon entourage, que la plupart des difficultés psychologiques de la vie naissent des émotions refoulées, vécues dans les relations passées. Cela s'explique par le fait que le refoulement, par les mécanismes défensifs qu'il suscite, entraîne une autodestruction et détruit à long terme les relations. Ces mêmes difficultés disparaissent lorsque ces émotions refoulées sont ressenties, identifiées et exprimées dans le présent avec les personnes qui sont en relation intime avec nous quand elles nous écoutent avec empathie et congruence.

Cela signifie-t-il que l'émotion n'avait pas de place dans mon éducation familiale ? Bien au contraire. Mon milieu familial permettait l'expression de nombreuses émotions. Cependant – et c'est là que se situait le nœud de ma souffrance relationnelle – l'expression de l'émotion n'était pas toujours réalisée de façon responsable. Par manque de conscience du vécu et des mécanismes de défense, chacun rendait parfois inconsciemment les autres responsables de ses malaises et entretenait ainsi les systèmes relationnels de juge/coupable et de bourreau/victime qui caractérisaient la relation de mes parents.

Plus tard, quand j'ai été en contact plus ou moins prolongé avec d'autres familles, celles de certaines de mes cousines, de mon conjoint, de mes amis, je les ai d'abord idéalisées pour ensuite découvrir que la souffrance relationnelle causée par les difficultés à communiquer était présente partout, bien qu'elle prît ailleurs d'autres formes, d'autres visages ou les mêmes visages maquillés autrement. Cette découverte m'a permis d'apprécier la famille où je suis née et m'a aussi fait comprendre cette histoire d'influence judéo-chrétienne que mon père m'a racontée un jour. Il s'agissait d'un homme qui, comparant sa vie à celle des gens de son entourage, trouvait sa *croix* trop lourde à porter par rapport à celle des autres. Il s'est donc retrouvé au *paradis*, où le *bon Saint-Pierre* lui a fait porter la croix de tous les gens qu'il enviait et lui a donné la possibilité de repartir sur terre avec celle de son choix. Il est revenu avec la sienne.

A. La source de la communication authentique

Je parle de ces expériences passées, car elles se trouvent à l'origine de mon histoire relationnelle et de son lien avec l'émotion. En effet, mon expérience professionnelle et mon expérience de mère de quatre enfants de même que mes nombreuses lectures m'ont appris que la relation de l'enfant avec ses parents ou avec ses substituts détermine en grande partie le type de relations et de communications qu'il connaîtra généralement au cours de sa vie. Autrement dit, une personne répète inconsciemment, dans ses rapports avec les autres, le même fonctionnement que celui qu'elle a intégré dans sa relation avec ses figures parentales. Ce système relationnel se poursuit jusqu'à ce qu'elle prenne le pouvoir sur sa vie par un travail sur elle-même qui lui fasse vivre des transformations en profondeur.

Ce travail sur elle-même se réalise d'abord et avant tout par une volonté de se servir de ses nouvelles relations affectives pour prendre conscience des modèles relationnels passés qu'elle répète aujourd'hui puis pour découvrir ce qui, dans son fonctionnement personnel, favorise la communication authentique et ce qui l'entrave. Ces nouvelles expériences lui permettent aussi de constater qu'elle n'a pas intégré seulement du négatif de son enfance sur le plan relationnel, mais aussi des bases positives. Le cadeau qui lui est alors offert est la possibilité de comprendre les blessures de ses parents. Elle cesse donc de les rendre responsables de sa souffrance psychique, parce qu'elle prend conscience qu'elle porte les mêmes blessures qu'eux et qu'elle se défend de la même manière.

Si l'irresponsabilité caractérisait parfois la communication dans ma famille, j'ai par contre découvert que j'avais hérité de solides bases en ce qui concerne l'honnêteté, l'importance de l'affirmation personnelle et l'écoute empathique. La valeur de cet héritage familial est pour moi inestimable et j'en suis très fière. Grâce à lui, à l'expérience relationnelle que j'ai connue par la suite, au travail que j'ai accompli auprès des gens et grâce à mes découvertes personnelles quant au fonctionnement cérébral et au fonctionnement psychique, j'ai compris, par expérience, l'importance de l'émotion dans la communication authentique comme facteur fondamental du fonctionnement relationnel satisfaisant.

B. L'intégration du fonctionnement relationnel

Pour saisir l'essence de la communication authentique, il est important de savoir ce qui se trouve à l'origine du fonctionnement relationnel de l'être humain. Quel est cet élément essentiel de l'influence déterminante de la relation première entre l'enfant et ses parents sur son fonctionnement relationnel futur? Autrement dit, quel élément clé de l'influence inconsciente des parents sur l'enfant favorise l'intégration de modèles de communication satisfaisants ou insatisfaisants?

Le véhicule de l'influence sur la vie psychique, c'est l'émotion. Cette conviction guide d'ailleurs l'ensemble de la pensée de Michel Lobrot[1] dans *Les forces profondes du moi* (1980). Dans toute communication, le message transmis à l'autre véhicule non seulement des mots qui s'adressent

1 Michel Lobrot, né en 1924, est un psychopédagogue français. Professeur émérite à l'Université de Paris, il a été l'un des membres du Centre universitaire expérimental de Vincennes et l'un des fondateurs de la pédagogie institutionnelle. Il a été mon directeur de recherche pour la thèse de doctorat que j'ai soutenue en 1985 à l'Université de Paris, thèse qui avait pour titre : *La suggestopédagogie, pour une pédagogie des communications inconscientes et de l'approche multidimensionnelle.*

à la conscience rationnelle, mais aussi des intentions, des sentiments et des émotions qui sont toujours perçus par l'inconscient. En réalité, tout message est porteur d'émotions agréables ou désagréables. Les émotions vécues par l'émetteur font naître les émotions du récepteur et servent ainsi de véhicule d'influence.

L'être humain n'est mû ni par des mots, ni par des idées, ni par des opinions, mais par les émotions, les blessures et les besoins qui les sous-tendent. Dans une relation, l'émotion de l'un déclenche l'émotion de l'autre et elle influence son opinion, ses idées, son action et sa réaction. Si, par exemple, l'émetteur n'exprime pas son vécu, il est néanmoins véhiculé par son attitude. Celle-ci sera alors perçue par l'inconscient du récepteur et déclenchera chez lui des émotions agréables ou désagréables. Si ces émotions ressenties sont agréables, il existe davantage de possibilités que la communication soit satisfaisante, harmonieuse et propulsive. Par contre, si l'attitude de l'émetteur déclenche des émotions désagréables chez le récepteur et que ces émotions ne sont ni écoutées ni identifiées, l'impact sur la communication et la relation peut s'avérer négatif parce que celui-ci réagira probablement de manière défensive. Donc, **pour qu'une communication produise une influence satisfaisante sur la vie psychique, l'émetteur et le récepteur doivent prendre conscience de leur vécu respectif, l'identifier et, si possible, l'exprimer d'une manière authentique et responsable. Il faut aussi, impérativement, qu'ils s'assument comme déclencheurs d'émotions désagréables, sans quoi la communication deviendra carrément impossible.**

C. L'émotion et l'authenticité

Être authentiques, nous nous en souvenons, c'est identifier et exprimer notre vérité profonde, c'est montrer et dire honnêtement ce qui nous habite, spécialement nos émotions et nos sentiments, peu importe si l'émotion est la joie ou la peine, la tristesse ou l'enthousiasme, la jalousie ou l'indifférence, la colère ou l'amour, la culpabilité ou l'innocence, l'amour ou la haine. **Être authentiques implique aussi une volonté ferme de donner à notre interlocuteur le droit vital de réagir et une ferme volonté d'accueillir sa réaction.** La partie la plus difficile à mettre en pratique dans la communication authentique se situe dans ces capacités.

Comme toute émotion vécue par l'émetteur est perçue par l'inconscient du récepteur même si elle est niée, refoulée ou cachée, **il ne suffit donc pas d'aimer pour être en relation et pour communiquer de façon satisfaisante, il est également essentiel d'être authentiques**, c'est-à-dire d'avoir le courage de dire aussi : « En ce moment, je ne ressens pas l'amour que j'ai pour toi . » Si cette vérité profonde n'est pas exprimée verbalement, elle est ressentie inconsciemment de toute façon et suscite un sentiment d'insécurité. C'est donc la capacité d'une personne à donner l'heure juste de manière responsable, à faire authentiquement place à ses émotions et à ses sentiments désagréables qui donne accès aux sentiments agréables et qui assure des relations durables, parce que sécurisantes. Cette pratique s'applique surtout aux relations affectives importantes de nos vies.

Le langage non verbal

Qu'arrive-t-il lorsqu'une personne manque d'authenticité? Rappelez-vous que, si une personne n'est pas vraie

lorsqu'elle parle, l'émotion qu'elle vit passe quand même par son attitude, cet état intérieur qu'elle communique à son insu dans toutes ses relations par le langage non verbal. Si le langage verbal d'une personne contredit son langage non verbal, si ses mots contredisent les émotions qui les sous-tendent, celle-ci émet alors un double message. Les conséquences à long terme de ce double message sont non seulement néfastes à la communication, mais aussi désastreuses pour la vie psychique. En effet, l'enfant qui grandit en présence de parents qui manquent constamment d'authenticité et qui communiquent par doubles messages ne peut faire confiance à ses perceptions. Il grandit en doutant toujours de lui-même et des autres. Sa confiance en lui et en l'autre restera très limitée. Il sera plutôt méfiant et très défensif. Dans sa relation avec les autres, il se placera en position de supériorité défensive ou d'infériorité. De plus, il développera une profonde blessure d'insécurité.

Il n'est pas facile d'être authentique et personne ne l'est totalement dans toutes les situations de sa vie. L'authenticité parfaite suppose une acceptation inconditionnelle de nous-mêmes, ce qui est loin d'être évident. **Notre degré d'authenticité est directement proportionnel au degré d'acceptation de notre vérité intérieure, quelle qu'elle soit.** Personne ne se montre authentique tout le temps. De plus, les éléments inconscients qui interviennent dans les relations sont si nombreux que la route vers l'authenticité recherchée passe par un travail de connaissance et d'acceptation qui dure toute la vie et par une intégration de la responsabilité qui demande beaucoup de temps.

D. L'émotion et la responsabilité

Suffit-il d'être authentique pour jouir d'une communication satisfaisante et bénéficier d'influences créatrices ? Je ne le crois pas.

Au nom du vécu et de l'authenticité, nous pouvons démolir et détruire facilement les autres si nous ne nous exprimons pas de manière responsable. **La responsabilité se manifeste par la volonté d'une personne à exercer le pouvoir sur sa vie, en cherchant en elle-même la source de ses souffrances, en travaillant à se transformer plutôt que de blâmer les autres et d'essayer constamment de les changer.**

Au nom de l'honnêteté et de l'authenticité, croyant bien faire et croyant surtout assurer leur libération intérieure, certaines personnes clament leurs émotions à la face des autres. Par la suite, elles sont les premières surprises des résultats dramatiques de l'extériorisation de ces émotions. **Être authentiques ne signifie pas nous libérer de nos problèmes au détriment des autres, encore moins rendre ces derniers responsables de nos souffrances, de nos déboires et des conséquences de nos choix.**

Je pense présentement à l'histoire d'Élise qui, à la suite d'une démarche thérapeutique, a décidé d'aller déverser sur ses parents sa colère, son ressentiment, sa haine, et ce, en les tenant responsables de sa souffrance et de ses insatisfactions relationnelles. Elle n'a réussi qu'à rompre des liens déjà précaires et qu'à se priver de ce dont elle avait le plus besoin : l'amour et la reconnaissance de ses parents.

J'ai connu Élise en 1994. Elle avait été dirigée vers moi par une amie. Lors de notre première rencontre, elle était abattue, découragée et très confuse. En effet, au cours des trente premières années de sa vie, ses relations avaient été très insatisfaisantes parce qu'elle n'était pas arrivée à manifester ses besoins en présence des autres. Elle refoulait ses émotions et s'éteignait peu à peu. C'est d'ailleurs ce qui l'avait conduite en psychothérapie. Cette démarche de croissance lui a appris à prendre conscience de son vécu et à faire de la place aux émotions retenues. C'est alors que, dans ses relations, elle a adopté une attitude complètement différente de celle qu'elle avait toujours eue. Au lieu de se taire et de refouler, elle s'est mise à parler d'elle, mais elle le faisait en déversant sa souffrance sur les autres. Habitée par le ressentiment consécutif au refoulement, elle a voulu libérer les émotions contenues dans son psychisme depuis des années en rendant son père et sa mère responsables de tout ce qu'elle était devenue, de tout ce qui l'avait blessée.

Ce comportement ne lui a valu que du rejet de la part de ses parents ; c'est pourquoi Élise s'est retrouvée défaite, éprouvant une souffrance encore plus grande et convaincue qu'il valait toujours mieux se taire, refouler et rationaliser ses émotions plutôt que de s'exprimer. Cependant cette nouvelle attitude ne la satisfaisait pas parce qu'elle éprouvait le sentiment de se retrouver au même point qu'avant sa thérapie, voire d'avoir reculé. C'est vraiment autour de la notion de responsabilité que se sont déroulées mes rencontres avec Élise par la suite. Un jour, elle a compris qu'elle n'avait pas régressé au cours de sa dernière démarche thérapeutique, que son apprentissage de l'écoute et de l'expression de son vécu était un acquis remarquable, mais qu'il ne servait qu'à l'éloigner des autres et particulièrement de ses parents quand, par défensive, elle les rendait responsables de sa souffrance.

Élise avait besoin de vivre une relation satisfaisante avec les personnes importantes pour elle. Son apprentissage de la relation et de la communication s'est effectué à travers trois découvertes fondamentales : l'émotion, l'authenticité et la responsabilité.

Pour vivre une communication qui nous rapproche des autres et qui nous nourrit, il est essentiel d'entrer en nous-mêmes et de sentir, d'écouter, d'identifier et d'exprimer de façon responsable, c'est-à-dire non défensive, l'émotion du moment. C'est précisément l'expression de l'émotion telle qu'elle est qui rend la communication authentique et créatrice.

L'émotion se trouve vraiment au cœur de la communication authentique parce qu'elle représente l'expression de nos blessures psychiques. Son importance est telle que tout le fonctionnement de l'être humain repose sur elle, et ce, que nous le voulions ou non, que nous le sachions ou non, que nous la cachions ou non. Nous n'avons pas appris à accueillir l'émotion, mais plutôt à la réprimer, à la refouler, à la nier, à la juger, à la banaliser, à la rationaliser, à nous en défendre en la contrôlant et surtout en contrôlant celle des autres. La démarche pour apprendre à l'entendre, à l'apprivoiser et à lui donner sa juste place résulte d'un choix conscient et d'une volonté à accomplir un travail sur nous-mêmes qui requiert du temps.

Pourtant il est de plus en plus d'actualité de parler d'émotions. Autant l'intuition a été valorisée au cours des dernières années, autant l'émotion dérange, préoccupe, intéresse ; cependant les façons de l'aborder sont multiples.

E. Les façons d'aborder l'émotion

1. L'analyser

Dans certaines facultés universitaires, grâce à la psychologie humaniste[2], la subjectivité a fait son entrée officielle. Des étudiants en tiennent maintenant compte dans leurs recherches et des professeurs l'intègrent à leurs cours. Elle est devenue, fort heureusement, moins rébarbative dans certains milieux qui privilégiaient auparavant la dimension rationnelle, au détriment de la dimension émotionnelle. Grâce à l'intérêt de ces milieux pour « l'être », intérêt qui s'est manifesté sur le plan de la recherche universitaire, l'influence du courant humaniste est apparue, *ipso facto*, dans les programmes d'enseignement primaire et secondaire. Aujourd'hui le savoir n'est plus le seul maître à bord. La personne humaine dans sa globalité y est bien intégrée. On lit, par exemple, dans le programme de formation de l'école québécoise publié en 2009 par le gouvernement du Québec : « L'école doit contribuer à l'éclosion des qualités personnelles nécessaires à une pleine actualisation du potentiel de chacun. En tête de liste figurent la créativité, la confiance en soi, la ténacité et l'audace (...) la connaissance de soi, de ses intérêts, de ses aptitudes (...), le sentiment de sa propre responsabilité à l'égard de ses succès, de ses échecs et de son avenir professionnel. »

Dans les milieux pédagogiques québécois, nous constatons un intérêt accru, particulièrement depuis 1960, pour la

2 Le courant humaniste a pris forme aux environs de 1960 sous l'influence, notamment, d'Abraham Maslow et de Carl Rogers. Il a pris son essor durant les années 1970 à 1980. Il avait pour objectif de placer la personne humaine au centre de la recherche universitaire en psychologie. Il soutenait que la conscience, la subjectivité, les valeurs, la liberté, la créativité, la responsabilité étaient au centre de ce qui constitue l'être humain.

notion de globalité en éducation. Cependant le phénomène de l'émotion n'y est approché, la plupart du temps, que pour l'analyser et comprendre son origine et sa manifestation au moyen de l'étude du fonctionnement cérébral et du fonctionnement psychique. J'ai réalisé moi-même cette étude et je l'ai incluse dans R*elation d'aide et amour de soi*. Il faut reconnaître la nécessité d'aborder l'émotion de cette manière. Ce faisant, nous lui allouons une place, du moins sous un angle théorique et rationnel. Voilà un très bon pas de franchi, un pas important parce qu'il répond au besoin de comprendre du cerveau humain. Toutefois **entre *parler de* l'émotion et la vivre, il existe tout un monde, celui de la différence entre le langage de la tête et celui du cœur. Nous pouvons en effet *parler de* l'émotion pendant des heures, comme nous *parlons de* la situation économique, et ce, sans jamais sentir celle qui nous anime.**

- <u>Parler rationnellement des émotions vécues dans le passé</u>

Il existe aussi une autre manière de *parler de* l'émotion de façon rationnelle. Il s'agit de parler des émotions vécues, mais à un moment où nous ne les vivons plus. Dans ce cas, nous racontons des émotions vécues antérieurement, sans les ressentir au moment où nous en parlons. L'émotion est ainsi refoulée vers le lieu et le moment où elle a été vécue dans le passé ; elle est *racontée* en différé, sans que nous la ressentions : il en résulte une rationalisation. Nous pouvons ainsi *raconter* nos émotions chaque fois que nous rencontrons nos amis ou notre thérapeute et rester avec le sentiment de *tourner en rond*.

Cette façon de parler de notre vécu n'est pas condamnable, bien au contraire. Une personne peut éprouver une grande satisfaction en agissant ainsi, particulièrement si elle s'adresse à quelqu'un qui l'écoute avec empathie, sans jugement, et qui lui offre une chaleureuse attention. Elle en ressortira alors avec une certaine satisfaction parce que ses besoins d'être aimée, reconnue, acceptée, écoutée et sécurisée seront relativement satisfaits. Toutefois cette satisfaction ne sera que temporaire ou incomplète. En effet, la rationalisation de l'émotion par la narration prive une personne de l'intervention directe de sa dimension émotionnelle dans la relation et la laisse toujours, à court ou à long terme, avec un sentiment de manque ou de vide impossible à combler.

2. Libérer les émotions refoulées dans le passé

Le même phénomène se produit avec ceux qui ne donnent place à leurs émotions qu'en libérant celles qu'ils ont refoulées dans le passé. Ainsi, libéreront-ils dans deux jours, dans un mois, dans un an, dans cinq ans les émotions qu'ils répriment aujourd'hui. Par contre, ils entretiendront, par le fait même, le manque que connaissent tous ceux qui n'ont pas expérimenté le bonheur du rapprochement de soi et des autres que procure la relation vraie. Cette pratique n'a rien de répréhensible en soi. Elle procure même un certain bien-être. Cependant, à long terme, elle n'est pas satisfaisante parce qu'elle n'accorde pas d'espace à l'émotion vécue ici et maintenant dans la relation. Dans le présent, l'émotion est spontanément refoulée, particulièrement lorsqu'elle est désagréable à vivre. La réaction face au déclencheur s'exprime donc forcément de manière défensive. Se perd ainsi une excellente occasion de communiquer authentiquement.

Le refoulement, la rationalisation et le contrôle représentent les principaux mécanismes de défense des personnes qui n'accueillent pas et n'identifient pas leurs émotions au moment même où elles se manifestent en elles. Dans ce cas, ces personnes répriment leurs émotions dans le but de ne plus jamais les ressentir. Elles ignorent malheureusement que ces émotions causeront ainsi à leur psychisme et à leur corps un tort irrémédiable si elles ne changent pas leur approche par rapport à leur vécu.

3. En parler avec des personnes non concernées

La plupart des gens ont tendance à exprimer leurs émotions avec une tierce personne plutôt que de les vivre avec les personnes concernées, surtout si ces émotions sont désagréables. Cette attitude peut s'avérer très libératrice quand nous nous adressons à une personne de confiance qui nous renvoie à nous-mêmes. Cependant, à long terme, elle peut entretenir l'insécurité, la méfiance et la peur d'être jugés, trahis ou rejetés. Elle prive du bonheur de la relation claire, franche, intime, sécurisante et libre avec la personne concernée. À cause de la peur de l'émotion désagréable et des conséquences à l'exprimer, la relation ne repose pas sur la communication authentique, mais sur un échange sans profondeur et sans engagement.

4. S'en dissocier dans le présent

Le phénomène de la dissociation apparaît très présent dans certaines approches thérapeutiques. Nous apprenons à nous dissocier de l'émotion de plusieurs façons. L'une des plus courantes est la scission entre la tête et le cœur. Pour ce faire, il suffit, dès que l'émotion naît dans notre psychisme, de nous en couper pour ne pas la ressentir et de l'aborder rationnellement. Ainsi, pour nous en dissocier, il faut nécessairement séparer l'émotion de la raison, les désunir comme si elles ne pouvaient fonctionner en harmonie, comme si l'une ne pouvait exister sans l'autre. En ce sens, la dissociation sert de mécanisme de défense, c'est-à-dire de moyen utilisé par le psychisme pour nous protéger contre la présence d'émotions désagréables qui émergent du processus relationnel réel ou imaginaire. Nous nous en dissocions, par exemple, quand nous tentons de nous convaincre, lorsque nous sommes blessés, qu'il ne faut rien prendre de façon personnelle, qu'il faut penser positivement ou encore qu'il faut *immédiatement* pardonner. Par ces formes de rationalisation, nous nions nos blessures. Par la suite, celles-ci sont indéfiniment réveillées par de nouveaux déclencheurs et cela nous laisse avec le sentiment désespérant que nous ne nous en sortirons jamais.

- L'attribuer à *l'enfant intérieur*

Ce même phénomène de dissociation se retrouve parfois dans le cas de *l'enfant intérieur*. J'aborde ici un sujet particulièrement intéressant qui me touche beaucoup. Cette merveilleuse notion, développée par BRADSHAW[3], correspond à un état intérieur réel. Elle se développe de plus en plus dans les milieux thérapeutiques, dans les centres de croissance, voire dans la vie quotidienne. Malheureusement, dans bien des cas, **certaines personnes utilisent leur *enfant intérieur* pour justifier leur droit de vivre leur colère, leur peine et toutes les autres émotions qu'elles ne se permettent pas d'exprimer autrement. Elles ont besoin de s'infantiliser pour se donner le droit d'être émotives et dissocient**

3 John BRADSHAW est un psychothérapeute étatsunien né au Texas en 1933. Il a obtenu trois diplômes de psychologie à l'Université de Toronto au Canada. Il est l'auteur de livres de psychologie populaire dont cinq consacrés best-sellers par le New York Times. Un de ses principaux thèmes est la guérison de l'Enfant intérieur, thème inspiré du concept d'enfant divin du psychanalyste Carl Gustav JUNG (1875-1961).

ainsi l'enfant de l'adulte en eux. Autrement dit, elles donnent à leur *enfant intérieur* la permission de pleurer, de se fâcher, d'être jaloux, mais elles la refusent à l'adulte qu'elles sont. Bien sûr, ces personnes vivent des émotions dans *l'ici et maintenant*, mais elles n'assument pas le fait que ces émotions soient vécues par elles encore aujourd'hui, comme s'il existait en elles deux compartiments : celui de l'adulte et celui de l'enfant. Quand elles pleurent, elles redeviennent l'enfant, quand elles raisonnent, elles sont l'adulte. Cette approche de l'émotion provoque deux mécanismes de défense : la dissociation et la justification. Ces mécanismes sont généralement utilisés de façon inconsciente, car ces personnes éprouvent une difficulté à accepter les émotions qui les habitent, une difficulté à s'accepter comme des êtres émotifs dont la sensibilité s'exprime par la colère, le ressentiment et la peur.

De plus, la dissociation en elles de l'enfant et de l'adulte entretient le jugement qu'elles portent sur leurs émotions désagréables. Exprimer une grande peine, c'est enfantin. Exprimer une bonne colère, c'est enfantin. Exprimer de la jalousie, c'est encore enfantin. Voilà pourquoi certaines personnes se rabattent sur l'enfant intérieur : « C'est la petite fille en moi qui pleure. » « C'est mon petit gars qui est fâché. » De cette façon, elles justifient l'émotion plutôt que de se donner le droit de la vivre en tant qu'adultes qui réagissent émotionnellement à un déclencheur présent. Ce dernier ravive dans l'ici et maintenant une peine qui ramène à la mémoire inconsciente des souffrances passées, mais toujours vives et présentes dans leur psychisme.

Cela signifie-t-il que l'*enfant intérieur* n'existe pas ? Bien au contraire. Il fait partie de nous. Il est ce que nous sommes. Nous sommes ce qu'il est. Notre psychisme comprend toute la souffrance et tout le bonheur que nous avons connus à travers toutes nos expériences de vie. L'adulte que nous sommes devenu est habité, dans l'ici et maintenant, par l'enfant et l'adolescent que nous avons été. La souffrance passée contenue dans le psychisme se trouve inextricablement liée à la souffrance présente. Ces deux sortes de souffrance en nous ne font qu'une et sont indissociables, inséparables. Nous sommes tous des adultes plus ou moins heureux et plus ou moins souffrants, des adultes qui portent en eux, dans l'ici et maintenant, dans chaque relation, toute la souffrance et tout le plaisir du passé et du présent. Parce que nous ne sommes plus des enfants, nous vivons ces émotions de souffrance ou de joie en tant qu'adultes. Voilà la réalité.

5. Vivre et exprimer l'émotion dans l'ici et maintenant

La manière la plus satisfaisante d'aborder l'émotion consiste à la vivre, en tant qu'adultes, comme des êtres émotifs dans le présent de la relation. C'est la seule qui nous met vraiment en relation avec les autres et qui assure une communication authentique, car elle nous permet de ressentir et de révéler notre vérité profonde. Cette attitude présente aussi comme avantage de combler progressivement nos manques affectifs, parce que l'émotion est vécue directement, sans détour, dans la relation avec l'autre et parce qu'il existe vraiment un partage de cœur à cœur qui nourrit. Il ne s'agit pas alors d'une décharge émotionnelle irresponsable ni de la libération sauvage d'émotions refoulées ni de la complaisance à nous épancher. Au contraire, il s'agit plutôt de l'ouverture à ressentir dans l'ici et maintenant ce que l'autre déclenche en nous, de le partager avec lui et d'accueillir sa réaction. Cette ouverture à vivre authentiquement passe par un travail d'acceptation de tout vécu, quel qu'il soit, et nécessite une certaine maturité émotionnelle.

Cela dit, je n'encourage pas l'expression de notre vie profonde à tout le monde indifféremment. Avec certaines personnes moins importantes ou non importantes pour nous, cet investissement n'est vraiment pas nécessaire. La même réserve s'impose avec les personnes incapables, à cause de leur fragilité psychique, d'affronter leurs émotions désagréables et leurs blessures, et dont l'irresponsabilité est conséquemment chronique. Dans ces cas-là, l'expression du vécu peut même s'avérer nuisible. Par contre, avec les êtres que nous aimons, l'expression de soi est essentielle, à condition que nous nous assumions en tant qu'adultes comme des êtres émotifs, que nous assumions la responsabilité de notre vécu et de ce que nous déclenchons chez les autres.

En arriver à bien nous accepter, à être assez proches de nous-mêmes, à être suffisamment à l'écoute de ce qui se passe en nous pour nous exprimer authentiquement en tant qu'adultes dans une relation et à accueillir la réaction de l'autre, c'est faire preuve d'une grande maturité affective. C'est également nous donner les clés d'une communication vraie qui passe par l'acceptation de ce que nous sommes et par l'acceptation de l'autre. Une telle communication procure le bonheur d'être en relation.

Chapitre 3

La communication authentique et le besoin d'être en relation

A. Le besoin d'être en relation

L'aptitude à communiquer authentiquement repose d'abord et avant tout sur le besoin d'*être en relation*. Que signifie *être en relation*? Cette expression comprend deux mots clés sur lesquels il est important de nous arrêter : le mot *être* et le mot *relation*. D'après le Petit Robert, *être*, c'est *exister*. J'ajouterais également que c'est avoir *de l'importance et de la valeur* comme personne, comme être humain. Quant au mot *relation*, il est défini comme un lien d'interdépendance, d'interaction, d'influence réciproque entre les personnes qui entretiennent un lien affectif. *Être en relation*, c'est paradoxalement exister comme être humain, reconnaître notre propre importance, notre propre valeur et reconnaître l'importance de l'autre dans un lien d'interdépendance, d'interaction et d'influence mutuelle.

L'expression *être en relation* sous-entend la volonté de rester nous-mêmes, de nous reconnaître dans notre différence, de nous manifester à l'autre dans notre vérité et de l'influencer favorablement par notre authenticité.

Elle sous-entend aussi la reconnaissance de la différence et de l'importance de l'autre de même que l'ouverture à accepter que ce lien d'influence réciproque soit fondé sur l'interdépendance, c'est-à-dire sur un besoin de l'autre partagé, sans lequel aucune relation n'existe et, de ce fait, aucune communication. C'est précisément dans cette ouverture à nous reconnaître pleinement, à reconnaître l'autre et à accepter le besoin que nous avons de lui, particulièrement sur le plan affectif, que se situe l'art d'être en relation et de communiquer authentiquement.

La notion d'interdépendance revêt autant d'importance entre les êtres humains qu'entre les éléments de la nature. Par exemple, la terre et l'eau contribuent toutes les deux à la perpétuation de la vie et l'une ne saurait exister sans l'autre. L'interrelation constante qui existe entre ces éléments de la nature apparaît incontestable. Pourtant nous, êtres humains, nous battons souvent contre notre besoin de lien, par peur de perdre notre autonomie et notre liberté, et par peur de souffrir. Malheureusement ces peurs non apprivoisées nous causent une souffrance encore plus grande, parce que, **en refusant l'interdépendance affective, nous agissons contre notre propre nature.** Cette peur de la relation par crainte de la souffrance est tellement considérable qu'elle nous prive du bonheur de communiquer authentiquement.

Rien, à mon avis, n'est plus important pour un être humain que sa relation avec toutes les dimensions de lui-même et avec les autres. Nous pouvons tout posséder sur le plan matériel, avoir aussi atteint un succès professionnel enviable et être dotés de qualités et de talents remarquables. Toutefois, si nous ne savons pas *être en relation*, il nous manque l'essentiel. En effet, les plus grandes souffrances et les plus grandes frustrations se trouvent dans l'incapacité à communiquer authentiquement. **Si chaque personne consacrait autant de temps et d'énergie à l'apprentissage de la relation et de la communication qu'elle en consacre à réussir sur le plan professionnel, à améliorer sa situation financière, à enrichir ses connaissances intellectuelles et pratiques, le monde deviendrait tout simplement plus humain et plus heureux.**

Sans négliger *l'avoir, le faire* et *le savoir,* l'être humain a besoin d'*être* et de communiquer. Il a un besoin pressant d'ajouter aux valeurs matérielles, intellectuelles et pratiques des valeurs intérieures plus profondes, plus humaines et plus authentiques. Cette intégration passe par un apprentissage susceptible de s'échelonner sur plusieurs années. J'en parle en connaissance de cause : j'ai consacré une grande partie de ma vie à ce précieux sujet et je dois dire que, chaque jour, j'apprends encore beaucoup sur l'art merveilleux d'être en relation.

J'ai eu la chance de connaître très jeune, avec mon père, ce qu'est la communication authentique et, durant ma vie, j'ai cherché dans toutes mes relations cette profondeur que je trouvais souvent avec lui. Parfois je ressortais de mes rencontres avec mes amis ou avec d'autres personnes chargée d'énergie et de satisfaction, mais je ne réussissais pas à retrouver à volonté ce même bien-être. Je ne possédais aucun pouvoir sur le succès ou l'échec de mes relations parce que j'ignorais ce qui favorisait la communication authentique et ce qui l'entravait. Je vivais des expériences relationnelles sans avoir conscience des processus concernés. J'ai mis beaucoup de temps à découvrir qu'il me fallait *être en relation* avec moi-même pour être en relation avec les autres. Cette découverte n'est pas due à des recettes ni à des trucs, mais au travail que j'ai fait pour écouter et identifier ma vérité profonde.

Il ne m'a pas été facile de prendre conscience des conditions indispensables pour arriver à *être en relation* et, par conséquent, d'effectuer la démarche qu'exige un tel apprentissage, parce que ce cheminement me ramenait constamment à la souffrance intérieure causée par mes blessures psychiques. Même aujourd'hui, avec toute la connaissance acquise et tout le travail accompli, il m'arrive encore de passer à côté de la relation en refoulant mon vécu pour réagir de façon défensive.

Je ne veux surtout pas, dans mes écrits, me présenter comme un être parfait. Ce n'est pas le cas. Être perçue comme une personne qui n'a plus rien à travailler me dérange, parce que je suis comme tout le monde, un être humain en cheminement qui se donne de plus en plus le droit à l'erreur et à l'imperfection. À mon avis, la seule façon d'être nous-mêmes consiste à nous accepter avec nos forces et nos faiblesses. Il est impossible d'être *humains* et authentiques sans cela. Nous présenter comme des êtres parfaits est en soi une imperfection qui empêche toute relation véritable. Celui qui se montre parfait est, en réalité, un personnage qui joue un rôle et qui se rejette lui-même dans ce qu'il a de plus vrai.

Rien n'est pire que de vivre avec un *saint homme* ou une *sainte femme*, c'est-à-dire avec un être qui présente l'image de la perfection. Vouloir donner une telle image suppose une négation de nos émotions désagréables et de nos besoins, en plus de trahir une difficulté à reconnaître nos erreurs. Ce fonctionnement défensif crée, dans la relation, le système supérieur/inférieur et provoque un sentiment permanent de culpabilité chez celui qui adopte ce comportement. De plus, cela envenime progressivement le lien affectif et maintient les gens dans l'insatisfaction et la souffrance de l'incommunicabilité.

Aussi, dans ce chapitre, ai-je comme objectif de communiquer les résultats de mes expériences personnelles, relationnelles et professionnelles au sujet de ce que je considère comme le plus important dans la vie d'un être humain : son besoin inné d'être en relation avec lui-même et avec les autres.

Cette aptitude à être en relation et à communiquer authentiquement repose sur trois conditions :

- le choix d'écouter et d'exprimer nos émotions ;
- la décision de vivre le présent de la relation ;
- la volonté d'utiliser adéquatement nos facultés rationnelles.

Au cours des pages qui suivront, je développerai chacune de ces trois conditions. Je les appuierai d'exemples de personnes qui ont trouvé leur accomplissement dans l'art d'être en relation et de communiquer authentiquement.

B. Le choix d'écouter et d'exprimer l'émotion

La communication authentique n'est guère possible sans une volonté d'écouter, d'identifier et d'exprimer nos émotions. Cette volonté résulte d'un choix conscient. Je crois que l'éducation de l'enfant, dès son plus jeune âge, devrait reposer sur la liberté d'expression des émotions, tant agréables que désagréables. En effet, le ressenti émotionnel d'un être humain est un guide d'une valeur inestimable et, si nous pouvons contester les faits, personne ne peut contester un vécu intérieur sans le contrôler et sans prendre du pouvoir sur celui qui l'exprime.

En réalité, nul ne possède de réel pouvoir sur les émotions des autres. Dire à quelqu'un « Tu n'as pas de raison d'avoir de la peine» ou encore «C'est ridicule d'être vulnérable.» ne changera absolument rien à sa vérité intérieure. Empêcher une personne d'exprimer ses émotions au moyen du jugement, de la rationalisation, de la culpabilisation ou de l'humiliation favorise la mise en place de mécanismes de défense tels l'adoption d'un personnage, le mensonge ou la négation de soi, pour n'en nommer que quelques-uns. Ces mécanismes ne font disparaître l'émotion qu'en apparence. En réalité, lorsqu'elle est refoulée, l'émotion s'incruste dans le psychisme et dans le corps et cause ses ravages subrepticement. Un éducateur averti ne brime donc pas l'expression spontanée d'émotions désagréables chez l'enfant, mais il les accueille attentivement tout en lui apprenant par l'exemple la notion de responsabilité.

Le droit à exprimer ses émotions est un droit vital et enlever ce droit à un être humain, c'est tout simplement le priver de sa liberté d'être lui-même, et lui faire perdre confiance en ses perceptions internes et en son ressenti. L'enfant réprimé dans l'expression de ses émotions apprend très jeune à chercher ses points de référence à l'extérieur de lui plutôt qu'en lui-même. Ainsi, lorsqu'il devient adulte, il n'accorde d'importance ni à sa peine, ni à sa colère, ni à sa peur, ni à ses besoins, ni à ses intuitions et il agit en fonction du regard et de l'opinion de son entourage. À force de se séparer de lui-même, cet enfant en arrive à ne plus se fier à son ressenti, à ne plus entendre le langage de son corps et de son monde émotionnel et intuitif, à exprimer de fausses émotions et à se fondre dans les autres. Cette rupture avec lui-même le prive d'une ressource fondamentale : sa vérité intérieure. Les conséquences dans le domaine de la communication et de la relation sont alors désastreuses.

Quelles sont donc ces conséquences? Les personnes qui entrent en relation en refoulant constamment leur vécu dirigent leur regard vers l'extérieur plutôt que de l'orienter vers l'intérieur. En agissant ainsi, elles ne se donnent plus la liberté d'être elles-mêmes. Il s'ensuit une impossibilité d'*être en relation* et de communiquer de façon satisfaisante quand elles sont blessées ou en désaccord avec les autres. De plus, à force de refouler leurs émotions et de réprimer celles des autres, elles se créent des relations très superficielles ou des relations «hyper défensives». Dans le premier cas, elles ne sont pas nourries affectivement et, dans le second cas, elles se défendent tellement pour éviter de souffrir qu'elles finissent par ne plus ressentir d'amour ni pour elles-mêmes ni pour les autres. Chez les couples, ces comportements aboutissent à une cohabitation sans véritable relation ou à une séparation. Voici quelles sont alors les premières questions à nous poser si nous voulons des relations affectives satisfaisantes : **Comment pouvons-nous écouter l'autre si nous ne nous écoutons pas nous-mêmes? Comment pouvons-nous accueillir l'autre dans ce qu'il est et dans ce qu'il vit si nous ne nous accueillons pas nous-mêmes? Comment pouvons-nous être en relation avec les autres si nous ne sommes pas en relation avec nous-mêmes?**

Apprendre à communiquer authentiquement, c'est nous observer pour écouter et identifier ce qui se passe en nous. C'est aussi découvrir, par l'autoobservation, les mécanismes défensifs qui émergent de notre psychisme lorsque nous perdons le contact avec notre vérité profonde. Une fois reconnus, ces mécanismes de défense nous fournissent des informations précieuses sur les émotions, les besoins et les blessures que nous refoulons dans l'ici et maintenant. Cet apprentissage, qui résulte d'un choix, demande un temps de travail sur nous-mêmes qui, même s'il passe parfois par la souffrance, n'en est pas moins un processus qui mène à une libération et à une liberté inestimables. Seuls l'écoute et l'accueil de nous-mêmes rendent possible cette écoute et cet accueil de l'autre dans ses émotions et dans son humanité. Autrement dit, c'est cette double ouverture à nous accueillir émotionnellement et à accueillir l'autre en même temps qui permet la communication authentique. En voici un exemple personnel.

Dans le cadre de mon travail de thérapeute non directif créateur et de formatrice de thérapeutes en relation d'aide[4], il m'est arrivé constamment d'être touchée par le témoignage de mes étudiants et de mes clients, et d'exprimer ou de montrer mon émotion tout en restant la thérapeute, c'est-à-dire sans ramener l'attention sur moi-même, sans parler de moi. J'étais toujours émue de constater l'effet bénéfique instantané de mon authenticité tant sur l'aidé que sur la relation d'aide elle-même.

La même chose se produit aujourd'hui dans mes relations amicales, dans mes relations avec mes enfants et dans ma relation amoureuse. Chaque fois que je me laisse toucher par les paroles de l'autre et que je le lui exprime authentiquement, l'autre sait alors qu'il n'est pas seul, que je l'écoute vraiment et qu'il est important pour moi. Même si je ne prends pas sa souffrance en charge ou si je ne porte pas la responsabilité de son vécu, je peux être rejointe par l'autre et exprimer verbalement l'impact qu'il a sur moi. Je manifeste ainsi ma participation authentique à la relation par

4 **TRA, Thérapeutes en Relation d'Aide** MD, telle que disposée précédemment et prise dans son intégralité, est une Marque de Certification déposée au Registraire des Marques de Commerce du Canada et dont le propriétaire est la Corporation Internationale des Thérapeutes en Relation d'Aide du Canada.

une écoute active et par une rétroaction authentique. Parce qu'elle procure au récepteur un sentiment profond d'être enfin reconnu, entendu, aimé et viscéralement compris, cette authenticité a pour résultat de favoriser la communication, de développer la confiance en soi et en l'autre. Communiquer ainsi encourage l'émergence de la vérité profonde et procure la liberté d'être authentiquement nous-mêmes dans l'ici et maintenant de toutes nos relations affectives.

C. La décision de vivre le moment présent

L'un des apports les plus importants de la Gestalt-thérapie à la psychologie moderne se situe dans l'importance qu'elle accorde à la notion de l'*ici et maintenant* dans le fonctionnement physiologique et psychologique d'un être humain. PERLS[5] a identifié, par cette contribution, l'un des éléments fondamentaux de la communication authentique et du besoin d'*être en relation*.

Il n'existe pas, selon moi, de communication authentique sans volonté de vivre le présent de la relation. Pour espérer y arriver, il faut d'abord décider de ramener le plus possible notre attention à ce qui se passe maintenant en nous et autour de nous. Qu'est-ce à dire ? Vivre le présent de la relation, c'est demeurer en contact avec le vécu et les besoins déclenchés en nous par l'autre dans l'*ici et maintenant* de la rencontre ; c'est ne pas perdre de vue la réalité extérieure et ne pas laisser l'autre s'éloigner dans un ailleurs qui l'écarte de la relation vécue à ce moment précis ; c'est garder le contact par l'écoute active. C'est être là, avec lui.

5 Fritz PERLS (1893-1970) était un psychiatre et psychothérapeute allemand. Il est le fondateur de la Gestalt-Thérapie, qu'il a développée à partir de 1942 avec son épouse Laura POSNER PERLS. Jusqu'à sa mort, il a continué d'approfondir sa théorie qui, aujourd'hui, se développe encore en Europe et en Amérique.

Cette aptitude à être présent est loin d'être acquise dans le domaine relationnel chez chacun d'entre nous. Elle exige comme préalable une décision ferme d'écouter et d'exprimer l'émotion vécue dans l'ici et maintenant, émotion dont le déclencheur est fréquemment la personne avec laquelle nous sommes en contact au moment même où nous communiquons avec elle. Sans cette présence à notre réalité intérieure, il y a de fortes possibilités que nous devenions défensifs et que nous ramenions le sujet de la conversation sur nous-mêmes. Cependant pour être vraiment présent à ce qui est, faut-il nier le passé ?

La place du passé

Le passé est pourtant loin d'être négligeable, puisque chacun de nous est, dans le présent, constitué par ce passé. Quelle est donc sa place dans la communication authentique ? Comment lui donner son espace tout en vivant dans le présent ? Est-ce vraiment possible ?

Le lien avec le passé, dans la relation, se présente de deux façons. Il est inévitablement présent quand nous parlons d'un événement passé et de notre vécu lors de cet événement ou lorsque nous parlons d'une tierce personne en faisant référence à des faits ou à des expériences vécues antérieurement avec elle. Il est aussi présent lorsqu'un déclencheur actuel éveille des émotions refoulées dans le passé. Que se passe-t-il alors dans la communication authentique ? Comment rester en relation dans l'ici et maintenant quand le passé intervient ?

Lorsque, dans la relation, une personne parle à l'autre d'une tierce personne ou d'un événement passé, la communication authentique est maintenue si le récepteur reste bien en contact avec ce qu'il vit par rapport au message de l'émetteur et s'il lui exprime. Voici des exemples de réactions d'un récepteur présent à la relation dans un tel cas :

— *Quand tu me parles de ta relation avec ton fils, je suis très touchée par l'amour que tu éprouves pour lui. Cependant je suis mal à l'aise quand tu le rends responsable de ta souffrance parce que, à ce moment-là, tu deviens une victime. Tu te places dans une situation d'impuissance et ça me fait mal que tu perdes le pouvoir sur ta vie.*

— *Quand je t'entends critiquer tes amis, je suis très inconfortable, parce que j'ai peur que tu ne me dises pas directement les malaises que tu vis par rapport à moi quand nous nous rencontrons. J'ai surtout peur que tu me critiques comme tu le fais avec eux en ce moment.*

— *J'aime quand tu me parles de ta relation avec ton copain. Tu exprimes tellement de satisfaction que j'en ressors toujours pleine d'espoir face à ma relation amoureuse.*

— *J'ai beaucoup de mal à te suivre et à maintenir mon intérêt quand tu me racontes ce qui se passe à ton travail. Il m'est difficile de t'écouter quand tu me parles des autres en les dénigrant et que tu ne me parles pas de toi.*

Ces réactions authentiques maintiennent l'émetteur et le récepteur en relation parce que, tout en donnant sa place au passé, elles ne décrochent pas du vécu présent par rapport à ce passé. À ce moment-là, même si c'est difficile, le récepteur exprime ce qu'il vit de façon responsable, tout en informant l'émetteur des éléments qui, dans son discours, déclenchent sa réaction. Autrement, chacun risque de fuir dans ce que j'appelle un *racontage* ou des critiques stériles qui ne réussissent qu'à entretenir l'insatisfaction, le doute et l'insécurité par l'absence de relation et de communication authentique entre les deux locuteurs. La réaction d'un récepteur attentif à lui-même et à l'autre apparaît toujours propulsive et sécurisante si elle reflète ce qu'il ressent réellement et s'il l'exprime d'une manière responsable.

Par peur du rejet et du jugement, j'ai passé de nombreuses années de ma vie à entretenir des relations insatisfaisantes, sources de souffrance, dans lesquelles la communication authentique demeurait absente. Comme j'ai reçu en héritage une grande capacité d'écoute, d'empathie et d'ouverture que j'ai de surcroît développée tout au long de ma vie, j'ai consacré des heures à écouter les autres me parler de leur passé ou d'une tierce personne en me niant complètement moi-même pour éviter de les blesser et pour être aimée. Effectivement je me sentais valorisée par les confidences que j'attirais et la discrétion que j'assurais, mais je ne me donnais pas de place dans ces relations. Je refoulais mes malaises du moment pour ne m'occuper que des besoins de l'autre. J'écoutais attentivement, je suivais l'autre à la trace dans ce passé qu'il me racontait et dans les critiques qu'il exprimait. Je faisais complètement fi de mon vécu et de mes propres besoins dans le présent de la relation. Cette attitude contribuait malheureusement à maintenir le discours de l'autre hors du présent et le privait de mes réactions. De plus, je sortais de ces rencontres déçue de moi et donc insatisfaite.

Par mon manque de participation à la relation, par mon écoute passive, par la négation de mes émotions désagréables et de mes besoins, je me transportais dans le passé de l'autre, ce passé très souvent rempli d'échecs relationnels. Cela avait pour effet d'entretenir ses systèmes insatisfaisants et les miens et de me faire taire mon besoin d'exister. J'étais une oreille qui suivait, attentive, le discours d'une personne aux prises avec une autre, absente. Spectatrice d'un duo, je répondais aux besoins d'épanchement des autres sans m'occuper de mon vécu et de mon besoin de communiquer et d'être en relation. Je me transformais en un instrument au service des autres. Toutefois il m'arrivait à mon tour d'utiliser l'autre comme instrument d'écoute, pour déblatérer contre les autres et ressasser des histoires passées sans être vraiment présente à la personne qui m'écoutait. Dans un cas comme dans l'autre, je ressortais toujours de ces soliloques avec un sentiment de vide, d'inexistence, d'isolement, voire de culpabilité. Quand cela m'arrive encore aujourd'hui, j'en prends conscience plus rapidement et j'ai le pouvoir de me réajuster.

Je n'ai compris que plus tard, au cours de ces nombreuses années de travail sur moi (que je poursuis toujours d'ailleurs), pourquoi il est parfois si difficile d'être en relation. Cela suppose que nous prenions la décision d'être non seulement à l'écoute de l'autre, mais d'être aussi attentifs à ce qui se passe en nous-mêmes dans l'ici et maintenant et à le communiquer à l'interlocuteur. Autrement dit, cela suppose une volonté de prendre notre place, de nous reconnaître et d'exister pleinement de manière à vivre un réel dialogue et non à être le spectateur ou l'auteur d'un monologue. De cette façon, même si l'une ou l'autre des personnes concernées parle de son passé ou d'une tierce personne, la communication persiste et la relation n'est jamais suspendue par l'absence de participation authentique de l'une ou de l'autre ni par une rupture avec le présent. Sans cette interaction, sans cette interdépendance d'investissement personnel dans l'ici et maintenant, aucune relation profonde et créatrice n'est possible. La communication authentique ne peut s'établir.

L'importance du présent

Je ne saurais trop insister sur l'importance du présent dans la relation, et ce, sans renier ou bannir le passé qui nous constitue et qui fait partie de nous. Il en résulte que, **en nous occupant de façon responsable de notre vécu et de nos besoins dans le présent de la relation, nous nous occupons, par le fait même, de notre souffrance passée non exprimée. Celle-ci étant toujours présente dans notre psychisme et dans notre corps, n'importe quel déclencheur extérieur, qu'il s'agisse de notre père, de notre mère, d'une amie, d'un conjoint ou d'un événement, peut faire émerger non seulement l'émotion présente, mais aussi les émotions passées qui y correspondent. Pourquoi? Parce qu'un déclencheur qui ramène à la mémoire inconsciente des déclencheurs passés fait ressurgir dans le présent de la relation non seulement l'émotion provoquée par le déclencheur du moment, mais toutes celles qui ont été refoulées lorsque ce même type de déclencheur est intervenu par le passé.**

Si, par exemple, mon conjoint se retire dans le silence et le mutisme chaque fois qu'il vit un malaise et que mon père adoptait la même attitude quand il n'était pas bien, cette fermeture défensive de mon conjoint, chaque fois qu'elle se manifestera, déclenchera inévitablement en moi une souffrance d'autant plus grande qu'elle éveillera, en plus de la douleur présente, toute la douleur passée non exprimée face à mon père. Ainsi **l'expression de la souffrance présente libère la souffrance passée et offre la possibilité de rétablir la relation si l'émotion est exprimée de façon authentique et responsable dans l'*ici et maintenant* au cours de cette relation et si elle est accueillie par le récepteur. C'est, à mon avis, de cette façon, et de cette façon seulement, que la libération de l'émotion passée est créatrice, car elle est déclenchée dans le présent et vécue dans l'ici et maintenant de la relation. Elle est créatrice parce que,**

contrairement à l'expérience passée, elle appartient à l'expérience présente, avec toute l'intensité relationnelle que permet une communication authentique. C'est d'ailleurs pourquoi il est important de ne jamais juger ou réprimer, chez quiconque, la réaction émotionnelle à la suite d'un déclencheur. La réaction est purement et inévitablement subjective et son intensité ne dépend pas seulement du déclencheur extérieur présent, mais aussi de la charge émotionnelle refoulée dans le passé par rapport à ce même type de déclencheur, charge qui s'ajoute à la souffrance présente.

L'accueil de la réaction émotionnelle à un déclencheur, si intense soit cette réaction, représente le meilleur facteur de transformation qui soit. Parce qu'il est accepté et reçu dans son émotion sans être ni jugé, ni contrôlé, ni réprimé, l'émetteur apprend à s'accepter lui-même et découvre une expérience relationnelle positive qui transforme progressivement ses affects négatifs en affects positifs par rapport à la relation (Michel Lobrot, 1980). Autrement dit, si l'ensemble des relations affectives qu'une personne a connues a été marqué par la répression de l'émotion, le jugement, le blâme ou le rejet, ses expériences de ce type de relation seront douloureuses et son psychisme sera formé d'affects négatifs par rapport à la relation affective, c'est-à-dire d'une charge d'émotions pénibles refoulées. Si, par la suite, ses relations affectives s'avèrent aussi répressives par rapport à l'émotion, sa charge d'affects négatifs augmentera et sa souffrance deviendra de plus en plus insupportable.

Que faire pour soulager cette souffrance ?

Certains prétendent qu'une approche qui favorise, voire provoque, la libération des émotions refoulées dans le passé affranchit une personne de sa souffrance. Je ne le crois pas. Je pense plutôt que la libération pour la libération ne présente aucune utilité en soi parce que nous ne nous débarrassons pas de nos émotions comme nous nous départons d'un poids ou d'un fardeau que nous portons sur nos épaules. **Ce n'est pas seulement la libération émotionnelle qui est bénéfique, mais surtout la relation affective vécue dans l'ici et maintenant entre un émetteur et un récepteur au moment de cette libération, que ce récepteur soit un ami, un médecin, un psychologue, un thérapeute en relation d'aide ou un parent.**

À mon avis, **toute communication authentique repose sur la relation affective qui s'établit entre les personnes concernées DANS LE RESPECT DES RÔLES DE CHACUN. Elle s'appuie aussi sur l'aptitude de l'écoutant à recevoir dans toute leur intensité les émotions de la personne qui les exprime sans les juger ni les banaliser, mais surtout, dans sa relation thérapeutique, sur la capacité de l'aidant à porter toute son attention sur le vécu et les besoins réels de l'aidé et non sur les faits, les événements ou les autres. Il ne s'agit pas, par cette écoute, de chercher un coupable. Cette défensive ne réussit qu'à entretenir le fonctionnement de victime et la perte de pouvoir sur notre vie. Il s'agit d'une écoute réceptive et active qui entend la souffrance et qui offre une expérience relationnelle différente de toutes celles qui ont été vécues antérieurement. C'est cette nouvelle expérience qui transforme les affects négatifs d'une personne en affects positifs et qui l'aide à reprendre le pouvoir sur sa vie de façon qu'elle se replace de moins en moins dans des situations qui la conduisent vers l'incommunicabilité, voire l'échec relationnel. Je suis même profondément convaincue, expérience à l'appui, que c'est ce type d'écoute active et la**

relation affective qui la sous-tend qui favorisent la transformation intérieure vers le mieux-être de tout être humain profondément blessé dans le passé.

Accompagner une personne dans sa souffrance sans être en relation avec elle, au sens où nous l'entendons ici, reste insuffisant pour transformer les affects négatifs en affects positifs. Dans bien des cas, cette non-relation ne peut qu'entretenir la souffrance par l'expérience d'une autre absence de relation, favoriser l'apitoiement sur soi et renforcer le sentiment de solitude de la personne qui souffre.

Toute communication, pour être transformatrice, qu'elle se déroule entre un thérapeute et un client, un professeur et un élève, un père et son fils, entre deux amis ou entre deux conjoints, doit s'établir dans une relation affective authentique.

Pour rester en relation, il ne suffit pas d'être présents à nous-mêmes et de nous exprimer. Il importe également de maintenir le contact constant par le regard, les rétroactions et l'écoute active. Autrement dit, l'émetteur doit nécessairement rester dans la réalité présente et ne jamais décrocher de cette réalité même s'il parle du passé, même s'il vit des émotions par rapport à ce passé. La réalité, c'est qu'il n'est pas seul et que nous sommes avec lui. La relation se déroule dans l'ici et maintenant entre lui et nous. Ainsi au lieu de pleurer sa souffrance à côté de nous, il la pleurera avec nous en restant en relation. Il connaîtra de cette façon une expérience positive de la relation, en ce sens qu'il découvrira qu'il peut s'assumer pleinement, exprimer librement son vécu, sa souffrance dans un échange grâce auquel il se manifeste à l'autre et connaît enfin le sentiment d'exister et d'être compris.

En écrivant ces lignes, je ne peux m'empêcher de penser à Yannick, qui a été mon étudiant pendant quelques années, dans le cadre de la formation des thérapeutes au Centre de Relation d'Aide de Montréal. J'ai conservé le merveilleux souvenir d'un homme sensible qui éprouvait cependant de la difficulté à accepter sa vulnérabilité d'homme. Ainsi, chaque fois qu'une personne ou une situation déclenchait en lui un malaise, il était incapable de refouler son émotion. Cependant il était aussi incapable, par peur de blesser, de vivre cette émotion en restant dans la relation, c'est-à-dire en reconnaissant le déclencheur présent. Il pleurait alors en parlant de sa souffrance d'enfant, de la mort de sa mère, de la violence de son père. De cette façon, il pouvait exprimer son émotion, mais il cherchait le déclencheur dans le passé plutôt que dans la relation présente. Cette attitude entraînait plusieurs conséquences : Yannick s'attirait d'abord de la pitié plutôt que de l'amour et, de plus, il se sentait toujours abandonné et ne connaissait pas de relations satisfaisantes. Il s'attirait du maternage, de la prise en charge ou du rejet. Dans un cas comme dans l'autre, il en ressortait toujours avec un sentiment de n'être pas important, d'être petit et sans intérêt.

L'homme et la femme d'âge mûr ne sont plus des enfants et, lorsqu'ils s'infantilisent pour vivre leurs émotions, ils s'attirent des pères, des mères, des juges, non des amis et non des partenaires. Yannick, quant à lui, n'entrait jamais en relation dans l'ici et maintenant et ce comportement contribuait à entretenir ses insatisfactions. Dès qu'un déclencheur le touchait, il se coupait de ce déclencheur et du vécu qui lui était lié pour régresser dans le passé, de façon à pouvoir vivre sa peine ouvertement et à la rendre acceptable pour lui. En agissant ainsi, il se privait du bonheur d'être en relation. Je crois d'ailleurs que l'émotion est toujours suscitée par un déclencheur dans le présent de la relation, qu'il soit réel ou imaginaire. Comme le psychisme porte la charge émotionnelle refoulée du passé, le déclencheur du moment augmente l'intensité de l'émotion vécue dans le présent en ajoutant à la souffrance du moment celle des souvenirs passés qui a été refoulée. Cependant vivre cette intensité en se réfugiant dans le passé, sans tenir compte du présent de la relation et du déclencheur du moment, c'est se couper de la relation et entretenir une incapacité à communiquer authentiquement.

Revenons à Yannick. J'étais animatrice dans un groupe et nous étions rendus à une étape dans laquelle les participants peuvent, s'ils le veulent, s'exprimer devant leur groupe à la suite d'un exercice relationnel. Yannick a demandé la parole et, dès que j'ai porté mon attention sur lui, il s'est mis à pleurer et à me parler de sa mère qu'il avait perdue très jeune et de son père qui l'avait battu. Tout en l'écoutant, j'entendais des commentaires d'impatience autour de moi. Certains étaient excédés d'entendre les plaintes répétées de Yannick au sujet de son enfance. D'autres, par contre, le prenaient en pitié. Je me sentais moi-même mal à l'aise et, tout en l'écoutant, je suis restée en contact avec ce vécu désagréable qui m'habitait. Il était important pour moi d'être authentique avec lui sans le rejeter. Voici à peu près ce que je lui ai dit :

— Yannick, je vois que tu as eu une enfance malheureuse pendant laquelle tu as beaucoup souffert. J'entends bien ta peine, mais je vis quand même un malaise à t'écouter. J'observe que tu me parles de ta souffrance d'enfant et je ne vois pas ce qui, dans ce groupe, a déclenché cette souffrance.

— Je ne sais pas, c'est venu tout seul, m'a-t-il répondu.

— Je te propose de bien prendre contact avec ce qui se passe ici, de regarder les gens de ton groupe et de me dire s'il y a une personne avec laquelle tu n'es pas bien.

Son regard s'est tout de suite posé sur Renée.

— Je suis mal avec Renée, m'a-t-il dit en sanglotant. Chaque fois que je veux faire un exercice avec elle, elle refuse et, tout à l'heure, elle m'a dit qu'elle ne voulait plus être sollicitée par moi dans ce cours parce qu'elle se sentait envahie.

— Tu t'es senti rejeté par Renée et ça te fait beaucoup de peine.

— Oui. Mon père aussi me rejetait de la même manière et je ne veux plus vivre ce rejet-là, a-t-il continué d'un ton colérique.

— Ça te fait vivre beaucoup de colère.

— De la colère, oui, et j'en veux à mon père et à Renée de me rejeter. J'ai besoin d'être aimé, non pas d'être rejeté, a-t-il ajouté sur un ton beaucoup plus doux.

Cette fois, j'ai dit à Yannick à quel point j'étais touchée par sa peine d'homme, alors que je ne l'étais pas quand il s'infantilisait. J'étais touchée et je me sentais en relation avec lui parce qu'il était présent à ce qui se passait dans le groupe. Cela ne l'a pas empêché d'établir le lien avec son passé, mais sans s'y complaire et sans décrocher du présent de la relation. Je lui ai dit que je n'étais pas bien quand il se présentait comme un petit garçon, que cela ne passait pas parce que, dans la réalité, devant moi, se tenait un homme et non un enfant. Il a été complètement renversé par ma réaction.

— Je n'avais jamais vu cela. Personne ne m'a jamais dit ce que tu viens de me dire. Tu ne peux savoir à quel point je suis content. Je ne sais pas comment te remercier.

Chaque fois que je rencontrais Yannick, il me remerciait. Cette prise de conscience avait changé sa vie relationnelle. Il m'en était très reconnaissant !

Qu'est-ce qui, dans mon intervention, l'avait aidé ? Des techniques ? Non. Il avait été éclairé dans son fonctionnement par mon ouverture à écouter mon vécu et le sien, par ma capacité à observer, à être authentique et à vivre cette relation dans l'ici et maintenant.

Au cours de cette expérience, Yannick s'est enfin senti reconnu, accepté, aimé et réellement compris dans sa souffrance d'homme, non seulement *par moi, mais par les participants de son groupe. Pour la première fois, il s'est senti exister pour les autres. Il n'en revenait pas. Il a fait l'expérience de vivre authentiquement avec des personnes présentes, des personnes qui se reconnaissaient, qui se donnaient une place dans le présent de la relation, des personnes qui pouvaient le reconnaître parce qu'elles avaient été vues, entendues, reconnues par lui.*

Être en relation, c'est donc ne pas perdre contact avec la réalité du moment, ne pas décrocher de l'*ici et maintenant*, ne pas laisser l'autre parler comme s'il était seul à côté de nous et ne pas le laisser se réfugier dans le passé.

Être en relation, c'est nous reconnaître suffisamment nous-mêmes pour être en mesure de prendre notre place dans une relation et d'exprimer de façon authentique et responsable notre vérité profonde sans la déformer, la diminuer ou l'exagérer, et ce, même si parfois elle est difficile à énoncer.

Être en relation, c'est aussi se montrer capable d'entendre et d'accueillir l'émotion de l'autre dans son intensité sans la réprimer, la juger, la banaliser, l'interpréter et sans perdre la nôtre de vue. C'est précisément cette ouverture à vivre la relation présente, à intégrer le passé au présent dans l'authenticité, la responsabilité et l'amour qui transforme progressivement la souffrance en paix intérieure. Dans ce cas, la communication devient non seulement libératrice, mais nourrissante et créatrice parce qu'elle est authentique et ne néglige pas les exigences d'interaction, d'influence mutuelle et d'interdépendance affective du *être en relation*. L'exemple de Yannick nous démontre clairement l'importance de l'émotion et du moment présent dans la communication authentique, ce type de communication qui n'accorde pas moins d'importance aux facultés rationnelles.

D. La volonté d'utiliser adéquatement ses facultés rationnelles

Comme je l'ai longuement démontré dans *Relation d'aide et amour de soi* par mon exposé sur la constitution du cerveau humain et du psychisme, l'émotion occupe, dans le fonctionnement humain, un rôle d'éclaireur et de guide, spécialement quand elle est reconnue. Bien que je lui accorde une importance capitale quant au fonctionnement interne des processus relationnels, je reconnais toutefois le rôle fondamental de l'aspect rationnel dans toute communication authentique. Sans cette dimension, il me serait d'ailleurs impossible d'écrire ce livre. En effet, la raison est une faculté qui permet de connaître, de comprendre, de penser, d'observer, de s'observer, de discerner, d'organiser la pensée, de structurer les idées, d'analyser, de synthétiser, de prendre conscience, d'agencer les mots en phrases et en paragraphes, de prendre la parole.

Quelle est alors la place de la raison dans le processus relationnel ? Est-elle une alliée de l'émotion ou une intruse dans la relation ?

Quand la raison intervient pour bloquer le vécu émotionnel, elle cause une division en nous et domine notre psychisme. Cette intervention défensive du rationnel nous empêche de rester en relation avec nous-mêmes et, conséquemment, avec les autres, parce qu'elle nous prive de cette harmonie intérieure qui naît de l'union complice de la raison et de l'émotion dans le respect de leurs fonctions respectives.

Jeannine constitue un bel exemple de cette intervention défensive de la raison. Elle avait une quarantaine d'années quand elle est venue me consulter pour parler de ses problèmes relationnels. Malgré sa beauté, son intelligence et sa réussite professionnelle, elle n'était pas arrivée à créer des relations durables, spécialement sur le plan amoureux et amical. Elle papillonnait d'une personne à une autre et se sentait toujours seule et abandonnée. Ce n'est pas le récit des faits qui avaient entouré tous ses espoirs relationnels déçus qui a pu l'aider, mais surtout le présent de sa relation avec moi. Chaque fois que je lui faisais part de mes observations sur son fonctionnement relationnel, elle niait, se justifiait et accusait les autres. En fait, Jeannine s'avérait incapable de rester en relation avec les autres parce qu'elle n'arrivait pas à être en relation avec elle-même.

Quand elle vivait un malaise dans une relation, sa raison intervenait immédiatement pour bloquer ses émotions et son attitude devenait défensive. Ce comportement inconscient avait pour effet d'éloigner les autres alors qu'elle voulait s'en rapprocher. Par exemple, quand je lui ai fait remarquer qu'il était difficile pour elle de faire de la place à ses émotions dans ses relations, elle m'a répondu qu'elle n'était pas venue en thérapie pour parler d'émotions, mais pour régler ses problèmes et pour trouver des moyens d'amener « les autres » *à s'engager dans leur relation avec elle.*

Il est évident que mon observation l'avait dérangée, mais elle n'a pas laissé de place à ce qu'elle ressentait. Il était important pour moi, par souci d'authenticité, de lui montrer sa réaction défensive au moment même de sa relation avec moi. Autrement toute intervention de ma part au sujet de ses relations avec les autres dans le passé n'aurait pu qu'entretenir son système défensif de rationalisation. Grâce à mon authenticité, elle a progressivement pris conscience des émotions vécues dans sa relation avec moi et de la façon dont elle s'en défendait.

Elle a ainsi pu saisir de l'intérieur – et non seulement rationnellement – ce qui, dans son fonctionnement avec les autres, la conduisait toujours vers les mêmes culs-de-sac. Elle a découvert à quel point son intelligence rationnelle, qui avait toujours servi à la valoriser, lui avait aussi joué de mauvais tours. En l'utilisant pour prendre conscience de son corps et de ses émotions, elle s'est aperçue qu'elle était envahie par la peur d'être en relation et que c'était elle qui était responsable de ses échecs relationnels. Par peur d'être abandonnée comme elle s'abandonnait lorsqu'elle refoulait ses émotions, elle craignait de s'engager.

Ainsi, en harmonisant sa raison et son émotion, elle a expérimenté une relation satisfaisante par le biais de sa relation avec moi. Cette expérience et les leçons qu'elle en a tirées ont eu un impact positif important sur sa vie relationnelle parce qu'elle n'avait pas seulement appris « rationnellement » *comment régler ses problèmes relationnels. Elle avait aussi* « vécu » *l'expérience d'une relation satisfaisante. Jeannine ne partait donc pas, après deux ans de thérapie, avec des trucs et des recettes, mais elle se retrouvait transformée par une harmonie intérieure entre sa raison et son cœur, harmonie acquise grâce au* « pouvoir » *de la relation vraie.*

Comment se réalise cette harmonie ?

Notons d'abord que la raison ne possède aucun contrôle sur l'apparition de l'émotion dans le psychisme, puisque celle-ci naît spontanément, en réaction immédiate à un déclencheur réel ou imaginaire. Souvent, parce que le vécu émotionnel est affligeant, la raison prend toute la place, ce qui insensibilise la personne : cette dernière ne ressent plus rien. **Nous savons toutefois qu'une émotion dont la place a été envahie par la raison ne disparaît pas**. Elle s'est enregistrée dans le corps, où, à plus ou moins long terme, elle produira des malaises physiques ou psychiques plus ou moins graves. Un jour ou l'autre, ces malaises forceront la personne à devenir attentive à son corps et à son vécu. Effectivement une émotion non entendue finit toujours par s'extérioriser, par le biais d'une disharmonie qui apparaît, soit sur le plan physique, soit sur le plan psychique.

Par contre, **quand l'émotion naît dans le psychisme, la raison peut devenir son associée plutôt que sa compétitrice, de façon qu'elles contribuent toutes les deux à l'épanouissement de la personne concernée. La raison s'associe à l'émotion lorsque, au lieu de la masquer pour mieux la dominer, elle prend conscience de son existence. C'est elle qui aide à débroussailler le chaos émotionnel. Au moyen de l'autoobservation et du langage verbal, elle reconnaît le malaise et lui donne un nom, une identité. En fait, l'émotion en tant que phénomène irrationnel et insécurisant a besoin du rationnel pour manifester son existence dans la relation et pour sécuriser l'individu qui la vit tout autant que les personnes en présence de qui cette émotion est vécue**.

Rien n'est plus insécurisant dans une relation qu'une émotion non identifiée et non exprimée, car celle-ci est ressentie de part et d'autre, que nous le voulions ou non. Un malaise et une impuissance non conscientisés habitent alors les personnes concernées ; ces ressentis les font souffrir et les empêchent de communiquer. Lorsque, au contraire, s'allient le corps, l'émotion et la raison, cela crée une harmonie intérieure qui favorise la communication authentique.

Un soir, lorsque Joé est rentré de son travail, il a trouvé Pascale effondrée dans un fauteuil du salon. À ses tentatives pour s'en approcher, elle opposait un lourd silence, un regard fixe et son corps repoussait ses étreintes. Joé se sentait très mal et n'arrivait plus à atteindre Pascale d'aucune façon parce qu'elle était coupée de ses émotions. Son corps lui parlait, bien sûr, mais ce seul langage l'insécurisait et ne suffisait pas à favoriser une communication. Ce n'est que lorsque Pascale s'est permis de vivre ses émotions et d'exprimer son vécu qu'il a pu rétablir le contact avec elle. La raison qui maîtrisait l'émotion s'était retirée. Pascale a pu sentir sa souffrance et, grâce à la complicité du rationnel, elle a pu exprimer ses émotions, ce qui a rétabli la relation.

Beaucoup de gens refoulent leurs émotions ou s'empêchent de les exprimer parce qu'ils craignent la réaction des autres et ont peur de souffrir. Aussi attendent-ils d'avoir analysé la situation dans tous ses détails, pour finalement refuser de s'exprimer. Cette attitude conduit inévitablement à l'insatisfaction, parce que l'analyse de l'émotion empêche la personne d'entrer en contact avec elle-même et la prive de l'expression naturelle et authentique de son vécu. **Dans une expérience relationnelle difficile, le rôle de la raison n'est pas de décortiquer les faits, car il s'agirait alors d'un mécanisme défensif de rationalisation. Son rôle est de s'associer au vécu pour l'identifier.**

Une fois que la raison a permis la prise de conscience de l'émotion et qu'elle l'a bien identifiée, il importe de se fier à la magie du langage verbal pour bien clarifier cette émotion. Autrement dit, l'expression de l'émotion entraîne des prises de conscience plus grandes encore si elle est verbalisée d'une manière responsable et non défensive. Combien de fois ne vous est-il pas arrivé de prendre conscience de quelque chose tout en parlant ? **L'expression verbale et responsable de soi dans toute relation présente toujours un impact plus grand en matière de connaissance de soi et de résolution des difficultés relationnelles que n'importe**

quel monologue intérieur. Nous voyons ici l'importance indéniable de la raison dans la communication authentique. Il ne suffit pas de vivre seulement l'émotion, mais de prendre également conscience de sa présence dans le corps et le psychisme, de l'identifier et de l'exprimer d'une manière responsable. **Nous ne pouvons nier le rôle fondamental du langage dans la communication. S'il est vrai que le corps parle et que le silence est aussi un langage, il n'en reste pas moins que la relation authentique a souvent besoin de mots.** Pour mieux comprendre l'importance de cette affirmation, définissons d'abord le mot *langage*.

Le Petit Robert définit le langage comme une « fonction d'expression de la pensée et de communication entre les hommes, mise en œuvre au moyen d'un système de signes vocaux (parole) et éventuellement de signes graphiques (écriture) ». Par cette définition, nous voyons que le langage se définit comme une fonction de nature rationnelle. Lorsqu'il est uniquement l'expression de la raison sans se préoccuper de créer un lien avec le vécu, il est froid, aride, insensible, défensif; par contre, lorsque cette même raison accueille l'émotion, les mots deviennent vivants, sensibles et pleins.

Dans toute communication authentique, l'intervention du langage verbal en tant qu'expression de soi s'avère donc essentielle. Dans l'exemple précédent, Pascale en voulait à Joé de ne pas la deviner. Elle voulait qu'il décode son langage non verbal. De son côté, il voyait bien, par les messages de son corps, que quelque chose n'allait pas, **mais le seul langage corporel est nettement insuffisant pour communiquer, à moins de l'interpréter, ce qui mène généralement au conflit.** Il est essentiel de ressentir ce que nous vivons et de l'exprimer par des mots. Nous pouvons souffrir de nos blessures et de nos fonctionnements, et nous enfoncer dans cette souffrance pendant des années ou même toute notre vie. Cependant à partir du moment où nous en prenons conscience et où nous l'exprimons, nous commençons à vivre et à récupérer la maîtrise de notre vie. Je dis bien *nous commençons*, parce que la prise de conscience ne constitue que la première étape du processus de changement. (*Relation d'aide et amour de soi*, p. 255 à 319.)

Nous constatons donc l'importance du rôle de la raison dans un processus relationnel satisfaisant, lorsqu'elle celle-ci n'est pas défensive. Pour qu'elle soit complice de l'émotion, elle doit accepter que l'irrationnel précède toujours le rationnel dans le fonctionnement d'un être humain[6]. L'émotion apparaît d'abord et la raison, au lieu de prendre toute la place et de contribuer à refouler l'émotion, doit l'accueillir par la prise de conscience. Ainsi la conjugaison du senti émotionnel et de la raison fait avancer la personne dans son cheminement intérieur, car tout apprentissage qui s'effectue en alliant ces deux forces est toujours intégré. À l'inverse, l'apprentissage qui nie l'une ou l'autre de ces facultés reste toujours superficiel et évanescent. Autrement dit, nous ne pouvons progresser, évoluer intérieurement sans respecter le fonctionnement harmonieux et normal du psychisme et du cerveau humain. **Trop valoriser l'émotion nous mène trop souvent à nous enfoncer dans une souffrance stérile et destructive. Par contre, valoriser à l'excès la raison, c'est nous placer en supérieurs, nous désincarner, nous dissocier du plus profond de nous-mêmes. Dans les deux cas, il ne peut exister de relation avec l'autre ni de communication authentique, parce que l'harmonie intérieure entre la tête et le cœur n'existe pas.**

---

6 Voir le chapitre consacré au fonctionnement du cerveau humain dans *Relation d'aide et amour de soi*.

En plus de favoriser la communication par l'identification et l'expression du vécu émotionnel, quelle place revêt la raison dans la relation avec l'autre ?

Lorsqu'elle ne joue pas un rôle défensif et qu'elle travaille en harmonie avec l'émotion, la raison est vraiment la faculté qui permet de distinguer clairement ce qui appartient à l'un et à l'autre. Elle empêche ou prévient la confusion et le bouleversement qui causent les conflits, les incompréhensions et les rivalités.

Comment le rationnel peut-il favoriser l'harmonie relationnelle ?

Évidemment le fait d'être en relation avec l'autre suppose une ouverture à être en relation avec nous-mêmes, c'est-à-dire une capacité à harmoniser en nous la raison et l'émotion. Dans la relation avec l'autre, la communication se maintient si l'émotion déclenchée par l'autre en nous n'est pas bloquée par la raison. Dans cet échange entre deux personnes, la faculté rationnelle exerce une double fonction : d'une part, elle favorise la prise de conscience de l'émotion et facilite l'expression de celle-ci de façon responsable, c'est-à-dire autant que possible sans interpréter, sans juger, sans blâmer ni accuser ; d'autre part, elle nous permet d'observer nos mécanismes de défense et de remarquer ce qui, chez le déclencheur, nous a blessés ou touchés. Autrement dit, la communication authentique est basée sur un équilibre du subjectif et de l'objectif, et c'est la faculté rationnelle qui permet de percevoir nettement la différence entre les deux. Grâce à cette faculté, nous pouvons laisser de la place au vécu émotionnel et, en exprimant ce vécu, reconnaître la part indéniable et essentielle de la subjectivité dans la communication : la perception, l'émotion, le sentiment, le senti, le vécu et l'intuition qui appartiennent au monde de l'irrationnel.

La raison possède aussi une fonction objective qui réside dans l'observation des déclencheurs de l'émotion. Il ne s'agit ici ni d'analyser les autres, ni de décortiquer leur fonctionnement pour l'interpréter; ni de décider de leurs intentions, de leurs émotions, de façon à les rendre coupables et responsables de nos souffrances; ni de les étiqueter par des jugements, des interprétations et des projections. Lorsque la raison intervient en nous et réveille notre sentiment de supériorité, elle est à l'origine de nos conflits intérieurs, parce qu'elle contrôle notre émotion et nous place sur la défensive. Elle devient donc source d'irresponsabilité et ne nous permet plus de vivre l'expérience *guérissante* de la communication authentique. **Pour être efficace, la raison doit remplir sa triple fonction, c'est-à-dire celle de contribuer à nos prises de conscience : à la fois de l'émotion intérieure et du déclencheur extérieur, et de notre réaction à ce déclencheur.** Dans ce dernier cas, en faisant appel à la raison, nous ne devons jamais dépasser l'observation objective précise (OOP). Autrement dit, nous devons observer objectivement ce qui, chez l'autre, a déclenché nos émotions agréables ou désagréables et comment nous réagissons à ce déclencheur. Cette pratique a pour avantage de nous permettre de distinguer clairement ce qui appartient à chacun dans la situation relationnelle.

Chaque fois que Marjolaine *rencontrait* Fanie, *elle ressentait des malaises qu'elle n'écoutait pas et qu'elle n'avait pas vraiment identifiés.* Elle *n'était donc pas en relation avec elle-même.* Aussi *avait-elle tendance à blâmer* Fanie, *à chercher dans chacune de ses paroles et dans chacun de ses comportements les mots, les gestes qui pouvaient justifier sa répulsion.* Elle *utilisait ainsi sa raison de façon défensive en essayant de rendre l'autre responsable de ses inconforts et elle perdait ainsi la maîtrise de sa vie. Lors d'une démarche thérapeutique au cours de laquelle elle écouta sa souffrance,* Marjolaine *prit conscience qu'elle avait peur d'être jugée et rejetée par cette femme qu'au fond elle admirait.* Elle *comprit que la réussite de* Fanie *(observation objective précise) déclenchait en elle un sentiment d'infériorité (vécu) qu'elle ne montrait pas, ce qui provoquait en elle une réaction défensive.* En *effet,* Marjolaine *tentait toujours de démontrer à* Fanie *sa propre valeur et elle tâchait alors de prouver sa supériorité (attitude défensive), ce qui repoussait* Fanie *au lieu de l'attirer.* En *utilisant sa raison pour identifier son malaise intérieur (envie) et pour observer le déclencheur extérieur de sa souffrance au lieu de décortiquer les paroles et les attitudes de* Fanie *au moyen de l'interprétation, elle récupéra le pouvoir de se changer et d'entrer en relation avec elle sans devoir se montrer supérieure.* Elle *évita ainsi de tomber dans les mécanismes défensifs du blâme, de la projection, du jugement et de l'interprétation pour se limiter à l'observation objective précise du déclencheur (réussite de* Fanie*), à son vécu par rapport à cette réussite (sentiment d'infériorité) et à l'observation de ses mécanismes défensifs (vantardise et attitude de supériorité).*

Donner à la raison sa place, sans pour autant la laisser envahir notre espace émotionnel, exige un long travail sur nous-mêmes. Généralement, dans le domaine relationnel, notre raison intervient devant les malaises déclenchés par *l'autre*, elle bloque notre vécu émotionnel et de notre intuition, et nous entraîne dans l'interprétation, le jugement, la projection ou la rationalisation. Cette intervention défensive de la faculté rationnelle a pour conséquence de perturber nos relations, car aucun être humain n'aime être jugé et voir ses intentions déformées et interprétées. Par son ingérence, la raison contrôle non seulement l'émotion réprimée en nous, mais elle contrôle aussi celle de la personne avec laquelle nous tentons d'être en relation.

Chaque fois que David faisait une demande à son amie Hélène et qu'elle lui répondait de façon négative ou posait ses limites, il la jugeait sévèrement. « Tu n'as aucune souplesse, lui dit-il un jour, tu ne fais que me rejeter et en plus tu ne penses qu'à toi. » *En fait, quand Hélène refusait de répondre à ses besoins, David n'écoutait pas son émotion, il intervenait de façon défensive en jugeant, en interprétant et en projetant sur elle ses propres pensées. Que se passait-il en réalité ? La raison, au lieu de travailler en harmonie avec l'émotion afin de l'identifier, s'en était détachée pour la dominer. Cela avait eu pour effet d'amener David à blâmer constamment Hélène au lieu de prendre conscience de sa propre blessure causée par l'abandon et le rejet. Ce genre de réaction défensive provoque souvent un conflit.*

Comment rétablir la communication dans un tel cas ? Il est bien évident ici que la raison doit laisser émerger le malaise émotionnel pour ensuite favoriser la prise de conscience, l'identification et l'expression de ce malaise. Qu'a ressenti David devant le refus d'Hélène d'adhérer à sa demande ? En se centrant sur lui-même, il a identifié sa peine, sa peur du rejet, sa peur de ne pas être aimé. Toutes ces émotions n'avaient pas eu leur place dans la relation, ce qui avait amené David à réagir dans le sens contraire de ses besoins. Il avait peur du rejet et de l'abandon, il avait besoin d'être aimé et c'est lui qui, par manque de contact avec lui-même, rejetait son amoureuse. Quand il a pris conscience de son fonctionnement, il a rétabli le contact avec Hélène en lui exprimant simplement les émotions que son refus avait déclenchées en lui. Ainsi, il a laissé la place à son vécu et a laissé au rationnel son vrai rôle : aider à prendre conscience du vécu, à lui donner un nom (peur du rejet), à l'exprimer et aussi à se limiter, en face du déclencheur, en l'occurrence Hélène, à des observations objectives précises au lieu de recourir à des interprétations projectives telles que « tu ne fais que me rejeter ».

Que pouvons-nous observer objectivement chez Hélène ? Seuls les mots réellement utilisés, ses silences, ses gestes et les mouvements de son corps sont observables. Ainsi, il est possible d'observer qu'elle a fermé les yeux, qu'elle a souri, qu'elle a dit *non*, qu'elle n'a pas répondu à la question posée, qu'elle est en retard de dix minutes, etc. Toutefois nous ne pouvons observer objectivement qu'elle manque de souplesse. Il s'agit là d'une interprétation, à moins qu'Hélène ait dit elle-même qu'elle en manquait.

À quoi sert l'observation objective précise du déclencheur? Reprenons l'exemple précédent. David peut découvrir par l'observation objective précise que, chaque fois qu'Hélène refuse d'accéder à ses demandes, il a peur du rejet et de ne plus être aimé. Cette découverte peut entraîner plusieurs conséquences favorables sur sa vie relationnelle. Elle a pour avantage de lui donner le contrôle de sa vie, le pouvoir de se connaître et de connaître les déclencheurs de sa souffrance. David peut ainsi réaliser que, chaque fois qu'il essuie un refus à ses demandes, que celui-ci vienne d'Hélène ou de quelqu'un d'autre, il se sent rejeté et rejette l'autre à son tour. Il peut aussi s'apercevoir qu'Hélène n'est pas responsable de ce qu'il vit, puisqu'il répète constamment ce fonctionnement chaque fois que ce genre de situation se reproduit.

Cette découverte peut lui donner le pouvoir de travailler sur lui-même de façon à s'attirer des relations satisfaisantes. Au lieu de reprocher à Hélène de le rejeter (projection), il gagne à se regarder lui-même et à reconnaître que, chaque fois qu'il se sent rejeté, il se rejette et il rejette l'autre, parce qu'il ne laisse pas de place en lui-même à la souffrance causée par le sentiment de rejet et qu'il ne l'exprime pas. Ainsi en redevenant responsable, il tentera de se changer lui-même plutôt que de changer les autres lorsqu'il vit des malaises relationnels. Cette prise de conscience lui permettra alors de chercher des moyens de se protéger contre la souffrance due au rejet, plutôt que de s'en couper et de s'en défendre (*Relation d'aide et amour de soi*, p. 277 à 315).

Chaque fois qu'il glissera dans l'interprétation et le jugement, la connaissance de son fonctionnement lui offrira la possibilité de récupérer le pouvoir sur lui-même par l'écoute et l'expression de ses émotions et de rétablir ainsi la communication. Il est donc important, à mon avis, pour améliorer nos relations et notre aptitude à communiquer, d'effectuer un travail sur nous-mêmes qui nous permette de découvrir notre propre fonctionnement relationnel et de connaître aussi le fonctionnement de tout processus relationnel.

E. La connaissance du processus relationnel

Lorsque deux personnes communiquent, la personne qui s'exprime verbalement ou non verbalement (l'émetteur) déclenche presque toujours chez celle qui l'écoute (le récepteur) un vécu émotionnel agréable ou désagréable. Ce vécu entraîne une réaction verbale ou non verbale chez le récepteur. Cette réaction devient donc un déclencheur pour l'émetteur. Ainsi, par exemple, si ce dernier réagit par une attitude de fermeture, cette attitude peut déclencher des émotions qui feront réagir à son tour l'interlocuteur. Par sa réaction, celui-ci redevient le déclencheur-émetteur et c'est ainsi que se poursuit l'influence réciproque, qui entretient, perturbe ou détruit la communication.

Le processus se poursuit ainsi pour se terminer de façon satisfaisante ou insatisfaisante. Il est satisfaisant si l'émotion n'est pas, de part et d'autre, inhibée par la raison et si elle est exprimée de façon responsable et authentique dans

SCHÉMA DU PROCESSUS RELATIONNEL

Émetteur

↓

• *émet le message*

↓

• *déclenche l'émotion* → **Récepteur**

↓

• *perçoit le message*

↓

• *ressent des émotions*

↓

• *réagit*

Par sa réaction, le récepteur devient l'émetteur

Émetteur (ancien récepteur)

↓

• réagit au message reçu

↓

• déclenche de nouvelles émotions → **Récepteur** (ancien émetteur)

↓

• perçoit la réaction

↓

• ressent des émotions

↓

• réagit :
(par l'expression de l'émotion ou par des mécanismes de défense)

l'immédiat de la relation. Par contre, il est perturbé ou momentanément brisé si, chez l'un ou chez les deux interlocuteurs, la raison prend la place de l'émotion et provoque chez l'un ou l'autre un comportement irresponsable et défensif, ainsi que des propos au sujet de l'autre qui dépassent l'observation objective précise.

Apprendre à laisser sa place à l'émotion et à donner à la raison son vrai rôle de façon à connaître l'harmonie intérieure et extérieure dans les processus relationnels ne réside pas seulement dans la prise de conscience. Connaître ce fonctionnement pour l'intégrer automatiquement dans notre vie quotidienne ne suffit pas. Comme nous avons développé très jeunes des mécanismes défensifs et des fonctionnements relationnels, il nous est impossible de connaître une transformation intérieure par la vertu du seul savoir et de la seule prise de conscience. Tout un travail d'autoobservation et d'acceptation est nécessaire pour que nous en arrivions à nous accueillir dans nos disharmonies intérieures et à renouer, par la reconnaissance de nos erreurs, les relations perturbées par nos réactions défensives. Ce travail d'acceptation ne peut se réaliser que par l'expérience de la communication authentique.

Tous nous possédons le pouvoir et le choix de consacrer à l'apprentissage de la communication le temps requis pour l'acquérir de façon satisfaisante. Nous vouons, dans notre vie, beaucoup de temps au travail, aux autres, à l'organisation de la vie quotidienne et, dans certains cas, à la préparation matérielle et professionnelle de notre avenir. Toutefois le temps que nous consacrons à apprendre à être en relation, à communiquer, est peut-être le plus précieux que nous puissions nous offrir pour vivre une vie dans laquelle les valeurs de l'être rendront nos relations

enrichissantes et durables. Apprendre à ressentir, à écouter ce qui se passe en nous, à l'identifier, à le livrer de façon responsable, à entendre l'autre et à le recevoir dans sa vérité profonde sans fuir notre réalité présente, c'est plus qu'une priorité, c'est un choix de vie. Apprendre à être en relation, c'est-à-dire à communiquer authentiquement, c'est nous ouvrir les portes de la liberté, de la créativité, de la réalisation de nous-mêmes et du bonheur de vivre avec les autres.

La découverte de ce type de communication fondée sur l'écoute et l'expression authentique et responsable de la vérité profonde, passe, comme nous l'avons déjà vu, par l'intervention harmonieuse des facultés émotionnelles et rationnelles dans le présent de la relation. Comme nous le verrons, il passe également par une intégration des éléments de la communication. Nous aborderons et approfondirons ce deuxième point dans le prochain chapitre sous un angle prioritairement psychologique.

Chapitre 4

Les éléments de la communication authentique

Quand j'étais professeure de français au secondaire, je me suis intéressée à l'aspect linguistique de la communication. Mes études au Programme de perfectionnement des maîtres de français (PPMF) à l'Université de Montréal m'ont ouverte à différentes théories sur le sujet, spécialement à celle du linguiste américain Roman JAKOBSON sur les éléments de la communication.

JAKOBSON, dans ses *Essais de linguistique générale* (1963), considère que toute communication implique six éléments et que chacun d'eux remplit une fonction précise dans la situation de communication. Influencé par d'autres chercheurs américains, tels LASSWELL (1948) et SHANNON (1949), il a élaboré sa théorie autour des éléments suivants : l'émetteur, le récepteur, le message, le canal, le code et le référent.

Mon intérêt pour la théorie de JAKOBSON n'est pas surtout d'ordre linguistique, mais plutôt d'ordre psychologique. Dans le but de démontrer l'impact psychologique de chacun d'eux sur la communication authentique, j'aborderai donc principalement trois de ces éléments, soit l'émetteur, le récepteur et le message, et ce, en commençant par l'émetteur.

A. L'émetteur

Toute communication exige un émetteur, c'est-à-dire, dans le cas de la relation interpersonnelle, une personne qui s'exprime. Il apparaît évident que, par sa seule présence, l'être humain émet des vibrations et dégage une énergie qui témoigne de ses sentiments, de ses émotions, de ses intentions et que ces vibrations exercent un impact sur son entourage. Toutefois, dans le cas de la communication authentique, quand il est question d'émetteur, nous parlons d'une personne qui *manifeste sa pensée, ses sentiments par le langage*. Exprimer, c'est rendre sensible par les mots ou par le comportement (Le Petit Robert), c'est nous adresser à quelqu'un dans le but de lui communiquer une idée, une émotion, un désir, un besoin, une opinion. Émettre, c'est projeter hors de soi pour faire circuler. Le seul fait d'émettre et de s'exprimer suppose donc un désir à la fois de projeter une partie de soi vers l'autre et de le toucher, de réveiller sa sensibilité pour en être compris.

Il est impossible d'être en relation si nous ne nous exprimons pas, si nous n'émettons rien, si nous nous retirons dans le mutisme, si nous nous fermons aux autres. Pour communiquer, il faut nous exprimer. C'est même une lapalissade que de l'affirmer. Pourtant, pour beaucoup de gens, il est loin d'être facile de se manifester à l'autre, d'entrer en relation, de s'exprimer.

Plusieurs obstacles extérieurs et intérieurs briment l'expression de soi. Je pense entre autres à la télévision, aux jeux électroniques, à toutes ces inventions modernes qui accaparent l'attention des gens et les éloignent les uns des autres. Il ne s'agit pas de nier l'utilité de ces appareils, mais de récupérer le pouvoir d'organiser notre vie en fonction des besoins de relation. J'ai vu tellement de gens devenir esclaves de la télévision ou de leur ordinateur. Ils en arrivent à se perdre dans une facilité qui influence négativement leur imaginaire relationnel et qui les amène à vivre dans un univers où, finalement, la relation n'existe plus. Pour certaines personnes, la vie est structurée autour de rituels qui entretiennent une routine ennuyeuse qui les limite à des habitudes, à des règles, à des actions répétées toujours au même moment et de la même manière, dans un cadre qui ne laisse aucune place à la rencontre. **Le travail compulsif, la télévision, l'informatique et la routine peuvent tuer petit à petit la relation.** Pour ces personnes, les seuls émetteurs de leur quotidien sont ceux qui proviennent des appareils ; la communication avec leur entourage demeure à peu près absente.

À mon avis, un travail d'éducation est nécessaire pour éviter que les gens se laissent envahir par des comportements qui empêchent toute relation. **Vouloir communiquer reste insuffisant : des moyens concrets doivent être préconisés pour faciliter la communication.**

Bien sûr, les obstacles extérieurs ne sont pas les seuls empêchements qui gênent l'expression de soi. Ils témoignent généralement de malaises intérieurs beaucoup plus puissants. En effet, les causes de mutisme et d'isolement se situent le plus souvent dans le manque de confiance en soi ; le sentiment d'infériorité ; la peur du rejet, du jugement, du ridicule et la peur de souffrir ou de blesser. Par peur de dire, nous abdiquons et nous attendons que l'autre s'exprime. Ainsi chacun se retire de la relation et nous nous retrouvons en présence de deux personnes qui vivent dans la solitude, même si elles ne sont pas seules.

Jacinthe vivait avec Gilbert depuis plus de douze ans. Ils partageaient le même appartement. Quand je les ai rencontrés, en thérapie de couple, ils remettaient sérieusement leur relation en question parce qu'ils ne ressentaient plus d'intérêt à vivre ensemble. En fait, chacun vaquait à ses occupations et, lorsqu'ils se retrouvaient, leurs courtes conversations se limitaient à se raconter les événements de la journée. Ils éprouvaient l'impression que leur amour s'éteignait petit à petit.

Dans la communication authentique, l'émetteur révèle sa vérité profonde ; il exprime son vécu, ses peurs, ses besoins, ses désirs, ses limites, ses idées ; il investit sa vie intérieure dans la relation. Son expression ne se limite pas à raconter des faits comme un chroniqueur, mais elle tend à exprimer l'émotion et le besoin, à confier ce qui vient du plus profond de son être.

Il n'est pas toujours facile de communiquer authentiquement. S'exprimer dans sa vérité intérieure suppose, pour la plupart des gens, un travail d'écoute et d'acceptation de soi qui demande du temps. Être des émetteurs qui révèlent le fond de leur être, c'est se donner des relations profondes, vivantes, dans lesquelles l'attachement est stimulé par l'engagement à s'exprimer avec authenticité.

Cependant, dans ce genre de communication, l'émetteur a besoin, pour se dire, d'être reçu, entendu, accueilli, voire compris. C'est le rôle du récepteur.

B. Le récepteur

Le récepteur est la personne qui reçoit l'expression de l'émetteur, celle qui perçoit, sent, voit, écoute et renvoie une rétroaction. Elle n'assure pas seulement à l'émetteur une présence physique, mais également une présence psychique. Cela signifie par conséquent qu'un bon récepteur doit vraiment demeurer à l'écoute de lui-même pour percevoir l'impact émotif de l'expression de l'émetteur sur son psychisme. En fait, dans la communication authentique, le récepteur se laisse toucher par celui qui émet. Il reste constamment en contact avec lui-même. Il sent ce qui se passe en lui.

La conscience du senti est fondamentale chez le récepteur. S'il ne sent pas le vécu qui l'habite, il risque de le projeter sur l'émetteur et de causer ainsi une interférence importante dans la relation. Devant l'expression de l'autre, le récepteur doit rester en contact avec ses propres émotions et ne jamais décider des émotions de l'émetteur. En fait, pour vivre une communication authentique, le récepteur doit rester attentif au vécu de celui qui s'exprime, mais ne pas définir des émotions non exprimées. Pour éviter l'imbroglio, il ne doit jamais se perdre de vue. Il peut sembler paradoxal d'affirmer que le récepteur doit d'abord s'écouter pour mieux écouter l'autre, aussi vais-je apporter un exemple pour éclairer ce paradoxe.

Dans les thérapies de couple, il est fréquent de voir des gens qui parlent pour leur conjoint et qui décident de ce qu'il vit et de ce qu'il veut. Ils ne sont tout simplement pas à l'écoute d'eux-mêmes. Lorsqu'il a entendu Lyne s'exprimer sur ses difficultés à traduire ses émotions et sur ses besoins d'être plus proche de lui, Yvan lui a répondu qu'il sentait qu'elle avait peur. Pourtant Lyne n'avait exprimé aucune peur. Il était possible qu'elle en vive, mais elle ne l'avait pas dit. Yvan avait décidé pour elle de son vécu en se coupant du sien. À l'aide de mes observations, il a découvert que c'était lui qui craignait l'intimité et que cette peur de l'intimité l'empêchait de s'approcher de son épouse.

Il existe un danger à ressentir pour les autres. Les *je sens que tu...* ne sont souvent en réalité que la projection d'émotions personnelles non accueillies, non entendues. Par ses *je sens que tu...*, l'émetteur exerce inconsciemment un contrôle sur le récepteur, un contrôle qui perturbe la relation. C'est comme s'il lui disait : « Je sais mieux que toi ce qui se passe pour toi. » Il est donc fondamental que le récepteur reste en contact avec lui-même de façon qu'il exprime ses vraies émotions : « Quand tu dis que tu veux te rapprocher de moi, j'ai peur. »

La deuxième qualité d'un bon récepteur dans la communication authentique réside dans sa capacité à rester en contact avec l'émetteur par le regard. J'ai déjà mentionné dans un autre ouvrage l'importance du regard. Comme il est l'expression de la présence intérieure, il n'est pas anodin d'en parler. Voici un exemple de son importance dans la communication authentique. Mon compagnon de vie est un homme très visuel. Il aime tout voir et il se laisse facilement distraire par ce qui se passe autour de lui. Dans les débuts de notre relation, quand je lui parlais de moi, il me quittait souvent du regard pour explorer l'environnement. Chaque fois, j'étais frustrée et je me sentais même abandonnée et sans importance. Un jour, je lui ai exprimé ce que je vivais. Il m'a alors proposé de l'aider à trouver des moyens pour faciliter sa présence visuelle pendant son écoute. Il apparaît donc bien évident qu'il n'est pas question d'engager des conversations intimes avec lui quand nous marchons dans les rues de la ville. Pour m'accorder toute son attention, il a besoin d'un contexte favorable à l'échange. Par exemple, quand nous allons au restaurant, il ne se place pas devant la porte d'entrée. De cette façon, il est moins distrait, concentre davantage son regard sur moi et, par conséquent, prête attention à ce qui se passe entre nous.

Le fondement de notre relation réside dans la communication authentique. Ce n'est pas toujours facile, mais, quand nous communiquons, je suis souvent émerveillée par l'authenticité, la présence et la capacité d'attention de mon conjoint. Bien qu'il soit toujours visuel et intéressé par le monde extérieur, il n'en est pas moins capable d'entrer en lui-même et de s'écouter. Cette qualité fait de lui, dans ces moments-là, un excellent récepteur. D'ailleurs, quand je souligne l'importance du regard, je ne prétends pas qu'il faille fixer l'autre ni le scruter ni le contempler béatement. Je dis qu'il est fondamental de ne pas le fuir et de ne pas se fuir. Le regard doit simplement être la manifestation de notre intérêt pour lui et pour ce qu'il dit.

Le récepteur est donc celui qui non seulement prête une oreille attentive à l'autre, mais aussi qui lui accorde un regard plein de sollicitude. Cette présence attentive témoigne de son ouverture à saisir celui qui s'exprime, tant par l'intelligence de l'esprit que par celle du cœur. Saisir vraiment l'expression de l'autre suppose de la part du récepteur qu'il ait développé l'art de l'écoute. Malheureusement très peu de gens savent réellement écouter. Un grand nombre de récepteurs ramènent tout à eux-mêmes, préparent leur réponse et n'attendent que le moment propice pour parler d'eux. D'autres, et c'est la majorité, par manque d'attention à leurs propres émotions, tombent dans des mécanismes tels la projection, le jugement, l'interprétation, le rôle de sauveur, le ménagement, le blâme, le questionnement défensif qui consiste à faire parler l'autre pour éviter de parler de soi.

La véritable écoute, celle qui laisse la place à l'autre, celle qui entend l'autre sans bloquer la communication et sans déformer ce qu'il exprime, celle qui ne ramène pas le message de l'autre à nous-mêmes, celle qui distingue clairement ce qui appartient à l'autre de ce qui nous appartient, celle qui n'est pas défensive, n'est guère facile à exercer. Pourtant, c'est cette écoute-là qui caractérise la communication authentique, c'est la seule qui favorise le dialogue entre deux personnes qui tiennent à leur relation parce qu'elles s'aiment vraiment.

Dans une relation entre un émetteur et un récepteur, le dialogue existe si l'émetteur exprime sa vérité profonde et si le récepteur écoute en manifestant une présence attentive, chaleureuse, une présence empathique qui accepte l'autre dans tout ce qu'il est, dans sa différence, et ce, sans perdre de vue qu'il est un autre et sans abdiquer sa propre personnalité (Vanoye p.163). **C'est pourquoi le bon récepteur doit être en mesure de s'écouter et d'écouter l'autre en même temps. S'il ramène tout à lui, il ne donne pas de place à l'autre, parce qu'il l'entend à partir de lui-même, à partir de ses propres expériences, de son propre vécu. Par contre, s'il se nie, s'il ne s'entend pas, il risque de confondre son propre vécu et sa propre expérience avec celle de l'autre et de ne plus savoir qui il est ni ce qu'il veut ou ce qui le distingue.**

C'est vraiment la capacité et la volonté du récepteur à écouter son ressenti en réaction à l'expression de l'émetteur, tout en étant attentif et sensible au message entendu et aux émotions qui accompagnent ce message, qui lui permettent d'entretenir le dialogue essentiel à la communication authentique. Le mot *dialogue* a ici beaucoup d'importance, en ce sens qu'il implique la présence de deux personnes distinctes. Si le récepteur se confond avec l'émetteur ou s'il ramène tout à lui-même, il n'y a pas deux personnes distinctes, donc ni dialogue ni communication authentique. Il est donc fondamental, si nous voulons *être en relation*, d'apprendre à nous ouvrir à l'autre et à l'écouter vraiment, de façon à fournir la rétroaction qui alimente la communication au lieu de la rompre ou de la perturber. Il est aussi essentiel de reconnaître l'autre et de nous reconnaître nous-mêmes. Cette attitude est propulsive et créatrice de soi, de l'autre et du monde. Apprendre à nous exprimer et à écouter l'autre vaut vraiment la peine pour rendre nos réactions et nos messages authentiques et pour retirer de nos rencontres une satisfaction que connaissent ceux qui savent *être en relation*.

C. Le message

Le message, c'est le contenu de la communication, l'information que transmet l'émetteur au récepteur.

Pour que la relation se crée et se maintienne, il est important que les messages émis soient compris par les interlocuteurs. Un émetteur qui ne veut pas parler tout seul doit tenir compte du récepteur à qui il s'adresse pour s'assurer que ses informations seront reçues par ce dernier. Certains éléments exercent une influence sur la réception des messages tels, dans le cas des éléments linguistiques, le code, le canal et le référent et, dans le cas des facteurs psychologiques, l'émotion véhiculée par les mots et l'authenticité du message. Ce sont ces derniers éléments, surtout, qui seront développés dans les pages suivantes.

Le message étant l'information que transmet l'émetteur au récepteur, sa transmission est rendue possible par un ensemble de moyens techniques et sensoriels, qu'on appelle le canal, et par un système de symboles et de signes agencés, qu'on appelle le code (Le Petit Robert).

Pour s'assurer qu'un message sera reçu, il est très important que le code utilisé par l'émetteur soit compris par le récepteur. S'adresser en français à un unilingue espagnol pour obtenir une information, avec l'espoir d'être compris, relève tout simplement de l'illusion. Les problèmes d'incommunicabilité causés par l'incompréhension du code sont beaucoup plus nombreux et plus subtils que nous pouvons le croire. Par exemple, ces problèmes de compréhension représentent l'une des causes d'échec de certains élèves de milieux défavorisés. En effet, ces derniers, dont le vocabulaire se limite à peine à mille mots, ne comprennent pas l'information transmise par certains de leurs professeurs dont le vocabulaire atteint plusieurs milliers de mots.

Quand j'ai vécu à Paris, j'ai été confrontée à ce problème de code à quelques reprises. Même si je parle la même langue que les Parisiens, il n'en reste pas moins que certains objets sont désignés par des mots différents en France et au Québec. Le français de France et celui du Québec comportent en effet certaines différences bien marquées. Si, par exemple, vous demandez un cartable dans un magasin français, on vous remettra un sac d'écolier alors que, au Québec, vous recevrez un « cahier à couverture rigide muni d'anneaux qui s'ouvrent et se ferment dans lequel on place des feuilles mobiles » (Robert québécois) et que les Français nomment « classeur ». Il en est de même pour plusieurs autres termes dont le gilet et la veste, la traîne sauvage et la luge, le traversier et le bac, la tuque et le bonnet de laine, les mitaines et les moufles, etc.

La compréhension du code n'est évidemment pas le seul élément nécessaire à la transmission d'un message. Il ne suffit pas d'utiliser un code commun pour bien communiquer. L'émetteur doit s'assurer que le message intéresse le récepteur. Certains messages touchent les sens par divers moyens tels le toucher, le regard, le parfum, les sons. Quoi qu'il en soit, le code, le canal, le référent et le message sont toujours porteurs d'informations émotionnelles et rationnelles. Chaque mot, chaque geste, chaque regard véhiculent une charge affective qui se transmet par l'attitude de l'émetteur. **Le sens d'un mot dépasse de beaucoup la définition des dictionnaires. Chaque personne coule dans ses mots la couleur émotionnelle de son histoire personnelle. Un mot dont la connotation émotionnelle est agréable pour une personne peut s'avérer désagréable pour une autre et devenir source de conflits.**

Pour illustrer cette affirmation, je vais apporter l'exemple des amoureux, qui utilisent des mots bien personnels pour se témoigner de l'affection : « ma chouette », « mon chou », « mon minou », « ma poulette », « ma cocotte », « mon cœur », « mon pitou », « ma pitoune », « mon bébé », « ma soie », etc. Utilisés avec d'autres personnes ou dans d'autres contextes, ces mots risqueraient d'être mal reçus, de choquer et de causer une grave interférence dans la relation.

Il s'agit là d'un exemple frappant pour traiter d'une réalité non moins importante. Il est fréquent d'employer des mots à connotation affective agréable pour nous-mêmes mais qui sont mal reçus par les autres, pour qui ces mêmes mots réfèrent à des expériences tristes et désagréables.

Le message est porteur d'émotions qui traduisent les intentions réelles de l'émetteur. Il est donc malheureux que, en tant que récepteurs, nous ne nous attardions qu'au contenu rationnel des mots sans écouter la résonance émotionnelle qu'ils déclenchent en nous. C'est l'écoute du vécu intérieur qu'ils provoquent qui nous permet, en tant que récepteurs, d'être bien ou mal, de croire ou de ne pas croire en la vérité du message et de vérifier, s'il y a lieu, le sens, l'intention et l'émotion qu'ils véhiculent, surtout quand ces derniers ne sont pas exprimés.

Le message s'accompagne toujours d'une émotion. Même les paroles les plus rationnelles, celles de la plupart des discours politiques par exemple, sont soutenues par des émotions. Malheureusement plusieurs messages sont vidés de sensibilité parce que ceux qui les véhiculent se tiennent sur la défensive. Ceux-là ne sont pas conscients qu'ils se défendent et que parfois même ils envoient un double message.

Le double message

Une personne émet un double message quand il y a décalage entre le contenu verbal et le contenu non verbal de sa communication. Ainsi, ses mots transmettent une information qui ne correspond pas à ses émotions et à ses intentions profondes. Elle n'est donc pas authentique. Ce phénomène se produit lorsque la personne n'écoute pas son monde émotionnel ou lorsqu'elle le juge inacceptable.

J'ai connu, un jour, un homme dont la souffrance profonde m'a particulièrement touchée. Il venait d'un milieu familial où il n'y avait jamais de conflits. L'harmonie semblait régner dans la maison. C'est du moins ce qu'il a longtemps cru. En fait, il venait d'un milieu où le monde émotionnel était complètement nié. Cet homme s'est retrouvé, à 25 ans, avec une angoisse dépressive qui l'a conduit en psychothérapie. C'est là qu'il a découvert à quel point il était coupé de ses émotions, tout comme l'étaient ses parents.

C'est avec un sourire et une voix douce que sa mère, pourtant remplie de colère, le privait de dessert quand elle le punissait. C'est avec le même sourire et le même ton calme qu'elle lui refusait des sorties à l'adolescence. Il s'est rappelé que, à l'époque, il souffrait beaucoup plus de l'attitude de sa mère que de la punition. En fait, cette femme n'exprimait aucune émotion, aucune agressivité, aucune déception, aucune peine. Elle affichait plutôt un sourire faux et empruntait, quand elle vivait des émotions désagréables, le ton le plus calme et le plus neutre dans les moments les plus difficiles. Elle manquait d'authenticité et émettait constamment des doubles messages.

Beaucoup d'éducateurs transmettent des doubles messages. Ceux-ci ont toujours un impact psychologique néfaste sur le psychisme des enfants et de tous les êtres humains. En effet, tout récepteur d'un double message entend le langage verbal et ressent le langage non verbal qui l'accompagne. Qu'il en soit conscient ou non, il vit des malaises, auxquels il n'accorde pas toujours d'importance, mais qui, à la longue, le perturbent et l'insécurisent. Il développe ainsi une méfiance par rapport aux autres et un manque de confiance en lui-même dont il ne comprend pas la cause.

Le fait de grandir dans un entourage qui vit sur la défensive et d'où, en plus, fusent les doubles messages contribue à développer chez un être une insécurité profonde et un doute permanent sur lui-même. En effet, le récepteur de ce genre de messages ne peut guère se fier à ses perceptions. Il ne sait pas si la vérité se situe dans ce qu'il perçoit ou plutôt dans ce qu'il voit et entend. Malheureusement plusieurs d'entre nous ont appris à mettre l'accent sur l'autre et sur l'extérieur plutôt que sur nous-mêmes. Par conséquent, nous avons été amenés à nous fier à ce que nous voyons et entendons plutôt qu'à ce que nous vivons et ressentons. C'est pourquoi nous marchons souvent sur du sable mouvant, à la recherche d'une sécurité et d'une vérité que nous plaçons à l'extérieur de nous plutôt qu'en nous-mêmes.

Bien sûr, nous ne pouvons jamais savoir de façon certaine si le message des autres est authentique ou s'il ne l'est pas. Une chose est cependant incontestable et nous

pouvons nous y fier sans nous tromper : notre propre vécu, notre propre ressenti, nos propres émotions. Ainsi, l'attitude la plus importante à adopter quand nous sommes récepteurs d'un message, c'est d'écouter les émotions qu'il provoque en nous, c'est-à-dire sa résonance émotionnelle. En ce qui concerne les autres, nous ne pouvons toutefois nous limiter qu'aux observations objectives précises (OOP), sinon nous risquons de tomber dans l'une ou l'autre des défensives, par exemple la projection, le jugement, l'interprétation ou le blâme.

Face aux messages des autres et aux émotions qu'ils déclenchent en elles, les personnes qui accordent la priorité à leur ressenti sont sûres de toujours agir dans le sens de ce qui est juste et bon pour elles-mêmes, parce qu'elles s'écoutent plutôt que de s'effacer devant les autres. Il s'agit là d'un apprentissage qui exige beaucoup de temps à cause de l'habitude développée de remettre au monde extérieur le pouvoir sur soi. Je suis profondément convaincue, pour l'expérimenter quotidiennement, que seule l'écoute du ressenti intérieur guide vers la voie qui nous convient. Le ressenti, c'est l'émotion, c'est le vécu éprouvé dans l'ici et maintenant en réaction à des messages qui viennent de l'entourage et de l'environnement. Il est la porte d'entrée sur l'intuition.

L'intuition

Être intuitifs, c'est avoir une connaissance immédiate et irrationnelle de ce qui est bon ou mauvais pour nous. Les êtres véritablement intuitifs sont des êtres qui écoutent aussi leur ressenti émotionnel. Leurs choix, leurs décisions, leurs actions ne sont pas déterminés par le monde extérieur, mais par leur monde intérieur. Ces personnes-là ne sont pas des moutons de Panurge qui épousent les idées,

les actes et les choix des autres. Autonomes, ils s'affirment sans s'opposer, dans le respect des différences, à partir de la résonance émotionnelle déclenchée en eux par les messages de l'entourage et de l'environnement et non en se coupant de leur vécu pour se perdre dans les messages extérieurs.

Être nous-mêmes, c'est-à-dire être authentiques, exige non seulement la volonté d'écouter notre ressenti et notre intuition, mais aussi la force et le courage de nous respecter dans l'action. Par respect de ce que nous ressentons et intuitionnons, nous devons parfois choisir des voies qui ne correspondent nullement aux attentes des autres. Nous devons alors nous distinguer et cela est loin d'être toujours facile.

J'apporte ici un exemple très simple, mais très significatif. Un jour, dans son milieu de travail, Éric a vécu une expérience très difficile. Un de ses collègues, qui exerçait un leadership assez important dans l'équipe des travailleurs, a vécu un conflit sérieux avec le directeur du service. À la suite de ce conflit, il a cherché des appuis dans son équipe de travail. Pour différentes raisons, la plupart des gens ont soutenu cet homme dans sa confrontation avec la direction. En écoutant son ressenti, Éric s'est rendu compte qu'il vivait de profonds malaises dans cette situation et qu'il n'arrivait pas à prendre parti pour son collègue parce qu'il n'était pas concerné par ce conflit. Il ne pouvait être ni pour ni contre l'un ou l'autre. Donner plus d'importance au message intérieur qu'à la sollicitation extérieure n'a pas été facile pour lui. Il a dû affronter plusieurs peurs et certains sarcasmes, mais il était en paix avec lui-même. À long terme, cette attitude authentique lui a attiré la confiance et l'admiration de ses collègues. Concernant les demandes de coalition du leader du groupe, il avait écouté son vécu et s'était respecté.

Il y a, entre l'émission d'un message et sa réception, toute une gamme de variations. Par ses mots, sa mimique, ses gestes, son ton de voix, son regard, celui qui émet un message communique non seulement une idée, une opinion, une observation, mais aussi des émotions, des intentions, des désirs, des besoins. L'ensemble de ces informations verbales et non verbales agit sur le récepteur en fonction de sa propre charge émotionnelle, de son histoire personnelle, de ses blessures, du sens particulier qu'il donne aux mots, de l'impact inconscient du langage non verbal sur son psychisme et du référent. Plus une personne se connaît et s'écoute, plus les messages qu'elle émet sont authentiques et plus elle est consciente de l'effet que produisent en elle ceux qu'elle reçoit. Elle peut ainsi distinguer clairement, par son ressenti et ses observations objectives précises, ce qui la distingue de l'émetteur, ce qui lui appartient et ce qu'elle veut. Elle reste alors vraie avec elle-même et émet à son tour des messages authentiques, et ce, quel que soit le niveau de communication qu'elle utilise.

Chapitre 5

Les niveaux de la communication authentique

Évidemment la communication ne s'établit pas toujours avec la même profondeur et les échanges ne sont pas toujours intimes avec tous les gens que nous rencontrons ni dans toutes les situations de la vie quotidienne, ce qui ne signifie pas pour autant un manque d'authenticité. Avec certaines personnes, le degré de communication, bien que très agréable, est moins engageant, moins intime. Même avec les personnes les plus proches de nous affectivement, l'échange est d'ordre plus pratique qu'émotionnel à certains moments. L'intimité ne se vit pas avec tout le monde, puisqu'elle suppose un attachement particulier. En présence de certaines personnes, nous pouvons très bien choisir un niveau de communication plus superficiel et en être très satisfaits. Avec d'autres, nous pouvons nous engager davantage affectivement et ouvrir les portes de l'intimité. Les niveaux de communication diffèrent donc d'un interlocuteur à un autre et d'une situation à une autre.

Pour vous permettre de mieux comprendre cette réalité, pour vous aider à vous situer quant au genre de communication que vous désirez développer avec votre entourage et à mieux saisir le pourquoi de vos satisfactions et de vos manques sur le plan relationnel, il est important pour moi de vous parler ici des niveaux d'intimité dans la communication. Cette classification, personnelle et inédite, a été faite à partir d'observations et d'expériences de communication de toutes sortes. Elle n'a pas la prétention d'analyser la subtilité de tous les types de communication, mais elle présente l'avantage de permettre à chacun de découvrir le niveau approprié à ses échanges et ce qu'il en retire de satisfaction ou d'insatisfaction dans ses relations.

Quels sont donc ces niveaux de communication ? Ils sont au nombre de cinq :

- la communication utilitaire ;
- la communication impersonnelle ;
- la communication narrative ;
- la communication personnelle ;
- la communication intime.

Chacun de ces types de communication va de pair avec le niveau d'intimité et d'engagement personnel. Je consacrerai ce chapitre à définir et à préciser chacun d'eux, en commençant par la communication utilitaire.

A. La communication utilitaire

La communication utilitaire vise essentiellement ce qui est utile à l'un ou à l'autre des interlocuteurs. Comme elle ne requiert aucun engagement profond, elle est utilisée avec n'importe qui, même avec quelqu'un que nous rencontrons pour la première fois. Son usage est essentiel à la communication, c'est pourquoi toute relation comporte sa part utilitaire de communication. Nous nous en servons, par exemple, avec la caissière à la banque quand nous faisons un dépôt; nous nous en servons avec le vendeur de voitures, avec le serveur au restaurant ou encore avec la dame à qui nous demandons où se trouve la rue Saint-Denis. Nous nous en servons aussi avec les personnes les plus proches de nous quand, par exemple, à table, nous demandons à quelqu'un de nous passer le sel, quand nous informons la famille de l'heure des repas de la journée ou encore quand nous disons à notre conjoint à quelle heure nous passerons le prendre au bureau après le travail.

Comme nous le voyons ici, nous ne pouvons nous passer de ce type de communication dans la relation. Il est inévitable. Cependant, si avec certaines personnes le niveau de la communication utilitaire n'est pas dépassé parce qu'elles ne sont pas proches de nous, un problème se pose quand la relation avec les personnes importantes affectivement se limite à ce type de communication. Bien entendu, dans ce cas, nous ne pouvons parler de communication authentique au sens où nous l'entendons dans ce livre. Une telle relation connaît nécessairement une certaine forme d'insatisfaction parce qu'elle manque de profondeur, d'engagement, de vérité émotionnelle. Il en est de même d'ailleurs avec la communication impersonnelle.

B. La communication impersonnelle

La communication impersonnelle est trompeuse. Elle crée souvent l'impression de vivre une relation profonde alors que, encore ici, la vérité intérieure fait défaut à la relation. Parler de façon impersonnelle est devenu monnaie courante dans nos vies. Je ne nie d'ailleurs pas l'intérêt que nous pouvons trouver à communiquer à ce deuxième niveau. C'est l'échange à la troisième personne du singulier ou du pluriel dans lequel les interlocuteurs se parlent d'un événement qui leur est extérieur ou discourent sur *les autres.* Ce type de communication n'est pas engageant affectivement, puisque les personnes en cause ne parlent pas directement d'elles-mêmes, mais de ce qui est extérieur à elles ou de quelqu'un qui ne participe pas à la conversation.

Je ne condamne pas ici l'utilisation de la communication impersonnelle. J'adore moi-même discuter avec des amis, avec mes enfants ou avec mon conjoint d'un film que nous avons vu, d'un article que nous avons lu, du débat des chefs au moment des campagnes électorales, des problèmes sociaux. Je suis, par contre, un peu moins à l'aise pour déblatérer sur les uns et les autres en leur absence. Quoi qu'il en soit, encore ici, ce n'est pas l'utilisation de la communication impersonnelle qui cause un problème, mais le fait de s'y limiter avec les proches, de ne jamais entrer à l'intérieur de nous en leur présence. C'est d'ailleurs ce qui se produit dans plusieurs familles où les gens se parlent de tout sauf d'eux-mêmes. À la longue, ce genre de conversation cause un manque affectif et un sentiment de vide. Celui-ci est entretenu par le troisième type d'échange : la communication narrative.

C. La communication narrative

Le mot *narrer* signifie « raconter » et est synonyme de « dépeindre », de « relater », de « rapporter ». Quand nous racontons quelque chose, nous nous limitons généralement aux faits.

Une dame est venue me voir un jour parce qu'elle était dans un état dépressif qui durait depuis plusieurs mois et ne savait pas pourquoi. J'étais très sensible à la souffrance de cette femme, qui était habitée par un manque affectif profond et qui n'en connaissait pas la cause. Elle disait tout avoir pour être heureuse : un bon travail, un mari fidèle et attentionné, une excellente sécurité affective et financière. Elle ne comprenait pas ce sentiment de manque qui l'obsédait. Toutefois, plus elle avançait dans sa démarche, plus sa relation de couple la préoccupait. Cette inquiétude l'a amenée à avouer qu'elle n'exprimait jamais sa peine et sa souffrance à son mari et que leur communication se limitait à très peu de choses. Tous les soirs, quand ils se retrouvaient après une journée de travail, ils se racontaient leurs moindres faits et gestes de la journée. Ils se parlaient du travail, des collègues, des dernières nouvelles. Chacun était informé des allées et venues de l'autre et des derniers événements, mais aucun ne savait ce qui se passait dans le monde intérieur de l'autre. L'expression des émotions et des besoins psychiques ne tenait aucune place dans leur relation et cela les empêchait de se nourrir de cette relation et de combler leurs manques.

Il est difficile de vivre une relation satisfaisante quand la communication s'arrête à la narration des faits et lorsqu'elle ne va pas plus en profondeur. Il ne s'agit pas, encore une fois, de bannir la dimension narrative de nos communications, mais d'y ajouter les communications personnelle et intime.

D. La communication personnelle

La communication personnelle touche directement la personne humaine dans ce qu'elle a d'intime, de profond, d'unique. Introduire ce niveau dans nos communications affectives, c'est non seulement passer du *il* au *je*, mais parler à l'autre de notre vérité intérieure, de notre vécu, de nos peurs, de nos joies, de nos doutes, de nos difficultés, de nos préoccupations, de notre vie profonde. Ce niveau est fréquemment utilisé dans la situation thérapeutique, mais malheureusement absent de plusieurs relations affectives importantes. Nous atteignons ici un niveau de profondeur essentiel à la communication authentique.

Autant les communications utilitaire, impersonnelle et narrative se prêtent au contact social, autant les communications personnelle et intime sont favorables à la relation intime. Bien sûr, l'idéal consisterait à intégrer tous les types de communication à nos relations affectives. Les trois premiers types sont essentiels pour entrer en relation et avoir des relations. Par contre, les communications personnelle et intime ne relèvent pas de l'ordre de l'avoir, mais de l'être. Seuls ces niveaux de communication permettent vraiment d'être en relation et de nous nourrir affectivement.

La communication personnelle est vraiment basée sur l'écoute et l'expression de notre vérité intérieure ainsi que sur l'écoute de celle de l'autre. Elle favorise l'échange en profondeur et permet de recevoir et de donner. Il ne s'agit pas ici d'un partage qui a lieu strictement sur le plan intellectuel ou matériel comme dans le cas des trois premiers niveaux, mais d'un échange sur le plan affectif. Cette nourriture mutuelle est essentielle à l'équilibre psychique.

Nous avons besoin d'exister intimement en relation et de partager avec d'autres êtres humains notre monde intérieur pour nous nourrir, grandir, évoluer. Lorsque nous nous isolons pour vivre notre peine, notre souffrance ou notre joie, nous entretenons un sentiment de manque et contribuons ainsi à perturber notre équilibre psychique. Nous sommes fondamentalement, en tant qu'êtres humains, des êtres de relation et c'est dans la relation affective que nous trouvons la nourriture essentielle à notre bien-être et à notre réalisation. Le refus de l'intimité est en quelque sorte un refus de vivre, d'assumer notre vie intérieure et de communiquer la vie autour de nous.

E. La communication intime

Il existe un lien incontestable entre les communications personnelle et intime, en ce sens que les deux sont basées sur l'écoute et l'expression de la vérité intérieure et qu'elles sont essentielles à la communication authentique. Lorsque nous parlons d'intimité, nous parlons d'un lien étroit qui unit des personnes par l'échange de ce qu'il y a de plus profond au cœur d'elles-mêmes. Dans le cadre de la communication personnelle, cet échange porte sur la souffrance et le bonheur des relations de travail, des relations sociales, amoureuses et amicales, les échecs, les succès, les projets, les secrets de toutes sortes, etc. La communication intime inclut ces dimensions personnelles, mais pousse plus loin le rapprochement. Elle touche directement les personnes en relation et tient compte également de la relation elle-même. L'intimité devient alors beaucoup plus engageante puisque, à ce niveau, chacun exprime à l'autre ce qu'il vit par rapport à lui : ses peurs, ses besoins, ses sentiments, ses désirs, ses doutes, ses espoirs, ses souhaits, ses limites, ses déceptions, ses satisfactions, ses insatisfactions, ses rêves, ses intentions, etc.

Il y a, à ce niveau plus intime de la communication, un engagement, un investissement tel sur le plan de l'authenticité que la relation devient ce qu'il y a de plus nourrissant pour l'équilibre psychique et l'équilibre relationnel des deux parties. Je ne parle pas ici de fusion où l'un se perd dans l'autre, ce qui empêche toute forme de communication authentique. L'intimité dont il est question dans ces pages est faite de la révélation de l'identité psychologique, de la vérité psychique et de l'écoute de la vérité de l'autre, spécialement quand ce dévoilement porte sur la relation établie entre les personnes en cause. Ce niveau de communication transforme les affects négatifs en affects positifs, rendant ainsi son apport considérable sur le plan psychique, et ce, quels que soient les événements extérieurs.

La communication intime, par la qualité de l'engagement, de l'investissement et de l'authenticité qu'elle suppose, contribue, à plus ou moins long terme, au rétablissement et au renforcement du monde intérieur par l'expérience d'une relation profonde et vraie. Lorsque la communication atteint ce niveau d'intimité, elle devient non seulement libératrice, mais *guérissante* et créatrice. Évidemment il n'est pas toujours facile de nous investir à ce point. Cependant mon expérience personnelle et professionnelle m'a fourni la conviction qu'il est possible, par un travail sur nous-mêmes, basé sur la relation, d'apprendre à communiquer à tous les niveaux pour connaître le bonheur d'être en relation, particulièrement avec ceux que nous aimons. Cet apprentissage, dont les étapes seront développées ultérieurement, passe par une conscience des obstacles que rencontre toute personne qui veut communiquer authentiquement.

Chapitre 6

Les obstacles à la communication authentique

J'accorde à la relation la place la plus importante de ma vie : la relation avec moi-même, avec la force spirituelle qui m'habite, avec mes enfants, mes amis et surtout ma relation de couple. J'ai connu mon compagnon de vie dans mon enfance. Nous vivions dans la même municipalité. Tous les dimanches, je le voyais entrer à l'église paroissiale avec sa famille. J'étais à l'époque plus impressionnée par sa famille que par lui, la famille ayant toujours représenté pour moi une valeur que je n'ai jamais remise en question. À ce moment-là, j'étais loin de me douter qu'il deviendrait un jour *l'homme de ma vie*. Les années ont passé et nous ne nous sommes vraiment rencontrés que vers l'adolescence, lors de parties de jeunes que nous organisions dans nos familles. C'était vers la fin des années 50, l'époque des crinolines, du rock'n roll et de la brillantine.

Quand je repense à cette étape de ma vie, j'ai souvent l'impression de revoir quelque chose de féerique, un peu comme dans les contes de Perreault. Mon conjoint était l'aîné d'une famille de cultivateur, comme moi, et il m'aimait.

À 14 ans, il avait décidé que je serais un jour la femme de sa vie. J'étais loin d'éprouver le même sentiment. Ses attentions à mon égard me dérangeaient et m'agaçaient beaucoup plus qu'elles ne me plaisaient. Logiquement il avait tout pour m'intéresser. En effet, il était intelligent, sensible, généreux, disponible, débrouillard, beau et séduisant. Pourtant je n'arrivais pas à répondre à son amour.

Qu'est-ce qui a fait évoluer mon monde intérieur? Comment suis-je devenue vraiment amoureuse de cet homme qui m'était au départ plus ou moins indifférent? J'avais 19 ans, il en avait 18. C'était le 9 octobre 1962. Il avait tout essayé pour me plaire : m'impressionner, me valoriser, me séduire, m'écrire des poèmes, m'offrir des cadeaux, rien n'y faisait. Quelque chose manquait à cette relation. Avec le recul, je peux voir ce dont, à l'époque, je ne pouvais prendre conscience. Ce soir-là, il s'est produit un nouveau phénomène dans ma relation avec lui : il m'a parlé de lui; de son vécu; de sa façon de voir le monde, l'homme, la vie. Pour la première fois, je vivais avec cet homme ce que j'appelle aujourd'hui la communication authentique. Il m'a dévoilé sa vérité profonde et elle a rejoint la mienne. Je me suis sentie tellement proche de lui, tellement en harmonie, tellement touchée qu'un sentiment amoureux m'a envahie et qu'il ne m'a pas quittée depuis. Quand je me rappelle cet événement aujourd'hui, j'ai souvent l'impression d'avoir, ce soir-là, bu la potion magique d'Yseult ou d'avoir reçu le baiser magique du prince charmant. Pourtant rien d'autre n'a fait naître l'amour en mon âme que cette communion du cœur, que cet échange authentique, que cette rencontre de deux intimités qui s'écoutent, s'accueillent et s'abandonnent l'une à l'autre. La communication authentique nous a vraiment rapprochés ce soir-là et elle nous lie encore aujourd'hui.

Les contes de fées se terminent toujours par la phrase magique : « Ils furent heureux et ils eurent beaucoup d'enfants. » J'ai été heureuse avec lui et je le suis toujours. Nous avons eu quatre enfants. Cependant les contes de fées ne montrent pas que le bonheur se gagne parfois à coups de souffrances et d'obstacles. La communication authentique ne joue pas le rôle d'une baguette magique utilisable à volonté pour obtenir ce que nous voulons. L'amour ne suffit pas à une relation et, à certains moments, les difficultés relationnelles sont telles que la relation s'en trouve ébranlée, remise en question et la souffrance de l'incommunicabilité devient parfois insupportable.

Oui, j'ai été heureuse en couple et je le suis toujours, mais rien n'est acquis dans une relation et le bonheur se gagne chaque jour par l'investissement, la remise en question et le travail sur soi. Mon conjoint et moi avons traversé des obstacles relationnels importants et nous en traversons parfois encore. Nous consacrons toujours du temps et de l'énergie à notre relation, parce qu'elle représente une priorité pour nous deux. Au cours de ces 50 ans de vie de couple, nous avons constaté que la communication authentique constitue l'un des éléments les plus importants du bonheur de vivre ensemble. Il n'est pas toujours évident et facile de communiquer, surtout quand des émotions de colère, de peur, de frustration, de ressentiment, de désir de vengeance nous envahissent. De nombreux obstacles interviennent alors pour empêcher la communication et détériorer, du moins pour un temps, la relation : le non-dit, l'irresponsabilité, l'attitude défensive non reconnue, les systèmes de relation, les peurs et les autres émotions non exprimées, l'attente, l'égocentrisme, l'oubli de soi, la comparaison.

Ces obstacles et leur impact perturbateur sur la communication, la relation et les interlocuteurs feront l'objet d'un développement important dans ce chapitre. Je traiterai de chacun d'eux en apportant des exemples de ma vie personnelle et professionnelle et en commençant par l'un des agents les plus perturbateurs de la communication authentique : le non-dit.

A. Le non-dit

En tant que TRA^MD (Thérapeute en Relation d'Aide^MD), j'ai pu constater, à l'occasion de thérapies individuelles ou de couples, que de nombreuses personnes vivent des relations affectives très insatisfaisantes parce que ces relations sont assombries par le secret. Ces personnes cachent à leur conjoint, à leurs enfants, à leurs amis intimes les besoins, les émotions, les opinions et les motivations de leurs véritables choix les concernant. Les problèmes relationnels causés par le non-dit sont innombrables. **Chaque non-dit dans une relation importante creuse un fossé entre nous et l'autre et, plus les non-dits sont nombreux, plus le fossé est grand, profond et large. Ce que nous taisons de ce qui touche de près ou de loin à notre relation à une personne aimée devient un agent subtil et générateur de malaises, de conflits, de manque de confiance et d'éloignement.**

Ce qui est caché reste toujours présent dans une relation affective. La présence du non-dit passe par l'attitude de celui qui cache, une attitude qui n'est pas en harmonie avec ses paroles et ses gestes. Perçue par l'autre, cette attitude a pour effet de déclencher une tristesse chronique, une profonde insécurité, un doute persistant, des peurs incontrôlables, des réactions paranoïaques, voire des malaises physiques qui ne sont provoqués par aucun déclencheur apparent, mais qui sont quand même tenaces. **Une relation affective construite sur le non-dit est une relation malade dont la guérison, si elle est possible, ne peut passer que par l'expression des *secrets*.**

Pourquoi ne disons-nous pas tout ce qui nous concerne et tout ce qui concerne notre relation à ceux que nous aimons le mieux, aux êtres qui nous sont les plus chers ?

Jean-François était marié depuis 18 ans. Il aimait vraiment son épouse Jocelyne et ses deux enfants. Cependant, après quelques années de mariage, sa vie sexuelle s'est attiédie et cela a créé en lui beaucoup d'insatisfaction. Aussi, plutôt que d'en parler avec elle, a-t-il glissé dans une relation clandestine avec une collègue de travail, elle aussi mariée depuis quelques années. À cause de sa culpabilité et de son inconfort, il a mis fin à cette deuxième relation après seulement quelques semaines. Quand il est venu me voir en thérapie, cette courte aventure était terminée depuis plus de cinq ans. Toutefois il traversait de sérieuses difficultés dans sa relation de couple. Jocelyne, qu'il avait connue épanouie, loquace et sociable, était progressivement devenue triste et taciturne, et ne lui manifestait plus d'intérêt comme autrefois. Il souffrait de ce changement, parce qu'il n'arrivait plus à communiquer avec elle, comme il l'avait fait dans les premières années de leur relation, et surtout parce qu'il tenait beaucoup à cette femme qu'il aimait profondément. Il avait proposé à son épouse de voir un thérapeute, mais elle avait refusé. Aussi avait-il décidé de consulter lui-même. J'ai vite constaté, dès la première rencontre, que Jean-François attendait de moi que je lui donne des moyens pour changer Jocelyne. Je lui ai fait comprendre que la souffrance qu'il vivait dans sa relation avec son épouse n'était pas celle de Jocelyne, mais la sienne et que lui seul avait la possibilité, par son travail sur lui-même, de s'en occuper, en trouvant ce qu'il devait changer en lui-même pour améliorer sa relation avec la femme de sa vie.

Nous ne pouvons, à mon avis, améliorer une relation qu'en regardant notre responsabilité dans la difficulté relationnelle et en laissant l'autre s'occuper de la sienne. Je reviendrai d'ailleurs sur cet important sujet. C'est ainsi que Jean-François a découvert qu'il reprochait à Jocelyne ce qu'il faisait lui-même : il ne parlait pas. Il ne lui avait pas dit son malaise au sujet de la sexualité, sa souffrance due à son indifférence, ses besoins, ses peurs, ses frustrations, sa colère. Il s'était tu parce qu'il avait peur de la blesser et de la perdre.

Voilà la principale cause du non-dit : la peur de la réaction de l'autre et ce qu'elle déclenche en nous de culpabilité, d'impuissance, de peur de perdre. Pour ne de vivre ces sentiments, nous nous taisons. En fait, la véritable cause du non-dit est la peur de souffrir parce que nous avons fait souffrir, la peur de ne pas pouvoir affronter la souffrance de l'autre parce qu'elle nous rend coupables, la peur d'être jugés, rejetés, abandonnés. Ces peurs si douloureuses ne sont pas sans fondement. **Dans le fait de s'exprimer, il existe toujours un risque de déranger, de choquer, de blesser, de perdre, parce que s'adresser à un être humain, ce n'est pas s'adresser à une machine.** Chaque fois que nous affirmons nos émotions et de nos besoins réels, nous nous donnons la permission de nous montrer tels que nous sommes et de vivre selon nos convictions. Cependant ne s'établira une communication authentique que si nous donnons à l'autre la même possibilité.

Le risque est donc toujours présent lorsque nous choisissons de nous exprimer. Par contre, à long terme, dans une relation affective importante, nous payons souvent très cher le fait de nous cacher, de taire des événements et, surtout, de refouler notre monde intérieur face à l'autre. Nous le payons parfois de la fin d'une relation. **Le paradoxe, c'est que nous ne disons pas pour ne pas perdre, alors que c'est parce que nous ne disons pas que nous perdons. Nous ne disons pas pour éviter le conflit, alors que c'est parce que nous n'avons pas dit que naît le conflit. Nous ne disons pas pour ne pas blesser, alors que c'est parce que nous n'avons pas dit que nous blessons le plus profondément. Nous ne disons pas pour garder la confiance de l'autre, alors que c'est parce que nous n'avons pas dit que nous la perdons. Nous ne disons pas pour ne pas être jugés ou rejetés, alors que c'est parce que nous n'avons pas dit que l'autre nous juge et s'éloigne.**

Quand Jean-François a pris conscience de ses silences, de sa taciturnité, de ses non-dits, il a mis du temps à passer à l'action. Non seulement avait-il peur, mais il était convaincu qu'il allait aggraver la situation. J'ai respecté son rythme.

Dans le cheminement d'une personne, même après la prise de conscience, les changements n'interviennent pas de façon automatique, la peur prenant beaucoup trop de place. Il faut un temps plus ou moins long pour apprivoiser la peur et sentir le besoin de changement. C'est quand le besoin dépasse la peur que la personne est prête à passer à l'action.

Quoi qu'il en soit, **avec une personne importante pour nous, ne nous demandons pas si nous devons dire ou non, mais quand et comment le dire.** Trouver le bon moment pour parler et savoir comment exprimer les choses difficiles, de façon responsable sans ménager mais en respectant la sensibilité de l'autre, sont les deux moyens de composer avec les non-dits.

Voilà pourquoi Jean-François a demandé à Jocelyne de l'accompagner en thérapie. Il avait besoin d'elle pour poursuivre sa démarche. Cette fois, elle a accepté. Il a ainsi appris comment se dévoiler à son épouse qui, bien sûr, a éprouvé beaucoup de peine, mais aussi, à la grande surprise de Jean-François, un grand soulagement. Jocelyne sentait bien les malaises dans sa relation avec Jean-François, mais elle n'avait pas de prise sur ses inconforts parce qu'elle manquait d'informations. Son soulagement venait aussi de sa prise de conscience du fait qu'elle ne se sentait pas mal pour rien. Son senti était juste et cela la rassurait. Elle a découvert qu'elle pouvait se fier à ce qu'elle ressentait et que son erreur à elle, dans sa relation de couple, avait été de ne pas avoir exprimé ses malaises, de ne pas avoir donné de place à ses doutes et de s'être défendue contre eux par le refoulement.

Le manque de communication authentique dans une relation affective n'est jamais causé par un seul des partenaires, mais toujours, et dans tous les cas, par les deux, et ce, en dépit de toutes les apparences. Jocelyne et Jean-François, par exemple, se sont bien rendu compte de leur responsabilité mutuelle dans la détérioration progressive de leur relation. C'est précisément en voyant sa part de responsabilité que Jocelyne a pu accepter celle de Jean-François : tous les deux éprouvaient la même peur de s'exprimer par crainte de blesser l'autre et de le perdre. Par leurs non-dits, ils étaient précisément en train de créer ce qu'ils voulaient éviter. C'est en se disant avec responsabilité qu'ils se sont rapprochés.

B. L'irresponsabilité

Si le non-dit représente un obstacle important à la communication, l'influence de l'irresponsabilité est aussi considérable. S'il y a un obstacle à la communication que j'ai dû affronter dans mes relations affectives, c'est bien l'irresponsabilité. Mon conjoint et moi ne nous sommes jamais cachés quoi que ce soit l'un à l'autre, par conséquent, notre relation est bâtie sur une confiance réciproque très solide. Dès le départ, nous nous sommes engagés à ne pas laisser de non-dits envenimer notre relation et nous avons tous les deux tenu notre engagement, même si parfois cela a été très pénible et très *souffrant*. Par contre, nos plus grandes difficultés de communication ont été causées par l'irresponsabilité.

L'irresponsabilité, c'est, dans une relation, la tendance à rendre l'autre responsable de tout ce que nous vivons ou faisons de désagréable : nos malaises, nos échecs, les conséquences négatives de nos choix, nos besoins non satisfaits, nos manques, nos attentes, nos déceptions, nos peurs, nos blessures, etc. Être irresponsables, c'est exercer un pouvoir sur la vie des autres et perdre le contrôle de notre propre vie. **L'irresponsable est prisonnier de l'autre et ne connaît aucune liberté.**

Qu'arrive-t-il de la communication quand l'un des deux blâme l'autre et tente de le changer? La plupart du temps, cette attitude provoque la fermeture ou le conflit. Dans ce cas, la communication est perturbée ou rompue et la souffrance de l'incommunicabilité prend toute la place.

Le plus difficile avec l'irresponsabilité réside dans la perte du pouvoir sur notre vie. Comme tout est la faute de l'autre, c'est à lui de changer. D'autre part, pour éviter de nous responsabiliser, nous nous *prostituons* pour plaire et pour constater, en fin de compte, que ces tentatives ne procurent pas de résultats satisfaisants. Bien au contraire, et pour cause. Pour être aimés et par peur du conflit ou de l'abandon, nous devenons des personnages. Ce comportement entraîne comme conséquence d'altérer considérablement l'amour parce que, ce faisant, nous nous empêchons d'être nous-mêmes ; nous élaborons une espèce de construction selon les attentes des autres. Ainsi, les êtres qui nous ont aimés ne ressentent plus d'amour pour nous parce que nous ne sommes plus les mêmes.

Que ne ferions-nous pas pour être aimés ? Nous allons même jusqu'à perdre notre identité pour ne pas perdre l'autre. Au lieu de développer l'autonomie, l'irresponsabilité nous rend dépendants du changement des autres, parce qu'elle nous fait perdre le pouvoir sur notre vie. **Être autonomes, ce n'est pas faire tout ce que nous voulons sans tenir compte de l'autre ; être autonomes, c'est être entièrement nous-mêmes.** Voilà quelles sont les conséquences de l'irresponsabilité : perte d'autonomie, perte d'identité, perte de pouvoir sur notre vie, perte de liberté.

Une étudiante en formation des thérapeutes non directifs créateurs au Centre de Relation d'Aide de Montréal m'arriva un jour remplie d'enthousiasme : elle était amoureuse. Toutefois son nouvel ami, bien qu'amoureux d'elle, était très dérangé par sa nature passionnée, entière, intense. Aussi avait-il tenté à plus d'une reprise de la changer. Sa satisfaction venait surtout de ce qu'elle lui avait répondu : « J'ai passé ma vie à me changer pour plaire aux hommes que j'aimais, et je les ai tous perdus. Cette fois, je ne me changerai pas pour toi. Je sais que je te fais peur, mais je sais aussi que c'est à cause de mon intensité que tu m'as aimée et, si je la perds, tu ne m'aimeras plus ». *Cette femme n'a pas accepté d'être tenue responsable du malaise de son copain. Elle l'a retourné à lui-même et a ainsi gardé le pouvoir sur sa vie.*

Travailler le problème d'irresponsabilité dans la communication, c'est être en mesure de reconnaître notre propre responsabilité dans la relation quand apparaît le conflit ou l'insatisfaction et de laisser à l'autre sa responsabilité personnelle. Cette étudiante a réalisé que ses relations amoureuses n'avaient jamais marché parce qu'elle avait donné à son amoureux le pouvoir de la changer. Cette fois-ci, elle a travaillé à se respecter plutôt qu'à blâmer l'autre ou à se plaindre.

Ce problème d'irresponsabilité a été un obstacle très important dans ma relation avec mon partenaire amoureux. Nous en sommes même un jour arrivés à ne plus pouvoir communiquer. Chacun blâmait l'autre de ses malaises et tentait par tous les moyens de changer l'autre. Un jour, j'étais tellement insatisfaite et découragée que j'ai eu envie de le quitter. Nous nous aimions profondément, mais, je le répète, l'amour ne suffit pas ; il faut pouvoir le communiquer et cela nous était devenu presque impossible. J'ai alors demandé à mon conjoint de suivre avec moi une thérapie de couple et il a accepté. J'étais convaincue que c'était le meilleur moyen de le changer et que, si notre relation ne fonctionnait pas, c'était sa faute. Il avait la même conviction. À la première séance, il a expliqué au thérapeute : « Je suis ici pour régler les problèmes de ma femme. » Je l'aurais crucifié ! Nous avions un très bon thérapeute gestaltiste qui nous a beaucoup aidés. Aujourd'hui je ne peux pas dire que nous sommes toujours responsables, loin de là, mais nous avons le pouvoir de nous reprendre ; chacun peut, *a posteriori*, reconnaître sa responsabilité et se changer lui-même pour recréer les communications brisées par l'irresponsabilité, plutôt que de tenter de changer l'autre. Je me sens maintenant beaucoup plus libre et autonome dans ma relation de couple et cela n'a pas de prix.

Mais qu'est-ce qui provoque de telles réactions irresponsables ? Nous ne pouvons travailler notre rapport à la responsabilité sans travailler la relation que nous entretenons avec nos émotions et avec nos besoins. Nous devenons irresponsables quand nous ne donnons pas de place aux émotions désagréables (peine, frustration, jalousie, etc.) et à nos besoins relationnels. Plutôt que de ressentir notre peur et de l'exprimer, nous nous coupons d'elle pour nous défendre. Nous comprenons donc qu'il existe un lien étroit entre l'irresponsabilité et le comportement défensif non conscient et non assumé. Il s'agit là de réactions à une souffrance non entendue qui empêchent de communiquer authentiquement.

C. Le comportement défensif non reconnu

Que se produit-il en nous qui puisse provoquer un tel comportement défensif ? Chaque fois qu'un événement déclenche en nous des émotions désagréables que nous ne prenons pas le temps de ressentir et d'identifier, nous réagissons de façon défensive.

Comme nous l'avons vu dans *Relation d'aide et amour de soi*, les comportements défensifs sont tournés contre soi ou contre l'autre. Les principaux mécanismes de défense tournés contre soi sont la fuite, l'autopunition et le refoulement. Quand nous refoulons une émotion, nous perturbons la communication, d'autant plus que le refoulement s'accompagne presque toujours de ressentiment et de désir de blesser l'autre autant que nous l'avons été. Cette réaction explique, dans les cas de refoulement, notre tendance à réagir par le jugement, l'interprétation, le reproche, la prise en charge, la morale, le pouvoir, la rationalisation. Tous ces mécanismes tournés contre nous ou contre l'autre détruisent, du moins pour un temps, la communication et, progressivement, la confiance en soi et en l'autre.

Pourquoi réagissons-nous de façon défensive? Dans l'attitude défensive, nous constatons une fuite devant nos émotions désagréables, une peur de sentir en nous la souffrance déclenchée par l'autre et une crainte de nous montrer devant l'autre avec des sentiments que nous jugeons négatifs. Pour éviter de souffrir dans la relation du moment, nous nous défendons, le mécanisme de défense étant, je le répète, un moyen inconscient utilisé par le psychisme pour nous protéger contre la présence d'émotions désagréables qui émergent du processus relationnel réel ou imaginaire.

Lorsque Charlie est venue me consulter en thérapie individuelle, elle était complètement découragée. Son mariage avec Max n'était plus que disputes, reproches, conflits insurmontables. Elle se haïssait de l'aimer encore, alors qu'elle n'arrivait plus à communiquer avec lui. Elle lui en voulait profondément pour son manque d'écoute, son indifférence, ses retards de plus en plus fréquents, ses absences de plus en plus longues. Je lui ai alors proposé de me parler de son dernier conflit avec lui. Celui-ci avait eu lieu la veille de notre rencontre. Elle avait passé la nuit sur le sofa du salon parce qu'ils s'étaient encore disputés la veille à cause du retard de Max. Elle l'avait traité de « sans cœur », *d'hypocrite, d'infidèle, et j'en passe. Je lui ai fait observer que ces reproches répétés n'avaient pas donné de résultats satisfaisants jusqu'à maintenant et que, au contraire, leur relation se détériorait de jour en jour. Le reproche, en effet, entretient la culpabilité chez l'autre et, par conséquent, le désir de fuir pour ne pas se sentir coupable. J'ai aussi fait voir à Charlie que les retards et les absences de Max la faisaient beaucoup souffrir parce que sa présence lui manquait, mais que, au lieu de lui exprimer sa peine et son besoin d'être avec lui, elle se tenait sur la défensive. Par le fait même, cela perturbait sérieusement la communication. Au lieu de s'exprimer authentiquement et de parler d'elle-même, de ce qu'elle vivait et souhaitait, et au lieu de fixer des limites claires, elle se coupait de sa vie intérieure pour parler de lui en le blâmant et en tentant de le changer.*

Lorsque des réactions défensives et irresponsables perturbent notre communication, le principal problème rencontré n'est pas surtout la réaction défensive, ce qui est humain et tout à fait normal, mais plutôt la difficulté à reconnaître notre erreur et à parler de nous plutôt que de parler de l'autre. Souvent l'orgueil et la honte de nous être trompés sont difficiles à admettre. Je crois que la capacité d'une personne à reconnaître ses erreurs constitue l'un des facteurs les plus importants de la communication authentique, parce qu'elle rapproche considérablement ceux que l'attitude défensive avait éloignés. J'ai vécu à ce sujet de nombreuses expériences, dont une, particulièrement saisissante, qui mérite d'être racontée ici.

Quand j'ai connu mon conjoint, il était non seulement plus jeune que moi, mais, à cause de difficultés scolaires, il était encore au cours secondaire, alors que je terminais mon Brevet A à l'École normale de Valleyfield où j'étais pensionnaire. J'ai eu la chance d'avoir des parents qui m'ont payé des études assez avancées pour l'époque. Je savais d'ailleurs que, en acceptant de m'offrir cette possibilité et compte tenu de son sens aigu de la justice, mon père s'engageait à donner la même possibilité à ses six autres enfants.

Ma relation d'amitié avec ce jeune étudiant ne le dérangeait aucunement ; les problèmes ont surgi lorsque j'en suis devenue amoureuse. Mon père acceptait bien ce garçon comme l'un de mes amis, mais non comme amoureux. Aussi a-t-il changé d'attitude envers lui et est-il devenu froid ; parfois même il le rejetait. À cette époque de ma vie, j'en voulais à mon père parce que je ne comprenais pas.

Je me suis mariée. Il ne s'y est pas opposé. Il était même présent au mariage et à la cérémonie, mais nous étions tous les deux très malheureux, parce que la distance et la méfiance s'étaient insinuées dans notre relation. J'en souffrais profondément parce que j'avais toujours aimé et admiré cet homme. Cette époque a été l'une des plus difficiles de ma vie. J'ai choisi d'épouser un homme que j'aimais sans obtenir l'approbation profonde de mon père. Ce jour-là, j'ai poursuivi ma route, non par réaction, mais parce que je savais que c'était la bonne. J'ai alors écouté ma voix intérieure et, grâce à tout ce que j'ai vécu avec mon amoureux, je ne l'ai jamais regretté, d'autant plus que j'ai renoué la relation avec mon père quelques années plus tard.

C'était l'été, je crois, à la tombée du jour. Si je me fie à mes souvenirs, il faisait beau et chaud. J'étais dans la cuisine de notre appartement lorsque mon père est entré. J'ai vu qu'il était grave et triste. Il a enlevé son chapeau, a tiré une chaise, nous a regardés tous les deux et nous a dit : « Je me suis trompé à votre sujet, je vous demande pardon. Tu as choisi l'homme qu'il te fallait ma fille. » Nous avons pleuré en silence et, au fond de moi, j'étais remplie de gratitude pour ce père si extraordinaire. J'ai compris, ce jour-là, pourquoi je l'aimais et l'admirais tant. C'était un grand homme. Puis il a parlé de ses peurs. Il avait eu peur que j'épouse un homme qui soit à ma charge, un homme irresponsable et dépendant. Il avait eu peur que je sois malheureuse et, au lieu de m'exprimer sa peur, il s'en était défendu par le jugement, l'interprétation, le rejet. Ce soir-là, parce que mon père avait su reconnaître ses erreurs et qu'il avait exprimé son vécu réel, la relation s'est rétablie avec plus d'intensité et de confiance que jamais. Auparavant, il avait adopté une attitude défensive parce qu'il souffrait. En exprimant les peurs cachées sous son attitude défensive et en reconnaissant ses erreurs, il avait rétabli la communication authentique. Ce sont souvent ces peurs non exprimées qui briment les espoirs de se rencontrer dans l'authenticité.

D. Les peurs non exprimées

Toutes les émotions non écoutées et non exprimées perturbent la communication authentique. Cependant l'émotion la plus présente et la plus subtile dans la majorité des cas, celle qui brime le plus la communication, qui empêche la satisfaction des besoins, qui enlève la liberté d'action, c'est la peur. Celle-ci s'infiltre dans le psychisme sans crier gare, en prenant de multiples visages : peur de l'émotion d'abord, du rejet, du jugement, du ridicule, du conflit, de la critique, du *non*, du *oui*, de l'échec, de l'erreur, de la solitude, du changement, de la mort, de la folie, de l'intimité, de l'engagement, de l'envahissement, de l'humiliation ; peur aussi de décevoir, de déplaire, de déranger, de blesser, de recevoir, de souffrir, de perdre sa liberté, de perdre le contrôle, de perdre l'autre, d'être incompris, de mourir, de s'affirmer, et j'en passe.

Chaque fois que nous avons peur et que nous ne donnons pas de place à cette peur dans une relation, nous empêchons la satisfaction d'un besoin. Voilà pourquoi il est important de rester à l'écoute de nos peurs et de les avouer pour sentir le besoin sous-jacent. Il ne s'agit pas de travailler à faire disparaître la peur. Cet objectif est néfaste parce qu'il ne s'atteint qu'au prix d'une attitude défensive à outrance dont l'impact sur la communication est destructeur. Tenter d'éliminer la peur, c'est s'accrocher à une illusion. Nous n'éliminons jamais la peur, de même que toutes les autres émotions. Comme je l'ai démontré au chapitre du fonctionnement cérébral dans *Relation d'aide et amour de soi*, leur apparition dans le psychisme est spontanée et inévitable. Nous ne pouvons faire disparaître une émotion. Généralement, pour ne pas la sentir, nous nous en coupons par des mécanismes de défense. **La personne qui ne sent ni ses peurs ni ses autres émotions est tout simplement blindée et les conséquences de son attitude défensive ne se manifestent pas seulement sur ses relations affectives, mais sur sa santé physique et psychique.** La peur non entendue ne disparaît pas, elle s'enregistre dans le corps et le psychisme, diminue l'énergie vitale et cause, à long terme, des problèmes physiologiques et psychologiques plus ou moins graves.

Un travail sur le rétablissement des relations affectives perturbées passe par l'apprivoisement de la peur et l'acceptation de sa présence intermittente dans le psychisme. Pour mieux saisir les effets perturbateurs de la peur sur la communication, nous aborderons quelques peurs spécifiques. Nous verrons aussi en quoi elles nuisent à la relation et comment ces mêmes peurs, une fois apprivoisées, peuvent également la rétablir.

1. la peur du rejet

La peur du rejet représente un facteur d'éloignement fréquent dans les relations affectives. Les personnes habitées par cette peur se caractérisent généralement par un manque d'amour d'elles-mêmes, une difficulté à se donner de l'importance et un manque de confiance en leur potentiel et en leur valeur. Aussi se rejettent-elles elles-mêmes constamment. Chez elles, tout peut être déclencheur d'un sentiment de rejet : un silence, l'expression d'une émotion désagréable, un oubli, un retard, un refus, une attitude, un regard, etc. En fait, elles projettent souvent sur les autres leur propre rejet d'elles-mêmes, ce qui les prive de relations profondes et authentiques. Cette peur les paralyse, les brime et les empêche de passer à l'action. Elles ont tendance à ne pas aller vers les autres ou même à les fuir pour éviter de vivre tout sentiment de rejet. Paradoxalement plus elles fuient et se retirent, moins on leur accorde de l'importance. Malheureusement cette situation confirme l'opinion négative qu'elles se forgent d'elles-mêmes et entretient leur sentiment de non-valeur.

Que se passe-t-il en matière de communication chez une personne qui a peur du rejet? Généralement cette personne, si elle ne fuit pas, fera tout pour éviter d'être rejetée. Elle sera charmante, gentille, n'exprimera que des choses agréables et agira constamment dans le but de plaire aux autres. Elle ne sera pas à l'écoute d'elle-même, mais se mettra surtout à l'écoute des autres pour agir dans le sens de ce qu'ils aiment et souhaitent. Cette attitude défensive n'a pour résultat que d'entretenir chez elle le sentiment de non-importance, puisqu'elle-même ne s'accorde aucune valeur. Pour ne pas être rejetée, elle tente de répondre aux attentes des autres.

Je me souviens d'un événement que j'ai vécu quand j'étais étudiante à l'École normale. J'avais une permission à demander au principal de l'école. Toutes les récréations, je me retrouvais devant la porte de son bureau, paralysée, incapable de frapper par peur d'être rejetée, d'entendre que je ne me présentais pas au bon moment, que je ne faisais pas ma demande de la bonne façon, que ma demande n'était pas légitime, etc. Enfin, je n'en finissais plus de créer les pires scénarios. Souvent, par peur du rejet, je me privais ainsi de choses importantes pour moi. Au fond, je me rejetais moi-même et portais un jugement sur mes besoins. Ce rejet me privait et me frustrait constamment.

La première et la principale frustration des gens qui craignent le rejet réside dans le manque de communication authentique quand ils sont envahis par cette peur et qu'ils ne l'expriment pas. Il leur est alors difficile d'entrer en relation parce que, dans ces moments-là, motivés par le désir de plaire, ils ont tendance à fuir, à refouler leur peur ou à se centrer sur les autres, sans s'occuper d'eux-mêmes. L'attitude défensive de négation de soi, d'isolement et d'altruisme défensif de ces personnes perturbe sérieusement la communication, car leur vérité profonde n'est pas révélée.

Pour ces personnes, apprendre à communiquer, c'est d'abord apprivoiser cette vérité intérieure, la ressentir, l'identifier et lui laisser de la place dans la relation, au lieu de fuir ou de tenter de plaire à tout prix, et ce, à leur détriment. L'ouverture à elles-mêmes et l'écoute de leur peur du rejet leur permettra par la suite de ressentir et d'accueillir leurs besoins profonds d'être aimées, reçues et acceptées, et les aidera à passer à l'action en s'exprimant dans leurs relations affectives.

En fait, pour communiquer authentiquement, il est fondamental de nous retrouver d'abord intérieurement. Cela est toujours possible quand nous nous accordons suffisamment d'importance et que nous en accordons assez à nos relations affectives pour consacrer du temps au travail sur nous-mêmes. La peur ne disparaîtra pas, elle aura tout simplement sa place. C'est avec elle que nous entrerons en relation parce qu'elle fait partie de notre vérité profonde, donc de ce qui nous habite dans l'ici et maintenant. Le même phénomène se produit avec la sœur jumelle de la peur du rejet : la peur de décevoir.

2. la peur de décevoir

La peur de décevoir est une conséquence de la peur du rejet. Pour éviter d'être rejetée, la personne marquée par une blessure d'abandon et une blessure d'infériorité se donnera comme objectif d'être parfaite. Seule la perfection, croit-elle, lui permettra d'échapper à la souffrance du rejet et du jugement. Le problème résulte du fait que ses critères de perfection viennent de l'extérieur. Cette personne dépend donc du regard que les autres posent sur elle. Par conséquent, elle est hantée par l'idéal qu'elle conçoit d'elle-même pour ne pas décevoir. Cet objectif mobilise une énergie considérable parce qu'il va souvent à l'encontre de la nature réelle de la personne. Il l'empêche donc d'être elle-même.

En fait, la personne qui a peur de décevoir, comme celle qui a peur du rejet, ne s'accepte pas telle qu'elle est et dépense toute son énergie à atteindre l'idéal de perfection qu'elle s'est fixé en fonction des introjections parentales et de son entourage. N'ayant pas suffisamment confiance en elle-même, elle est convaincue qu'elle ne mérite pas l'amour parce qu'elle n'en vaut pas la peine. C'est l'enfant à qui l'on a demandé la perfection et qui n'était pas accueilli et reconnu pour ce qu'il était. Cet enfant continue, à l'âge adulte, à s'imposer des exigences démesurées. Ce qui importe alors pour lui, c'est d'être *ce qu'il faut être* et de faire *ce qu'il faut faire* pour être à la hauteur. Son sentiment de n'être jamais assez compétent, assez intelligent, assez aimable, l'empêche de s'estimer et de se donner de l'importance. Aussi existe-t-il *par ce qu'il fait* beaucoup plus que *par ce qu'il est*.

Comme nous vivons dans une société de l'*avoir* et du *savoir*, dans un monde où la fonction est plus importante que la personne, il est bien évident que ceux qui craignent de décevoir parce qu'ils manquent de confiance en eux-mêmes tenteront de *faire* le plus possible pour être à la hauteur. À la hauteur de quoi ?

J'ai été moi-même une mère exigeante avec mes deux aînés. Je me préoccupais bien sûr de leur vécu et de leurs besoins, mais j'avais projeté sur eux mon idéal de perfection. Je vivais à l'époque dans une petite ville où presque tout le monde se connaissait et où se trouvaient ma famille, mes élèves, mes amis et mes collègues de travail. Je ne voulais pas décevoir tous ces gens qui m'entouraient et j'exigeais alors beaucoup de moi-même et de mes enfants. Je voulais qu'ils réussissent bien à l'école et qu'ils donnent toujours le meilleur d'eux-mêmes.

Quand, en 1982, j'ai quitté ma ville natale pour aller poursuivre mes études de doctorat à Paris avec mon conjoint et nos quatre enfants, âgés alors de 13, 10, 7 et 3 ans, quelque chose a basculé dans mes valeurs. Je me retrouvais dans une grande ville où je ne connaissais qu'une personne. Nous vivions dans un appartement de trois pièces, avec des meubles prêtés ou puisés dans des contenants déposés à certains endroits de la ville qui permettaient de récupérer le mobilier abîmé ou hors d'usage dont les Parisiens se débarrassaient. Pour réaliser ce projet et le prolonger pendant trois années consécutives, nous n'avions que les moyens de nous payer l'essentiel : le loyer, la nourriture, les études et les visites culturelles.

C'est là, sur cette terre de mes ancêtres, que j'ai intégré ce qu'est la liberté d'être soi-même. Je ne possédais à peu près rien, j'étais étudiante à temps plein. J'ai donc dû apprendre, petit à petit, à trouver ma valeur en moi-même. Ce que je faisais et ce que j'avais ne revêtaient plus la même importance ; ce qui comptait surtout, c'est ce que j'étais. En prenant conscience de mes forces et de mon potentiel, j'ai appris là-bas à m'accepter et à m'apprécier davantage. J'ai aussi appris, par ce qu'a déclenché cette nouvelle situation, à ne plus viser la perfection pour éviter de décevoir. Au lieu d'agir pour plaire, j'ai appris à agir pour *me* plaire. Sans cette expérience, je n'aurais jamais créé le CRAM (Centre de Relation d'Aide de Montréal) et l'ANDC (Approche non directive créatrice).

Je ne veux pas sous-entendre que cette peur de décevoir ne m'habite plus jamais. Elle émerge encore en moi. La différence toutefois, c'est que j'en suis beaucoup moins esclave. Je ne la laisse plus autant diriger mes actions par rapport à ce qu'il faudrait être ou faire pour plaire. Je l'accueille et je m'en sers pour orienter ma vie dans le sens de mes besoins et de mes valeurs profondes. Quelque chose a également changé dans mon approche avec les enfants. J'accorde beaucoup plus d'importance à l'expérience vécue qu'à la performance et à la réussite extérieure. Cela me rend plus accueillante et plus humaine. Mes valeurs ont changé. Peu importe ce qu'ils *font* de leur vie, la seule chose qui compte pour moi, c'est qu'ils soient heureux. Je me rends compte chaque jour de ce changement dans ma relation avec eux. Quand ma fille, par exemple, m'a annoncé qu'elle était enceinte d'un homme qu'elle ne fréquentait que depuis quelques semaines, je me suis intéressée spontanément à ce qui se passait en elle, à savoir ce qu'elle vivait, ce qu'elle souhaitait. Cette expérience a été extraordinaire pour elle. Elle est maintenant l'heureuse mère de cet enfant qui a aujourd'hui 19 ans; elle vit toujours avec le père, avec lequel elle a eu 4 autres fils.

Autrefois, devant un tel événement, j'aurais agi bien autrement. J'aurais eu de la difficulté à écouter ma fille et à l'accueillir. Je me serais attardée à des considérations extérieures, tel le fait qu'elle fréquentait le père depuis à peine six semaines, qu'elle n'avait pas terminé ses études, que sa carrière risquait d'être compromise, qu'elle n'avait pas les moyens financiers nécessaires pour élever un enfant. Toutes ces réactions n'auraient eu pour résultat que d'entretenir chez mes enfants leur peur de me décevoir. Cette fois, j'ai fait confiance à ma fille, à sa capacité de faire ses choix et de prendre ses décisions en fonction, non pas d'éléments extérieurs, mais en fonction de son ressenti et de ses besoins personnels. Aujourd'hui, grâce à elle, ma famille s'est enrichie d'un homme de plus et de cinq enfants merveilleux. Mon plus grand bonheur est d'avoir toujours conservé avec ma fille une communication authentique qui nous garde très proches l'une de l'autre.

La confiance que nous développons par rapport à nous-mêmes et, par conséquent, envers les autres nous permet de transformer la peur de décevoir en moyen de propulsion. Dans une relation d'aide authentique, le travail sur soi permet de retrouver cette confiance. Sans elle, la personne qui a peur de décevoir bloquera sa créativité et tâchera de satisfaire des exigences aliénantes qui ne correspondent pas à sa vérité intérieure. Par peur de décevoir et de ne pas être parfaite, elle écoutera les autres plutôt que de s'écouter. Elle se niera. Dans la relation, elle ne se donnera pas d'espace intérieur et vivra donc de perpétuelles frustrations.

Je le répète, il n'y a pas de communication authentique sans engagement profond et vrai des deux interlocuteurs. Si nous n'écoutons pas nos peurs de décevoir, nous risquons de nous perdre dans le monde des autres plutôt que de favoriser la relation avec nous-mêmes et avec ceux que nous aimons. Le même problème se posera avec la peur de l'engagement.

3. la peur de l'engagement

Il n'existe pas de relation affective importante, solide, sans engagement. L'engagement envers nos enfants, notre conjoint, nos amis assure la sécurité dans la relation affective. Ce sentiment de sécurité s'avère fondamental, puisque la satisfaction de ce besoin constitue le fondement de la relation, son infrastructure. Je rencontre très souvent des couples dont la relation est une remise en question permanente parce que la souffrance de l'insécurité devient insupportable. Pourtant ces personnes-là s'aiment, s'admirent, se reconnaissent mutuellement. Malgré tout, elles ne sont pas heureuses parce que leur union est construite sur du sable mouvant. **Nous pouvons être aimés et valorisés par les gens qui nous sont proches, mais la relation avec eux sera toujours difficile si nous ne sommes pas d'abord sécurisés.** Chez l'une ou chez les deux personnes impliquées, une relation vécue dans l'insécurité est source d'angoisse, de sentiment de vide, de doute chronique, de peur de mourir, voire de peur de la folie. Nous payons très cher le fait de ne pas nous occuper de notre besoin de sécurité dans une relation affective. Nous le payons non seulement par un manque intérieur profond, mais aussi par une incapacité à communiquer authentiquement, car la peur de l'engagement et le doute prennent toute la place et empêchent de s'abandonner en toute confiance.

En quoi consiste l'engagement dans une relation ? **S'engager, c'est s'attacher, inspirer confiance par l'authenticité et la responsabilité, assurer à l'autre une affection, une présence, une fidélité constantes et sécurisantes en dépit des difficultés et des obstacles.**

La peur de s'attacher, de souffrir et de perdre ainsi leur liberté empêche certaines personnes de s'engager. Comme une abeille, elles butinent d'une personne à une autre, sans port d'attache, et se retrouvent seules avec un vide intérieur, un manque profond qui, à la longue, devient très souffrant. En effet, nous pouvons nous étourdir pendant un certain temps dans l'éparpillement et la superficialité pour éviter de sentir le besoin d'attachement. Toutefois il arrive toujours un moment dans la vie d'une personne où ce besoin refoulé gruge de l'intérieur et cause, à son insu, ses ravages. Pour ne pas souffrir et pour être libres, certains finissent par créer une souffrance plus grande et par devenir des esclaves enchaînés à leurs peurs.

Je crois profondément que l'être humain éprouve un besoin viscéral d'attachement pour se réaliser, être heureux et, paradoxalement, être libre. Sans attachement, la communication authentique ne peut être présente dans une relation affective. Ce n'est pas l'engagement qui fait souffrir, mais la difficulté à communiquer, à partager notre souffrance et notre croyance que, dans l'attachement, nous perdons notre liberté. Pourtant **ce n'est pas l'attachement et l'engagement qui enlèvent la liberté à une personne, mais l'incapacité de celle-ci, à cause de ses peurs, à rester elle-même dans sa relation avec l'autre, sa difficulté à s'affirmer et à se donner l'espace nécessaire.**

L'attachement mutuel est en soi un facteur de liberté. Voilà le paradoxe de l'engagement. Dans l'engagement et l'attachement, une sécurité fondée sur la confiance de la constance s'installe. Pour bien comprendre ce phénomène, observons les enfants. Quand ils manquent de sécurité et de confiance à cause de l'inconstance de la présence et de l'amour de leurs parents, ils deviennent dépendants de cet amour, ils s'y accrochent par tous les moyens. **Un enfant insécurisé n'est pas libre et enlève toute liberté à sa mère, parce qu'il ressent toujours un manque et son besoin n'est jamais comblé. Il en est de même pour l'adulte dont le besoin de sécurité n'est pas comblé.** S'il vit des relations dans lesquelles il y a engagement et attachement dans le sens qui est défini ici, il sera sécurisé et, paradoxalement, plus autonome parce qu'il ne vivra pas constamment dans la peur de l'abandon. **Cessons donc de nous faire croire que le besoin d'être sécurisé est enfantin et égoïste. À cause des blessures passées que nous portons, il nous habite tous et c'est à nous de nous en occuper pour connaître des relations satisfaisantes, vécues dans la maturité.**

Les personnes qui refusent de s'attacher par peur de l'engagement entretiennent chez les autres le sentiment de manque. Elles se retrouvent donc toujours avec des personnes dépendantes, qui s'accrochent par peur de perdre. Ainsi nourrissent-elles leur peur de l'engagement et de l'attachement, et continuent-elles à voltiger d'une relation à une autre au nom d'une fausse liberté et d'une fausse maturité psychique.

Faut-il en conclure qu'il suffit de s'attacher pour être libre dans la relation affective ?

L'attachement assure la sécurité et le bonheur si chacun des partenaires de la relation a la volonté de rester lui-même et de prendre sa place en relation dans le respect et l'écoute de l'autre. Choisir l'engagement, c'est choisir d'inspirer confiance par l'authenticité, par la constance de l'attachement – s'il est réel bien sûr – et par la volonté de surmonter les souffrances relationnelles sans fuir. Cela implique des contraintes. Chaque relation engendre ses limites. Nous ne pouvons pas être en relation affective comme si nous étions seuls. Il importe, d'une part, de nous respecter, de nous donner la liberté d'être nous-mêmes, mais, d'autre part, de tenir compte aussi de l'autre. Autrement dit, **être libres dans une relation, ce n'est pas *faire* ce que nous voulons, mais *être* ce que nous sommes**. Il y a ce que nous voulons et ce que l'autre veut. Nous ne pouvons pas réussir une relation affective en ne tenant compte que de nos besoins ou que des besoins de l'autre. C'est ici que la communication authentique s'avère importante. S'il y a attachement, cette communication ne sera ni menaçante ni déchirante, mais, au contraire, elle sera propulsive et *guérissante* parce que fondée sur la sécurité de l'engagement.

Travailler notre peur de l'engagement, c'est nous occuper de notre besoin d'amour et de sécurité, et c'est accepter de nous attacher malgré la peur de souffrir. C'est aussi poser un nouveau regard sur la véritable personne que nous sommes, avec nos blessures, nos peurs et nos besoins. Ainsi la relation affective deviendra le terrain par excellence d'un travail sur nous-mêmes dans le respect de l'autre, sans quoi la communication authentique sera impossible. **Le véritable engagement n'est pas celui que nous prenons à la légère et que nous ne respectons pas ni celui que nous prenons pour plaire à l'autre ou pour ne pas le perdre. C'est celui que nous prenons par respect de nous-mêmes et par fidélité à nos propres besoins.** L'un des principaux obstacles à la volonté de rester fidèles à nous-mêmes pour mieux communiquer, c'est la peur de blesser.

4. la peur de blesser

Je viens d'une famille dans laquelle le besoin de s'exprimer et de s'affirmer était plus fort que la peur de blesser. C'est du moins l'expérience que j'ai retenue. Par contre, comme je l'ai mentionné précédemment, nous manquions parfois de responsabilité. J'ai appris, avec mes parents, à ne pas mettre de gants blancs pour parler. J'ai entendu mon père dire clairement des choses difficiles à ma mère, à ses enfants, à ses frères et sœurs, à ses amis, à sa mère. Ma mère, pour sa part, avait une spontanéité telle qu'elle se permettait souvent d'exprimer couramment ce qui lui passait par la tête et par le cœur sans en mesurer les conséquences. Cette éducation a eu comme avantage d'entretenir moins de refoulement. Exprimer les choses directement aux personnes concernées représentait pour mon père une valeur importante. Il n'avait pas l'habitude de critiquer les autres en leur absence parce qu'il avait le courage, quand il vivait des malaises, de le dire ouvertement. Il s'attirait parfois du rejet, mais, la plupart du temps, il s'attirait la confiance et le respect de son entourage. Mon père était, dans mon souvenir, un homme aimé et admiré.

Je suis fière de l'éducation reçue, fière d'avoir appris à m'affirmer, mais j'en ai aussi beaucoup souffert. J'ai souffert des conflits et des querelles causées surtout par le manque de responsabilité et par la trahison. Cette souffrance a eu un impact sur mon comportement quand j'ai connu la famille de mon conjoint. J'ai été au départ impressionnée et envoûtée par l'atmosphère de calme, de tendresse, de stabilité, de douceur, de sécurité affective qui régnait dans cette famille. Leur disponibilité les uns pour les autres, leur attention mutuelle m'ont touchée au point d'en être influencée. Dans cette famille, il y avait un souci constant de ne pas blesser l'autre, de ne pas le peiner et surtout de ne pas provoquer de conflits. Cependant, au bout d'un certain temps, je me suis rendu compte que, pour ne pas blesser, pour éviter le conflit et surtout pour être aimée, j'en étais arrivée à me nier, à refouler mes sentiments, à ne plus être moi-même et, ainsi, à ne plus avoir envie de visiter ma belle-famille.

J'ai compris plus tard que mon conjoint et moi avions intégré des valeurs complémentaires par notre éducation respective et qu'aucun milieu familial n'était parfait. Autant il a été difficile pour lui de vivre avec une femme qui vit ses émotions et qui s'exprime de façon parfois blessante parce qu'irresponsable, autant il a été difficile pour moi de faire face à ses silences, à son attitude de fermeture, à sa froideur quand il était blessé. Par contre, s'il a bénéficié largement de mon authenticité, de ma nature intense, passionnée et déterminée, de mon ouverture à l'aventure et au changement, de ma capacité à passer à l'action, j'ai reçu avec beaucoup de reconnaissance la sécurité de son engagement affectif, de sa disponibilité sans bornes, de sa débrouillardise, de son attention sans relâche, de son sens inné de la famille, de son soutien permanent.

Aujourd'hui, j'ai le sentiment profond que nous avons tous les deux beaucoup reçu de nos familles et que nous devons composer avec les différentes forces et faiblesses dues à notre éducation pour nous rencontrer, communiquer authentiquement, et ce, sans nous nier et sans nous ménager, au risque de blesser.

Évidemment, si nous nous exprimons de façon irresponsable, nous risquons fortement de faire mal. Il n'en reste pas moins que l'authenticité dans la responsabilité risque aussi de blesser, de déranger, de causer des conflits. Cependant si par peur de blesser, de déranger, de vivre

l'inconfort des conflits, nous nous empêchons d'être nous-mêmes et de nous exprimer, nous perturbons les échanges, qui perdent petit à petit en profondeur et en intensité par manque de vérité.

Quand nous nous nions pour ne pas blesser, nous ménageons l'autre en apparence, mais en réalité, c'est nous-mêmes que nous protégeons. Ménager, c'est s'occuper de l'autre par peur d'être blessé, c'est le prendre en charge pour ne pas souffrir. La communication authentique n'est toutefois possible que si chacun s'occupe aussi de lui-même dans le respect de l'autre. Existe-t-il plus grand respect que celui d'avoir confiance en la capacité de l'autre à recevoir notre vérité intérieure si elle est exprimée avec responsabilité? Quand nous ménageons, quand nous ne nous affirmons pas authentiquement par peur de blesser, nous entretenons chez l'autre le sentiment de fragilité, le sentiment qu'il n'est pas assez fort pour affronter les obstacles de la vie relationnelle. Nous détruisons ainsi sa confiance en lui-même et, à long terme, nous détruisons l'amour à petit feu pour le remplacer par la pitié.

Blanche et Rose sont deux sœurs jumelles. Elles avaient 35 ans lorsqu'elles sont venues me consulter. Leur relation, qui avait été conflictuelle à l'adolescence, était devenue tiède et distante à l'âge adulte. Le manque profond que ressentait Blanche, au fond très attachée à sa sœur jumelle, les avait amenées en thérapie. Leur travail avec moi leur a fait prendre conscience que la souffrance engendrée par les conflits dus à la jalousie et à la compétition au moment de leur adolescence avait été tellement grande qu'elles avaient aujourd'hui peur d'être blessées et de blesser l'autre. Cela les empêchait d'être elles-mêmes. Aussi, quand elles se rencontraient, étaient-elles constamment sur le qui-vive et leurs échanges verbaux se limitaient à des paroles très superficielles.

> À *cause de leur méfiance réciproque, il a été difficile d'aider* Blanche et Rose. *Elles n'osaient rien dire de désagréable, parce qu'elles décidaient que l'autre ne serait pas contente, que* l'autre *porterait un jugement, que* l'autre *ne serait pas d'accord. En fait, elles vivaient énormément de difficultés à être présentes à elles-mêmes, elles ne s'occupaient que de leur sœur, décidaient de son vécu, ne pensaient que pour elle. Cette attitude défensive les empêchait d'exister, de se donner de l'importance, d'être à l'écoute d'elles-mêmes et d'être authentiques. Par peur de blesser ou d'être blessées, elles se ménageaient mutuellement et se trouvaient ainsi dans un cul-de-sac relationnel dans lequel rien ne débloquait. La communication devenait alors impossible et le sentiment de manque, plus cuisant.*

Travailler la peur de blesser et d'être blessé, c'est travailler l'écoute de soi, l'amour de soi, la confiance en soi. Pour communiquer, il importe de nous aimer assez pour nous vivre authentiquement de façon responsable en affrontant notre souffrance et celle de l'autre. Il ne s'agit pas de blesser pour blesser, mais d'accepter qu'il n'y a pas de communication authentique sans possibilité de déranger l'autre et que c'est la capacité à faire face à ce dérangement qui rend la relation plus solide, plus sécurisante et donc, à long terme, plus heureuse.

Par l'écoute de leurs peurs et de leurs besoins, Blanche et Rose ont réussi à se voir l'une l'autre telles qu'elles étaient. Elles ont pu, de cette façon, exister dans la relation. J'ai observé dans leur démarche une satisfaction évidente parce qu'elles avaient appris à exprimer leur peur de blesser et leur peur du changement dans leur relation.

5. la peur du changement

Changer, c'est évoluer, c'est aussi modifier, sans que le changement n'affecte l'essence de ce qui change (Le Petit Robert). Autrement dit, **changer, ce n'est pas devenir un autre, mais trouver notre essence et devenir nous-mêmes.** Notre véritable changement intérieur passe par les différentes étapes d'une évolution qui nous conduit au cœur de nous-mêmes, à la découverte et au respect le plus profond de notre véritable identité. Changer, c'est donc travailler à descendre de plus en plus profondément en nous pour mieux nous connaître et écouter notre vérité profonde. Cette démarche fait peur, parce qu'elle nous place devant l'inconnu qui nous habite.

La peur du changement est en réalité une peur de cet inconnu, c'est-à-dire une peur de la part immatérielle et irrationnelle en nous et en l'autre. Il est possible de contrôler cette peur par la rationalisation. Nous pouvons, en effet, nous créer un monde où tout est contrôlé : notre situation économique, notre vie professionnelle, nos organisations matérielles et même notre vie affective et relationnelle. **Cependant le contrôle est le principal ennemi du changement et de la communication authentique. En effet, contrôler, c'est exercer notre pouvoir sur le monde extérieur, notre monde intérieur et sur celui des autres. À long terme, ce contrôle affecte considérablement nos relations affectives.**

Pourquoi contrôlons-nous ?

Nous contrôlons parce que nous ne nous connaissons pas, parce que nous n'avons pas confiance en notre capacité à affronter notre monde intérieur, à l'exprimer, à être nous-mêmes, dans le présent de la relation. Nous contrôlons par peur de l'inconnu qui nous habite. De quoi est fait cet inconnu ? Il est fait de tout ce qui ne se classe pas comme les objets, de tout ce qui ne s'organise pas comme les structures et de tout ce qui ne s'analyse pas comme les idées. L'inconnu du monde intérieur est constitué d'émotions, de sentiments, d'intuitions, de forces spirituelles. La peur de cet inconnu, de ce que nous y découvrirons, déclenche en nous le mécanisme défensif du contrôle et nous empêche de développer un véritable pouvoir sur nos vies. Par manque d'écoute et de connaissance de nous-mêmes, nous adoptons un comportement défensif qui nuit, à court ou à long terme, à toutes nos relations.

Changer, c'est reconnaître la peur de l'inconnu par rapport aux domaines de l'émotionnel, de l'intuitif et du spirituel, pour y accéder et réussir à s'y mouvoir de façon aussi aisée que dans les mondes rationnel et matériel. Malheureusement la peur de découvrir quelque chose de monstrueux en nous est souvent un obstacle à l'écoute de la vie intérieure.

Que se passe-t-il sur le plan relationnel quand nous avons peur de l'inconnu qui nous habite ? Dans ce cas, nous contrôlons notre vécu et celui de l'autre pour ne pas sentir les malaises que cet autre déclenche en nous. Nous nous créons ainsi des relations affectives dans lesquelles la communication authentique n'existe pas parce que la révélation de la vérité intérieure est absente.

Cette peur du changement par crainte de l'inconnu se manifeste aussi par rapport au monde extérieur. Certaines personnes s'organisent une vie très routinière de façon à limiter le plus possible le changement : elles rencontrent toujours les mêmes individus, attirent toujours les mêmes circonstances, agissent toujours de la même manière, se rendent toujours aux mêmes endroits et répètent inlassablement les mêmes gestes, d'un jour à l'autre, d'une année à l'autre.

Cette attitude engendre un impact négatif sur la relation affective parce que, à long terme, elle suscite de l'ennui, étant donné que les déclencheurs extérieurs sont toujours les mêmes.

Il est fondamental qu'une relation affective connaisse constamment de nouveaux déclencheurs pour la maintenir vivante et la faire évoluer, que ces déclencheurs soient de nouveaux amis, un nouvel environnement, de nouvelles expériences professionnelles ou relationnelles, de nouvelles aventures, de nouvelles manières d'entrer en relation avec les autres. Chaque nouveau déclencheur extérieur exerce un impact sur le monde intérieur. Cela fait bouger la personne et, par conséquent, la relation, ce qui nourrit la communication. Il ne s'agit pas de tout changer, car ce serait aussi néfaste que l'absence de changement et l'insécurité risquerait de devenir insupportable. Le changement favorable est toujours accompagné d'éléments connus pour permettre d'apprivoiser plus sainement la peur de l'inconnu. En voici un exemple personnel.

Mon conjoint et moi avions l'habitude, au cours de l'hiver, de faire un peu de ski de randonnée. Nos trois fils, par contre, sont amateurs de ski alpin. Nous avons décidé, une année, pour les vacances de Noël, de louer un appartement au mont Sainte-Anne près de Québec. Cela nous permettrait de nous retrouver en famille pendant une semaine et de profiter de l'exercice en plein air. Nos fils, un peu déçus par le fait que nous ne les accompagnions pas sur les pentes, ont insisté pour que nous profitions de ces vacances pour apprendre à pratiquer leur sport. J'avais très peur de l'inconnu et, lorsque je les voyais dévaler les pentes, ma peur s'intensifiait. Par contre, la présence de la famille me sécurisait. J'étais partagée entre mon envie d'essayer et ma peur de ne pas réussir. Il me semblait que j'étais trop vieille pour apprendre, que mon corps n'était pas assez souple, que c'était un sport pour les jeunes. Enfin, toutes les raisons étaient bonnes pour ne pas apprivoiser ma peur et pour tuer le rêve de faire du ski alpin que j'avais entretenu depuis mon adolescence.

Après de longs moments d'hésitation, nous avons décidé de louer un équipement, de recourir aux services d'un professeur et de vivre cette nouvelle expérience. Si je m'étais limitée au premier cours, je n'aurais pas continué. J'avais tellement peur que j'étais tendue comme un fil de fer : après une heure de leçon, j'étais complètement épuisée. J'avais l'impression que je n'y arriverais jamais, sentiment entretenu par la comparaison que je faisais avec mon conjoint qui, en une heure, avait tellement progressé qu'il a pu continuer sans aucun autre cours. Ma seconde expérience a été aussi éprouvante. Une seule chose m'a poussée à ne pas abandonner : mon désir de partager le plaisir qu'éprouvaient mes fils et leur père à skier ensemble et mon besoin d'être avec eux. J'ai donc suivi des cours tous les matins et, à la fin de la semaine, je pouvais descendre seule et sans problème les pentes pour débutants. Je n'ai jamais pu accéder aux pentes intermédiaires, mais, par la suite, j'ai fait du ski alpin au moins une fois par semaine durant tout l'hiver jusqu'au mois d'avril parce que j'y trouvais un plaisir indéniable.

Ce que j'ai retiré de cette expérience n'a pas de prix. J'ai eu la possibilité de pratiquer ce sport merveilleux de nombreux hivers, de partager une activité de plus avec ma famille. Toutefois le plus important, c'est ce que j'en ai retiré sur le plan de la relation avec mon conjoint et avec les enfants ainsi que sur le plan de la relation avec moi-même. Le ski alpin m'apparaissait comme un sport inaccessible.

J'étais convaincue que jamais je n'arriverais à le pratiquer et j'entretenais cette conviction par peur de l'inconnu et du changement. Le fait d'avoir réussi à le démystifier a eu sur moi un impact extraordinaire. J'ai compris que l'inaccessible peut devenir accessible si j'apprivoise ma peur de l'inconnu et si je ne me laisse pas arrêter par les obstacles du parcours. J'ai aujourd'hui près de 70 ans. Je sais maintenant que, si je m'empêche d'apprivoiser mes peurs et de réaliser mes rêves, ce n'est pas à cause de mon âge, mais à cause de mes peurs non écoutées et non dépassées, et de mon manque de détermination à m'occuper de mes besoins.

Les peurs font partie intégrante du fonctionnement psychique d'un être humain. Elles font obstacle à la communication si elles sont niées, banalisées, refoulées. Par contre, quand elles sont écoutées et exprimées dans la responsabilité et l'authenticité, elles ont le pouvoir de mettre les gens en relation et, par la communication, de favoriser la connaissance de soi et l'évolution de la personne et de la relation. Ce phénomène se produit de la même manière avec la peur du jugement.

6. la peur du jugement

Je ne m'attarderai pas ici à l'aspect juridique du jugement, mais plutôt à son aspect humain et relationnel. Si, dans une relation, le jugement consiste à *émettre une opinion favorable ou défavorable sur* quelque chose de particulier (Le Petit Robert), il ne pose aucun problème, bien au contraire, car il donne à chacun la possibilité d'exprimer son point de vue, sa position et sa manière de penser. Le problème survient quand cette opinion est décrétée à titre de vérité. Dans ce cas, nous risquons de nous trouver devant deux personnes qui prétendent détenir la vérité, s'affrontent et veulent avoir raison.

C'est ainsi que commencent les jeux de pouvoir, qui entretiennent la peur du jugement et rendent impossible la communication authentique.

En fait, **ce ne sont pas les opinions différentes qui causent les problèmes relationnels, mais la conviction qu'ont certaines personnes de détenir la vérité, la certitude qu'elles ont raison et que l'autre a tort. C'est d'ailleurs ce qui cause les guerres partout dans le monde.**

Que se dissimule-t-il derrière le besoin d'avoir raison ? Se cachent là un besoin immense d'être reconnu et une peur très grande d'être humilié, rabaissé, dominé, rejeté, jugé. Le jeu de pouvoir qui en découle s'exprime par un comportement défensif qui masque des peurs et des besoins non écoutés et non exprimés. Cette défensive devient un obstacle majeur à la communication authentique.

Née d'une expérience de vie douloureuse, la peur de l'humiliation et du jugement entraîne la tendance au perfectionnisme, à la recherche de performance et au besoin de prouver. Elle amène la personne habitée par cette peur à croire qu'il faut être parfait pour être aimée. Aussi, pour éviter d'être jugée, humiliée, ridiculisée, rejetée, cette personne ne doit-elle jamais commettre d'erreur. Elle éprouve donc un besoin vital d'avoir raison, besoin difficile à déloger, car issu de la honte de montrer son imperfection, de dévoiler ses peurs et ses besoins, d'exposer sa vulnérabilité. La personne agit ainsi parce qu'elle est convaincue, par le jugement négatif qu'elle porte sur elle-même, que ce qu'elle est n'est pas valable et que seule la vérité qu'elle détient lui donne sa valeur et son importance. Si cette vérité s'écroule parce qu'elle a tort, elle n'est plus rien.

Cette attitude défensive rend ses relations affectives parfois difficiles, à cause des jeux de pouvoir qu'elle crée et des conflits qui en découlent. De telles relations rendent impossible toute communication, parce qu'il n'y a pas de place pour l'écoute et l'expression de ses besoins et de ses peurs, pour l'écoute de l'autre, pour l'acceptation de soi et de l'autre, pour le droit à la différence. Certains intervenants tentent de régler ces conflits en mettant l'accent sur les faits. Malheureusement cela a pour conséquence de produire un gagnant et un perdant, d'entretenir la peur de l'humiliation et du jugement et de nourrir le besoin d'avoir raison. **Nous réglons difficilement un conflit en essayant de rétablir les faits pour savoir qui a raison et qui a tort, mais en exprimant les besoins et les peurs qui nous habitent.** Seule l'expression de la vérité intérieure rapproche vraiment les gens, parce qu'elle n'est pas défensive et parce qu'elle a le pouvoir de maintenir la relation vivante et vraie.

Chaque fois que le jugement sur l'autre et sur nous apparaît, la relation s'effrite, du moins pour un temps, parce que le jugement défensif cache la vérité intérieure indispensable à la communication authentique. Ce qui entretient le jugement que nous portons sur les autres et sur nous-mêmes, c'est le fait de blâmer et de nous blâmer par manque d'écoute de nous-mêmes. Chaque fois que nous tombons dans cet écueil défensif, nous nous disqualifions et nous discréditons les autres. Il est important d'établir une différence entre *blâmer* et *donner une opinion* ou *faire une observation objective précise,* dans le respect de la personne à qui nous nous adressons. Blâmer, c'est nous placer en juges, en supérieurs, voire en dominateurs. Blâmer dans une relation affective, c'est exercer un pouvoir sur l'autre. Au point que le blâme suscite chez cet autre le manque de confiance en lui, le sentiment d'infériorité, la peur de se montrer tel qu'il est et la peur d'être jugé dans sa différence.

Les effets négatifs du blâme sur la communication authentique se manifestent souvent par des conflits, voire par une rupture plus ou moins prolongée de la relation. Sur la défensive, nous nous parlons alors sans être vraiment en relation. L'écueil du reproche implique une difficulté à rester en contact avec notre émotion, d'où une tendance à juger l'autre avec, comme conséquence, une perte de pouvoir sur notre vie par prise de pouvoir sur la vie de l'autre. **Qui sommes-nous pour juger les autres? En quoi leur sommes-nous fondamentalement supérieurs? Quelles émotions vivons-nous pour nous défendre par la «supériorisation» et le jugement? N'aurions-nous pas une peur non reconnue d'être jugés?**

La peur du jugement n'est pas sans fondements, puisque de nombreux déclencheurs peuvent la susciter dans nos relations, dans la société et surtout en nous-mêmes. Le plus grand déclencheur de cette peur reste le jugement que nous portons sur les autres. **Nous avons peur d'être jugés parce que nous jugeons les autres et que nous nous jugeons nous-mêmes.** Voilà la vérité. Le problème sur le plan de la communication n'est pas de juger, mais plutôt de refuser de reconnaître et d'accueillir nos jugements et de ne pas prendre la responsabilité de ce qui se passe en nous émotionnellement. Cette difficulté entraîne des comportements défensifs qui nous éloignent de ceux que nous aimons au lieu de nous en rapprocher. Cependant, lorsque la responsabilité est reconnue et que le vécu et les besoins sont exprimés, la communication se rétablit et la relation se recrée. Voilà pourquoi les peurs ne représentent pas en soi des obstacles à la communication authentique; elles le deviennent, je le répète, quand elles sont niées ou refoulées, quand elles n'ont pas leur place dans la relation avec nous et avec les autres, et ce, qu'il s'agisse de n'importe quelle peur, y compris la peur de l'envahissement.

7. la peur de l'envahissement

Il m'est impossible d'aborder le thème de l'envahissement sans parler de moi-même. Je suis fondamentalement ce que j'appelle une *envahie*. Ayant grandi dans une civilisation judéo-chrétienne, j'ai appris très jeune l'importance de l'altruisme, du partage et de l'oubli de soi qui sont des valeurs incontestables quand elles ne sont pas utilisées de manière défensive. J'ai même cru qu'il était égoïste de posséder quelque chose à soi. Aussi par peur de ne pas être aimée et d'être trop égoïste, je me laissais envahir dans mon territoire et j'éprouvais beaucoup de difficultés à poser mes limites. Sur le plan affectif, j'attirais d'ailleurs beaucoup les *envahisseurs*, auxquels je donnais le pouvoir de m'envahir par peur de les perdre et par besoin aimée et d'être reconnue. Cependant, c'est l'inverse qui se produisait. Plus je me laissais envahir, moins j'étais respectée.

J'ai beaucoup souffert de l'envahissement et ma souffrance s'est amplifiée lorsque j'ai pris conscience qu'avec certaines personnes je devenais tout à fait incapable de réagir. C'est alors qu'a commencé un long travail sur moi-même pour apprendre à m'aimer, de façon à me donner suffisamment d'importance pour m'affirmer, au risque de perdre. J'ai effectivement perdu, mais ce que j'ai gagné est inestimable. Si je n'ai aucun regret, c'est peut-être grâce à ma satisfaction et à ma fierté d'être restée fidèle à moi-même. J'ai appris à me respecter et à me faire respecter. J'ai appris à m'aimer assez pour ne plus me laisser envahir par peur de perdre, et ce, dans le respect et l'amour des autres. J'ai appris à me créer des relations dans lesquelles je pratique la communication authentique parce que je laisse de la place à cette peur d'être envahie qui parfois me saisit encore. Je reste, en effet, vulnérable à l'envahissement et je suis encore parfois habitée par la peur de me laisser envahir. Toutefois je sais qu'il est important que je l'exprime pour éviter de glisser dans des scénarios imaginaires qui déforment la réalité et pour garder le lien avec l'autre que permet la communication authentique.

La peur d'être envahi naît d'expériences réelles d'envahissement, par exemple la lecture de son journal personnel, l'appropriation par les autres de biens personnels, le harcèlement, la manipulation, le viol. Cette peur renvoie à de réelles et humiliantes souffrances. Nous la rencontrons chez de nombreuses personnes parce que, dans bien des cas, l'éducation n'a pas tenu compte de l'importance du respect du territoire personnel. D'une manière générale, nous n'apprenons pas aux enfants à dire *non*, à exprimer leurs désirs, à se faire respecter ou, quand ils le font, nous ne les écoutons pas. Les jeunes vivent des malaises profonds qu'ils ne peuvent identifier et sur lesquels ils n'ont pas de pouvoir parce qu'ils ne sont pas écoutés. Nous leur enseignons généralement beaucoup plus à ne pas déplaire aux autres qu'à se respecter eux-mêmes.

C'est pourquoi il n'est pas facile pour certaines personnes *envahissantes* ou *envahies* de travailler leur rapport au respect d'elles-mêmes ou au respect des autres en relation. Pour les aider, les notions inédites de *contenant* et de *contenu* de la communication, élaborées dans R*elation d'aide et amour de soi*, méritent d'être rappelées ici. Le *contenant*, c'est le territoire physique : notre logement, notre terrain, nos vêtements, nos meubles, nos livres, notre temps, nos horaires, notre corps, etc. Le *contenu*, c'est le territoire psychique : nos goûts, nos opinions, nos émotions, nos désirs ; nos besoins d'aimer, de recevoir et de donner, d'être compris et de comprendre, etc. C'est la capacité à nous affirmer clairement et à nous faire respecter tant dans notre territoire psychique que physique qui nous rend autonomes et nous ouvre les portes de la communication authentique.

L'envahissement du territoire physique

Par rapport au territoire physique, il est important de distinguer clairement ce qui appartient à chacun et d'apprendre ensuite à décider quelles sont les limites à respecter et à faire respecter pour se sentir confortable. La première étape de ce travail consiste d'abord à prendre conscience des malaises causés en nous par l'envahissement. Ensuite il s'agit de délimiter clairement notre territoire physique de façon à pouvoir poser des limites appropriées à nos besoins. Une fois ces étapes franchies, le plus difficile reste à venir : faire respecter ces limites. Si nous avons affaire à des gens qui ne sont pas envahisseurs, le problème ne se pose pas. Avec les envahisseurs, il est souvent nécessaire d'ajouter des conséquences aux limites non respectées et d'appliquer ces conséquences le cas échéant.

J'ai suivi, il y a quelques années, un cours d'anglais avec un professeur qui m'a beaucoup impressionnée par sa compétence, son professionnalisme, son ouverture, son respect des personnes et des différences. J'avais beaucoup d'admiration pour cet homme. Une chose m'a toutefois déçue. Au début du programme, il a clairement exigé la présence à 75 % des cours comme condition à l'obtention de l'attestation. À la fin, tout le monde a reçu cette attestation, même ceux qui n'avaient pas respecté sa demande. Qu'est-il arrivé dans ce cas ? Au cours suivant, les étudiants n'ont pas tenu compte de l'exigence et le professeur ne s'est pas senti respecté. Parce qu'il n'avait pas appliqué les conséquences fixées, parce qu'il ne s'était pas respecté lui-même, ses étudiants ne l'ont pas pris au sérieux. Voilà un problème majeur dans l'éducation des enfants.

Certains parents et certains éducateurs sont envahis et non respectés parce qu'ils ne se font pas respecter. La même chose peut se produire chez les adultes dans une relation affective. Il peut arriver un moment où, par respect et amour de nous-mêmes et même au risque de perdre, nous décidions d'appliquer des conséquences difficiles à assumer, mais nécessaires, si nous voulons exister et être respectés dans nos relations.

Par respect et amour de nous, il arrive que nous choisissions de perdre quelqu'un ou quelque chose et cela ne se fait pas sans souffrance. Il ne s'agit pas d'imposer des conséquences uniquement pour exercer un pouvoir sur les autres. Si nous agissons ainsi, nous sommes toujours perdants, parce que nous agissons contre l'autre, en fonction de l'autre et non pour nous-mêmes. Cette attitude défensive perturbe toujours la relation. Il est primordial que nous posions des conséquences par respect de nous-mêmes. Cette nuance est essentielle. En agissant d'abord pour nous, nous perdrons peut-être la relation ou, du moins, nous risquons de la perdre, mais nous nous respecterons nous-mêmes. Cependant il existe quand même de fortes probabilités de garder cette relation et de l'améliorer. Il n'est pas rare que, après une crise d'affirmation de nos limites, nous jouissions du bonheur de vivre une relation sécurisante, parce que fondée sur le respect et l'authenticité.

Le même phénomène se produit dans le domaine professionnel. De quoi est alors constitué le territoire physique ? Il est constitué non seulement de l'espace que nous occupons et des objets qui nous appartiennent, mais aussi de notre fonction, de notre tâche précise. J'ai travaillé pendant plusieurs années avec mon conjoint au Centre de Relation d'Aide de Montréal. Nous avions tous les deux la responsabilité du fonctionnement du centre. Comme nous sommes deux leaders, les jeux de pouvoir risquaient évidemment de contaminer notre relation sur le plan professionnel. Ce problème ne s'est pas posé parce que nous avons défini clairement chacune de nos fonctions, en établissant catégoriquement qu'il n'était pas question d'envahir le territoire de l'autre sans sa permission. Si, par exemple, un étudiant venait me voir pour un problème relié aux affaires administratives, je l'informais clairement que ce n'était pas ma responsabilité, mais celle de mon conjoint. Ce dernier faisait la même chose quand il s'agissait du secteur pédagogique. Nous nous sentions tous les deux importants et respectés, chacun dans notre spécialité, ce qui ne nous empêchait pas de nous consulter très fréquemment l'un l'autre. Nous savions que nous ne serions pas envahis dans notre territoire. Si l'un de nous deux le faisait, par inadvertance, et cela se produisait à l'occasion, nous avions la capacité de reconnaître notre erreur et de rétablir le respect de notre entente.

De cette façon, la relation est plus sécurisante parce que chacun s'occupe de ses besoins et de ses peurs. Je tiens à préciser ici qu'en parlant de la peur de l'envahissement, je ne discrédite pas les envahisseurs, bien au contraire. L'envahisseur n'est pas *le mauvais* et l'envahi, *le bon*. Il s'agit, en fait, d'un modèle relationnel insatisfaisant, dans lequel les deux interlocuteurs doivent se remettre en question à propos d'eux-mêmes et dans lequel chacun a sa part de responsabilité. Si l'un envahit, l'autre se laisse envahir tant dans son territoire physique et professionnel, que je nomme le *contenant*, que dans son territoire affectif, que j'appelle le *contenu*

Envahissement du territoire émotionnel

Comment le territoire affectif ou émotionnel peut-il être envahi ?

Nous envahissons le territoire affectif ou émotionnel d'une personne quand nous tentons de contrôler ses émotions et ses besoins, quand nous les jugeons, les interprétons ou quand nous nous projetons sur elle. Dans ce cas, l'autre n'a pas de place. Or, **le vécu d'un être humain est l'une des rares choses au monde qui soit incontestable.** Quand une personne a de la peine ou vit de l'ennui, du manque de confiance, de la jalousie, de la pitié, de l'amour ou de la joie, c'est sa vérité à elle. C'est toujours le malaise que nous vivons par rapport aux émotions des autres et par rapport aux nôtres qui, par réaction défensive, fait de chacun de nous un contrôleur, un envahisseur ou un envahi si nous n'écoutons pas ces émotions.

Est-il possible de faire disparaître cette attitude défensive ? La réaction défensive étant inconsciente, il est bien évident que son apparition dans le psychisme est incontrôlable. Toute relation comporte d'ailleurs des moments où la communication est perturbée par l'attitude défensive et d'autres moments où elle est favorisée par l'expression de soi. Je suis consciente du fait que certaines personnes connaissent très peu la communication authentique parce qu'elles se coupent de leur propre monde émotionnel par le refoulement ou la rationalisation. À cause de leur réaction défensive, ces personnes ne ressentent pas ou ressentent beaucoup moins la souffrance due au manque de relation ; elles ne sont pas vraiment conscientes de ce qui se passe en elles.

Pour en arriver à connaître de plus en plus le bonheur de la relation authentique, il ne s'agit toutefois pas de traquer ses attitudes défensives. Nous n'y arriverons probablement jamais. Le travail consiste plutôt à mieux nous connaître et à prendre conscience le plus rapidement possible de nos réactions, de façon à assumer notre responsabilité dans la relation, à ressentir l'émotion cachée derrière le mécanisme de défense et à rétablir ainsi la communication.

C'est l'émotion non vécue et non exprimée qui cause les problèmes relationnels, et c'est l'émotion vécue et exprimée authentiquement qui aide à les régler. Voilà pourquoi il est si important d'entendre les peurs qui se pointent en nous, sans les grossir ni les banaliser, afin de garder vivante la communication dont nous avons tant besoin pour assurer notre équilibre intérieur.

S'il est une autre peur qui perturbe sérieusement la relation, c'est bien la peur du conflit.

8. la peur du conflit

Il existe une introjection profondément ancrée dans le psychisme des gens, celle de croire qu'une relation affective saine est une relation sans conflits, une relation dans laquelle personne n'élève le ton et qui est exempte d'altercations. Pour plusieurs personnes une dispute entre amis ou entre conjoints est synonyme de problèmes relationnels sérieux. Comme la colère est très mal perçue, il est bien évident que, pour certains, il est inacceptable d'exprimer à l'autre cette émotion réprouvée, d'autant plus qu'elle est souvent la cause de plusieurs conflits.

Il existe effectivement un lien entre la peur de la colère et la peur du conflit. À cause de l'éducation reçue, nous sommes profondément marqués par cette sorte d'interdit moral qui entoure la colère. Les conséquences de cet interdit sont parfois graves sur le plan relationnel et social. Chaque fois qu'une personne exprime sa colère, elle peut être jugée, voire rejetée. Automatiquement cela provoque en elle une culpabilité intense qui la pousse à se condamner et à se rejeter elle-même. Ce jugement moral porté sur cette émotion exerce un impact négatif puissant dans la relation affective, surtout quand l'un des partenaires de la relation réussit à toujours refouler ses pulsions colériques. C'était d'ailleurs le cas dans l'histoire de Charlotte et de Réal.

Réal était un homme sensible et vulnérable. Il avait grandi avec un père colérique et avait appris à se donner le droit de vivre ses colères. Charlotte, par contre, était convaincue qu'exprimer sa colère était un grave défaut et que son mari avait un problème psychologique sérieux. Elle le jugeait donc sévèrement quand il exprimait cette émotion et elle lui opposait une indifférence feinte, une froideur empruntée, un calme faux, un rationalisme étroit, enfin, une morale sévère. Elle était convaincue qu'elle adoptait l'attitude correcte et que son partenaire était dans l'erreur. Cette conviction la plaçait dans une position de supériorité et de pouvoir sur l'autre et rendait la communication impossible. Non seulement Charlotte se considérait-elle supérieure et s'arrogeait-elle un pouvoir sur Réal, mais elle n'était pas authentique. Coupée totalement de son vécu devant les colères de son mari, elle adoptait une attitude très défensive d'indifférence feinte et totalement fausse. Elle affichait alors un personnage calme et indifférent alors que, au fond d'elle-même, bouillonnait un monde d'émotions intenses auxquelles elle ne laissait aucune place par peur de sa propre colère et du conflit.

Il n'y avait en effet jamais de conflit entre Charlotte et Réal. Les colères de ce dernier se heurtant à un mur de fausse indifférence, elles avortaient toujours dans un sentiment de culpabilité insupportable. Chacun se retrouvait seul, sans relation, l'un avec le pouvoir de celui qui est convaincu d'avoir raison et l'autre avec le sentiment toujours plus grand d'être fautif, inférieur, voire méchant.

Il n'y avait pas de conflit dans leur relation parce qu'il n'y avait pas de relation. Ils avaient créé un système qui entretenait l'absence de communication. L'indifférence feinte de Charlotte provoquait et stimulait les colères et la culpabilité de Réal, ce qui entretenait le « personnage » *de Charlotte, son attitude de pouvoir et son sentiment de supériorité. Le conflit était évité, mais à quel prix !*

La peur du conflit dans une relation entraîne des conséquences graves. Elle prive les partenaires de relation et de communication authentique parce que, pour éviter les altercations, ils s'empêchent d'être eux-mêmes. Dans certains cas, chacun des partenaires devient un *personnage,* parce qu'aucun n'exprime ses émotions désagréables. Ou encore, quand ils se permettent de les exprimer, ils ne donnent pas le droit à l'autre de réagir.

Une étudiante me disait un jour : « J'ai exprimé mon vécu à mon frère et ça l'a dérangé. Il s'est d'abord mis en colère, nous nous sommes disputés puis il s'est mis à pleurer. Je lui ai dit qu'il n'avait aucune raison d'être en colère ou peiné. Il n'a pas compris. Il m'a rejetée. J'aurais dû ne pas parler ». En fait, cette femme voulait s'exprimer sans donner le droit à son frère de réagir et de s'exprimer à son tour. Elle se donnait enfin la possibilité d'exprimer ce qu'elle vivait depuis longtemps par rapport à son frère tout en n'acceptant pas qu'il fasse de même. **Dans une relation, quand nous nous exprimons, il est important d'accepter que l'autre réagisse si nous voulons communiquer.** Autrement nous prenons sur lui un pouvoir très contraignant.

Entendons-nous bien. Je n'encourage personne à chercher volontairement la querelle dans ses relations affectives. Cependant il est possible que le fait d'exprimer sa colère, sa peine, sa frustration entraîne un conflit. Dans ce cas, ce n'est pas le conflit qui nuit à la relation, mais l'irresponsabilité, l'incapacité à reconnaître nos erreurs après la dispute, la difficulté à rester en relation avec notre vérité profonde ou encore l'expression d'une colère défensive qui juge, qui blâme et qui rejette. Toute colère exprimée de manière irresponsable est source de conflits parce que, dans ce dernier cas, l'émotion véritable n'est pas la colère, mais la peine. Quand les deux partenaires sont vrais, honnêtes, sincères, responsables et qu'ils se disent leur vérité profonde sans défensive en acceptant et en écoutant la vérité profonde de l'autre, le conflit peut être source de rapprochement et d'évolution.

Il est impossible de toujours éviter les conflits et de rester nous-mêmes et en relation. Par la fuite du conflit, nous nous écrasons ou nous rationalisons et cela a toujours un effet très négatif sur la communication, un effet destructeur et autodestructeur. En effet, par peur de la colère de l'autre et de la sienne, par peur des sentiments négatifs que nous vivons ou que nous ne voulons pas entendre, nous nions une partie de nous-mêmes. Cette négation de soi peut entraîner deux conséquences : ou bien nous ne nous affirmons pas ou bien nous nous affirmons défensivement par la rationalisation, une attitude de suffisance et de supériorité, un pouvoir moralisateur ou une colère défensive qui masque la peine et l'impuissance. Ces deux attitudes ont un effet destructeur et autodestructeur. Nous les retrouvons d'ailleurs dans le système bourreau/victime.

E. Le système bourreau/victime

J'ai parlé des systèmes relationnels dans mon premier livre. Je ne veux pas répéter ici ce qui a déjà été écrit, mais plutôt montrer jusqu'à quel point ces systèmes nuisent à la relation et en font, à plus ou moins long terme, un lieu de souffrance qui la rend, dans bien des cas, insupportable. Pour ce faire, je prendrai l'exemple du système bourreau/victime. Dans les pages suivantes, je définirai d'abord le système pour ensuite montrer comment ce modèle particulier prive les amoureux, les amis, les parents et les enfants, les personnes en position d'autorité et leurs employés, leurs étudiants, leurs clients d'une relation satisfaisante.

Le système relationnel est formé par un ensemble de personnes impliquées dans un processus psychique itératif inconscient qui les porte à adopter un mode de comportement répétitif et qui les pousse, plus particulièrement dans leurs relations affectives et amoureuses, vers des personnes qui adoptent à peu près toutes le même modèle de fonctionnement psychique, le même type de problèmes psychologiques et avec lesquelles elles aboutissent toujours aux mêmes insatisfactions.

C'est ainsi qu'un envahisseur s'attirera un *envahi*, un manipulateur, un manipulé, un bourreau, une victime. À la lumière de mon expérience professionnelle dans le domaine des relations de couples et des relations parents-enfants, je ne peux que constater la présence fréquente de ce dernier système dans les relations affectives. Il résulte d'une attitude défensive répétitive et différente chez les deux personnes en relation, attitude derrière laquelle se trouve une souffrance non exprimée. Qu'est-ce qui caractérise alors le bourreau et la victime ?

Le bourreau

Le bourreau est celui qui, lorsqu'il se sent rejeté, abandonné, non important ou lorsqu'il a peur de perdre, réagit par l'agressivité, la colère, voire la violence. En fait, son attitude colérique est défensive parce qu'elle cache des sentiments réels : la peur du rejet et de l'abandon, la peine de la non-reconnaissance par l'autre et l'impuissance. Si sa colère n'était pas défensive, elle ne créerait pas de système insatisfaisant. Le malheur veut que la réaction défensive du bourreau lui attire exactement ce qu'il craint : le rejet.

En réalité, quand elle n'est pas défensive, l'expression de la colère ne pose généralement aucun problème, bien au contraire. Dans le cas du bourreau, la colère est défensive parce que, je le répète, elle masque des sentiments non exprimés : la peine, l'impuissance ou la culpabilité. Nous notons d'ailleurs, chez cette personne, une honte à se montrer vulnérable et sensible. Cette honte crée chez cette personne des réactions qui sont très éloignées de la personne réelle : un être profondément blessé, hypersensible et souffrant. La colère est son moyen de survie. Lorsqu'un bourreau découvre sa vraie nature, il s'effondre comme un oiseau blessé.

Pour aborder un bourreau, il faut pouvoir sentir la peine qui se cache derrière la colère et y être attentif. Cet être-là a besoin de voir accueillie la partie de lui qu'il rejette : sa vulnérabilité. Pour atteindre cette vulnérabilité, il est important de pouvoir affronter sa colère, ce dont la victime est incapable parce qu'elle vit dans la peur. Pourtant, le bourreau n'est menaçant que pour ceux qui le craignent et qui s'écrasent. Ceux qui peuvent rester à l'écoute de son agressivité défensive sans s'anéantir découvrent un être humain qui mérite d'être aimé autant que la victime.

La victime

La victime est celle qui, de son côté, par peur du rejet, du conflit, de la colère et surtout par manque de confiance en elle, réagit défensivement par l'apitoiement, la plainte, la critique, le blâme, la coalition. Elle entretient ainsi la culpabilité et l'agressivité chez son bourreau. De plus, elle ne s'attire pas l'amour qu'elle recherche, mais plutôt la pitié, la prise en charge ou la domination agressive.

Quand nous regardons un couple de bourreau-victime, l'attitude générale est de condamner le premier et d'appuyer la seconde. Voilà où se trouve le pouvoir subtil de la victime sur le bourreau : par ses plaintes, ses critiques, son attitude d'apitoiement, elle attire la sympathie des gens avec qui elle s'associe contre le bourreau, parce qu'elle a peur de lui et se sent menacée. Cependant, à cause de la façon irresponsable dont elle se protège de sa souffrance, elle lui donne beaucoup de pouvoir sur sa vie. Si le bourreau prend du pouvoir par ses colères défensives, la victime puise le sien dans la critique et la coalition. Dans cette relation, les deux personnes demeurent incapables de se rejoindre par la communication authentique, du moins tant et aussi longtemps qu'elles adopteront ces fonctionnements.

Il n'est pas toujours facile d'aider une victime à abandonner son système défensif parce que, dans la plupart des cas, nous nous laissons prendre par son apitoiement et ses plaintes. Certains se posent même en défenseurs de sa cause. Malheureusement cette attitude ne peut qu'entretenir chez elle ce type de fonctionnement et l'absence de relation qui la font souffrir. La vraie souffrance d'une victime n'est pas surtout celle qui est déclenchée par la colère, l'impatience ou l'agressivité du bourreau, mais celle qui naît du manque de confiance en sa propre force intérieure, de sa crainte de vivre sa propre agressivité par peur non seulement de la réaction du bourreau, mais par peur du jugement et du rejet des autres. La victime a peur, consciemment ou non, d'être soumise au même traitement que celui qu'elle inflige au bourreau et qu'elle s'inflige à elle-même. Elle ne s'aime pas, ne se donne pas d'importance et se croit trop faible pour affronter l'autre ; c'est pourquoi elle cherche, par ses plaintes, à s'associer d'autres personnes qui feront à sa place ce qu'elle croit ne pas pouvoir faire elle-même.

Nous ne pouvons vraiment pas l'aider si nous la jugeons, parce que, en réalité, nous sommes tous des victimes. Pour l'aider, il importe d'accueillir surtout la souffrance de son manque de confiance en elle, de l'aider à prendre conscience de ses forces et de son potentiel et de l'encourager à s'exprimer devant le bourreau.

Comment empêcher le système bourreau/victime de nuire à la relation et de perturber sérieusement la communication authentique ?

Le système bourreau/victime

Par son fonctionnement défensif, chacun des membres de la relation crée ce système ; il nourrit en même temps le fonctionnement défensif de l'autre, la souffrance de l'autre, les mécanismes de défense de l'autre. Nous assistons alors à une réaction en chaîne qui risque de se poursuivre indéfiniment et qui, bien sûr, entraîne une insatisfaction chronique à cause de l'incommunicabilité qu'elle provoque. Ce phénomène se produit dans le cas de tous les systèmes relationnels : juge/coupable, abandonnique/déserteur, manipulateur/manipulé, envahisseur/envahi, etc.

Pour sortir d'un système relationnel, il importe que les deux partenaires désirent d'abord améliorer leur relation et, partant, reconnaître leur modèle de comportement. Ils doivent en plus admettre leur part de responsabilité respective dans leurs difficultés relationnelles, en dépit des apparences. Autrement dit, l'un n'est pas plus mauvais que l'autre, puisque c'est par la répétition de leurs réactions défensives différentes qu'ils entretiennent le système. **Tant que les deux partenaires ne reconnaissent pas leur part de responsabilité dans la relation, la possibilité de l'améliorer est exclue.**

Il importe aussi que chacun accepte son fonctionnement sur le plan du vécu et des réactions défensives pour pouvoir reconnaître honnêtement ses erreurs chaque fois qu'il glisse dans le système. Chacun doit être motivé, s'il le faut, à travailler sur lui-même et même à chercher de l'aide en thérapie individuelle ou en thérapie relationnelle avec des spécialistes habilités à travailler la relation et les systèmes relationnels.

Il est possible de rétablir une communication authentique quand nous sommes prisonniers d'un fonctionnement défensif répétitif, non pas en essayant de l'éliminer, mais en acceptant sa présence, en acceptant aussi le fait qu'il ait pu devenir un élément de survie à certains moments de notre vie parce qu'il était notre seul moyen de réagir quand nous étions blessés. Malheureusement aujourd'hui, à cause de ce fonctionnement, le bonheur de la relation est très souvent hypothéqué par manque de communication. Le but du travail est d'apprendre à vivre avec notre fonctionnement personnel sans perdre le pouvoir sur notre vie, sans exercer de pouvoir sur la vie des autres et, surtout, en maintenant l'objectif de communiquer authentiquement. Nous ne pouvons vivre une relation vraie sans nous remettre en question et sans réaliser un travail sur nous-mêmes si nous demeurons prisonniers d'un système relationnel. Autrement, nous risquons de rester dans la frustration, en nous plaçant dans une position de pouvoir, de supériorité ou d'attente que l'autre change pour que nous soyons enfin heureux.

F. L'attente

La vie est faite d'attentes déçues. Je crois qu'il n'y a rien de plus frustrant et de plus annihilant que l'attente. L'attente c'est la passivité, l'envers de l'action. **L'attente, c'est la perte de pouvoir sur nous-mêmes, c'est la mort.** Certaines personnes passent leur vie à attendre : attendre l'autre, attendre qu'il change, attendre que des événements favorables arrivent, attendre que les astres leur soient bénéfiques, attendre que Dieu pose un regard attendri sur elles, attendre, attendre encore, attendre toujours. Dans une relation, cette attitude devient infernale pour celui qui attend, parce qu'il se trouve à la merci de l'autre, prisonnier de ses attentes. Lorsqu'il se débat, c'est pour blâmer l'autre et lui reprocher de ne pas le satisfaire. Il a alors beau s'agiter, crier, menacer, il reste toujours un lion en cage qui a perdu la clé de son univers parce qu'il donne aux autres le pouvoir de transformer ses propres malaises en bien-être.

La personne qui vit dans l'attente ne pourra jamais trouver de relation affective satisfaisante, parce qu'elle recherche un partenaire idéal, un ami idéal, une sœur idéale, un moi idéal et parce qu'elle est en quête d'un idéal relationnel inatteignable par manque d'acceptation de la réalité.

Aucune relation satisfaisante n'est possible si elle n'est pas fondée sur la réalité et sur l'acceptation de cette réalité. L'autre est ce qu'il est et non ce que nous voudrions

qu'il soit. Chacun est ce qu'il est et non ce qu'il voudrait être. C'est à partir de cette réalité que nous entrons en relation. Au cours de mon expérience professionnelle, j'ai rencontré beaucoup de couples dont la relation n'évoluait pas parce qu'elle avait été fondée, au départ, sur l'attente d'un idéal très éloigné de la réalité. Des hommes et des femmes ont épousé un partenaire jaloux, alcoolique, sans travail, avec la conviction que leur amour réussirait à le changer. Que de déceptions ! Une telle relation est vouée à l'insatisfaction, parce qu'elle n'est pas construite sur la réalité, mais sur l'attente d'un idéal. **Ce n'est pas l'autre que nous aimons, mais ce que nous voulons qu'il devienne. Il n'est pas étonnant que l'amour ne réussisse pas à le changer. La personne n'est pas aimée pour ce qu'elle est, mais pour ce que nous voudrions qu'elle soit. Ce faux amour conduit inévitablement au malheur et à l'échec.**

Dans une relation affective, la communication authentique n'est possible que si deux personnes réelles se rencontrent, autrement elle n'a rien d'authentique. Il est impossible de vivre heureux avec un être que nous n'acceptons pas tel qu'il est. Nous entretenons alors, l'attente, la déception, l'absence de communication. Comment pouvons-nous communiquer avec un être imaginaire ?

L'acceptation de la réalité donne du pouvoir et permet d'agir non pas en essayant de changer l'autre, mais en travaillant sur nous-mêmes, en nous remettant en question pour trouver un moyen d'accepter cette réalité et pour être bien avec elle. Voilà où se produit le miracle de la transformation : **quand nous travaillons sur nous dans l'acceptation de la réalité plutôt que de travailler sur l'autre, un changement bénéfique se produit toujours dans la relation.**

Lorsque je parle d'accepter la réalité, je ne parle pas de la subir et de nous résigner. Je veux plutôt dire que c'est en partant de cette réalité que nous pouvons nous construire, bâtir nos relations et évoluer sur les plans personnel, relationnel et professionnel. Le paradoxe est que la plupart des gens hésitent à accepter la réalité par peur que plus rien ne change. Pourtant, c'est toujours le contraire qui se produit. L'acceptation réelle, qui est source de changement, permet de prendre du pouvoir sur notre vie.

Un de mes beaux-frères est hémophile. Quand j'ai connu mon conjoint, ce frère avait environ 15 ans. Lorsqu'il vivait de fortes émotions ou qu'il était le moindrement blessé physiquement, il souffrait d'hémorragies internes qui duraient des jours et le faisaient atrocement souffrir. Comme ses jambes ont été fortement et fréquemment atteintes, elles sont devenues de plus en plus fragiles et de plus en plus faibles. Il a mis du temps à accepter son handicap. Jeune, il ne pouvait pas jouer comme les autres et devait toujours se protéger. Aujourd'hui il a 64 ans. Il est comptable agréé, père de trois enfants et grand-père de cinq petits-enfants. Alité, il ne peut plus se déplacer. En dépit de sa souffrance physique et psychique qu'il ne peut nier, il est relativement heureux depuis qu'il a accepté son handicap. Cette acceptation lui a permis de se montrer tel qu'il est, d'accepter ses limites et d'accepter l'aide des autres sans se faire prendre en charge. Au lieu de se comporter en victime, il se construit sur les plans personnel, relationnel et professionnel avec sa maladie, parce que c'est là sa réalité personnelle.

Les remèdes à l'attente se situent d'abord dans l'acceptation de la réalité puis dans le travail sur nous-mêmes pour apprendre à composer avec cette réalité et nous en servir pour nous construire plutôt que pour nous détruire.

Il est fondamental, pour sortir de nos attentes et retrouver le pouvoir sur notre vie, de sortir de l'imaginaire stérile qui fait passer à côté de l'autre et de nous-mêmes, et empêche la véritable relation.

Notre réalité, il est vrai, peut nous faire souffrir. C'est précisément en écoutant cette souffrance, en lui donnant sa place, sans nous plaindre ni nous apitoyer qu'il est possible d'identifier nos besoins et de les satisfaire. **Lorsque les besoins sont clairement établis, nous pouvons nous libérer de l'attente, passer à l'action et apporter les transformations qui nous conviennent.** Cette attitude a toujours pour effet d'être constructive parce que, hors de la réalité, nous ne pouvons établir aucune communication authentique. Celle-ci met les êtres en relation et c'est par cette relation qu'ils avancent.

Je me souviens qu'à une certaine période, quand nous vivions à Paris, j'étais insatisfaite de la relation que mes enfants avaient entre eux. Ils se disputaient et adoptaient assez fréquemment une attitude de rejet. Ma première réaction était de vouloir les changer en les blâmant et en leur ordonnant d'arrêter de se quereller : cela ne donnait cependant aucun résultat satisfaisant. Puis, un soir, je me suis abandonnée à ma peine et j'ai essayé de voir ce que je pouvais changer moi-même plutôt que d'attendre un changement de leur part. Quand j'ai posé mon regard sur moi, plutôt que de le tourner vers eux, la vérité qui m'est apparue n'a pas été facile à accepter. J'ai vu que, au cours des dernières semaines, nous avions eu mon conjoint et moi, une vie relationnelle très cahoteuse. Nous nous disputions souvent de façon très irresponsable. Malgré notre discrétion, nos enfants avaient été les témoins impuissants de querelles qui se multipliaient parce que nous ne reconnaissions pas nos erreurs.

Ils avaient bien inconsciemment suivi notre exemple. J'ai compris ce soir-là que je devais plutôt travailler ma relation de couple au lieu d'essayer de changer les enfants. Je m'en suis sérieusement occupée. Un mois plus tard, tout était rétabli.

Sortir de l'attente, c'est voir notre responsabilité, identifier nos besoins et nous en occuper au lieu d'attendre que l'autre nous prenne en charge. Nous sommes les seuls responsables de nos malaises et nous sommes les seuls à détenir le pouvoir de changer quelque chose en nous et dans nos vies pour être plus heureux. Il est possible que mon ami soit généreux, disponible, attentionné, aimant; c'est une agréable réalité à voir et à vivre. Cependant il peut être aussi susceptible, colérique et éprouver de la difficulté à montrer sa vulnérabilité. Inutile de le vouloir autrement et d'attendre qu'il ne soit plus agressif ni susceptible ou qu'il exprime ouvertement sa sensibilité. Je dois plutôt voir comment composer avec cette réalité, en travaillant à l'aimer et à l'accepter tel qu'il est et en m'occupant de mes malaises et de mes besoins dans la relation. C'est la meilleure façon de ne pas tomber dans l'attente ou dans l'oubli de soi.

G. L'oubli de soi

Quand j'aborde le sujet de l'oubli de soi, je ne peux m'empêcher de penser à ma mère, de laquelle j'ai très peu parlé, mais qui n'a pas été moins importante pour autant. Cette femme a toujours été spontanée et impulsive : à 80 ans, elle avait encore gardé une certaine jeunesse de cœur, une nature vivante et dynamique. Elle a conservé longtemps une pureté d'enfant que je ne me lassais pas d'apprécier, voire d'admirer. Elle osait dire tout haut ce que d'autres pensaient tout bas, et ce, de façon tout à fait naturelle et inattendue, ce qui lui attirait parfois le jugement et le rejet de son entourage. Son insolence désinvolte me surprenait toujours en même temps qu'elle me fascinait. Elle était, à mon avis, une femme remarquable par sa marginalité. Lorsque j'étais adolescente, j'avais parfois honte de ma mère parce qu'elle n'était pas rangée et retenue comme la plupart des autres mères. De plus, son impulsivité m'insécurisait au plus haut point. Je ne savais jamais à l'avance ce qui m'attendait. Quand je lui demandais une permission, elle n'arrivait pas à s'engager par un *oui* ou un *non* et, si elle le faisait, elle pouvait facilement changer d'idée deux ou trois fois quand ce n'était pas plus souvent. Toutefois je suis sûre qu'elle n'était pas consciente de l'insécurité causée chez ses enfants et son mari par sa peur de l'engagement dans les petites situations de la vie.

J'ai mis du temps à comprendre le fonctionnement de ma mère. Je n'ai découvert que beaucoup plus tard à quel point cette femme avait eu une peur viscérale de perdre sa liberté. Toute sa vie, elle s'était battue pour son droit à rester elle-même en dépit de l'opinion des autres et elle avait toujours montré une ouverture exceptionnelle à toutes les différences. C'est elle qui m'a vraiment appris le sens de la liberté. Toutefois j'avoue que je me suis longtemps demandé comment ma mère, avec sa soif de liberté, avait pu vivre toutes ces années avec le même homme et demeurer si présente à ses enfants. J'ai un jour compris que sa générosité, sa disponibilité, son dévouement, son sens de l'altruisme et de l'oubli de soi l'avaient emporté sur ses besoins.

Ma mère a vraiment consacré sa vie à son mari et surtout à ses enfants, au point de s'oublier complètement elle-même. Autant elle avait besoin d'être elle-même, autant elle faisait presque toujours passer les besoins de ses enfants avant les siens. Avec nous, elle a toujours été très généreuse, ne comptant jamais son temps et ne tenant pas compte des limites de son corps.

Aujourd'hui, je vois ma chance d'avoir eu une mère comme la mienne. Chez nous, la porte était ouverte à tout le monde. J'ai toujours pu amener les amis que je voulais et organiser autant de parties que je le désirais. L'accueil de ma mère ne connaissait aucune limite et il se vivait dans la plus grande simplicité et dans l'acceptation totale des différences. Tous mes amis étaient reçus par elle sans jugement, quels que soient leur classe sociale, leur style de vie, leur personnalité, leur orientation sexuelle. Ils avaient tous une place à la table familiale et une chambre pour dormir. Je savais que je pouvais arriver dans ma famille à n'importe quelle heure du jour ou de la nuit sans prévenir et y amener qui je voulais : l'accueil était toujours aussi chaleureux.

Si j'ai reçu de cette femme, qui m'a donné la vie, l'attitude d'ouverture aux différences, le sens de l'accueil, le grand besoin de liberté qui la caractérisaient, j'ai aussi hérité de son *oubli de soi*, qui a été pendant longtemps un obstacle à mes relations affectives. Je ne blâme en rien ma mère, loin de là. Je crois sincèrement qu'elle n'avait pas les moyens que j'ai aujourd'hui et qu'elle a su composer du mieux qu'elle a pu avec les moyens et les croyances de l'époque. Elle s'est même donné la liberté de laisser tomber certains principes religieux, ce qui a allégé considérablement son rôle d'éducatrice auprès de ses enfants.

Cependant, dans le domaine relationnel, l'altruisme de ma mère a eu des conséquences importantes pour moi. Avec elle, j'ai appris par une influence inconsciente, à m'occuper des besoins, des désirs et des souffrances des autres et à oublier les miens. Par conséquent, il a été difficile pour moi, pendant de longues années, de prendre ma place de façon responsable dans une relation, de me donner de l'importance quant à la prise en charge de mes besoins. L'autre était toujours plus important que moi, il avait toujours des besoins plus pressants que les miens, sa souffrance était toujours plus grande que la mienne, il fallait donc que je m'en occupe et que je m'oublie. C'est précisément dans cet altruisme que je puisais mon importance. J'existais plus par l'attention que je portais aux autres et par les tâches que j'accomplissais que par ce que j'étais. Je me donnais difficilement le droit d'éprouver des besoins quand ils allaient à l'encontre de ceux des autres, encore moins de les exprimer. Je sais aujourd'hui que l'altruisme défensif est une forme d'égocentrisme non reconnu et que mon attention aux autres n'était en fait qu'un moyen détourné et inconscient de satisfaire mes besoins d'être aimée et reconnue (voir *3 grands secrets pour réussir votre vie amoureuse*; *paru en* 2011).

L'oubli de soi représente vraiment un obstacle à la communication authentique, parce que, dans une relation affective, nous ne pouvons vivre heureux à côté de l'autre si nous nous occupons uniquement de ses besoins dans le but conscient ou inconscient de combler indirectement les nôtres. La vraie relation nécessite le partage entre deux personnes différentes qui ont toutes les deux des besoins à satisfaire et qui en sont conscientes. Nous ne pouvons pas rencontrer l'autre en profondeur si nous cherchons constamment à le satisfaire sans nous occuper de nous, pas plus que nous ne pouvons le rencontrer si nous sommes trop centrés sur nous. L'oubli de soi et l'égocentrisme entraînent toujours la souffrance du manque, car il est impossible d'être en relation et de nous nourrir de cette relation quand nous nous nions ou quand nous ne pensons qu'à nous.

Si, par exemple, Maxime s'oublie pour ne se préoccuper que des besoins de Mélanie, il n'y a pas de relation, donc pas de communication, parce que Maxime n'existe plus dans cette relation. Par contre, si Mélanie ne se centre que sur elle-même, il n'existe pas non plus de relation, parce que Maxime n'existe pas pour elle. Dans les deux cas, le vide relationnel est causé par la non-existence d'un des deux partenaires. Ce vide, jamais comblé, s'accentue graduellement, étant donné qu'une communication authentique ne peut s'établir entre une personne qui se nie pour être aimée et une autre qui ne pense qu'à elle.

Pour être en relation, il est fondamental de nous occuper de nos besoins tout en tenant compte des besoins de l'autre. Le danger pour celui qui a tendance à s'oublier défensivement est d'attendre que l'autre devine et satisfasse ses besoins. **Personne d'autre que nous-mêmes n'est responsable de la satisfaction de nos besoins**. C'est pourquoi, dans la relation, il est important de nous donner de la place sans pour autant négliger l'autre. Le second danger est de verser dans l'excès contraire : « J'ai passé ma vie à penser aux autres, me disait un jour une étudiante, maintenant je ne m'occupe que de moi. » Elle était d'ailleurs surprise que ses relations amoureuses se soldent toutes par un échec.

Comment alors nous occuper de nous tout en tenant compte de l'autre ?

J'ai reçu en consultation un couple qui éprouvait de sérieux problèmes de communication. Ils avouaient tous les deux un grand besoin de l'autre tout en s'en défendant par souci d'autonomie. Pour eux, être autonome signifiait être en mesure de se débrouiller tout seul et ne pas avoir besoin des autres.

Voilà une conception de l'autonomie qui ne peut que conduire à l'échec de la relation affective, parce qu'elle ne tient pas compte de la nature même de l'être humain. Par essence, l'homme a besoin des autres. Nier ce besoin, c'est soit s'oublier défensivement, soit se défendre par des croyances contre nature. Il est impossible d'être vraiment autonomes sans accepter nos besoins d'être aimés, reconnus, entendus, sécurisés. C'est précisément en nous occupant de ces besoins que nous deviendrons autonomes. **Si nous entretenons, par introjection, la croyance que l'autonomie consiste à pouvoir se passer des autres, nous nourrissons le manque et le vide affectif. Ce manque non accepté et non exprimé rend psychiquement dépendant parce qu'il entretient l'insatisfaction des besoins fondamentaux. La relation affective est alors faite de doubles messages, celui de l'action et de la tête qui affirme « Je n'ai pas besoin de toi. » et celui du cœur et du non verbal qui avoue « J'ai tellement besoin de ton amour. »**

Voilà pourquoi Caleb et Clémence n'arrivaient jamais à se rejoindre. Ils avaient besoin l'un de l'autre, mais n'acceptaient pas ce besoin et, lorsque l'un des deux faisait une demande, l'autre se sentait menacé dans son autonomie et sa liberté. Un nœud relationnel qu'ils n'arrivaient pas à défaire les ligotait vraiment. C'est en travaillant à partir d'une situation précise qu'ils ont pu saisir leur processus et commencer à s'écouter. Clémence travaillait presque tous les soirs de quatre heures à minuit comme infirmière dans un hôpital. Le choix de cet horaire lui convenait parfaitement parce qu'elle pouvait passer une grande partie de sa journée avec les enfants et parce qu'elle n'avait pas besoin de gardienne. Caleb, qui terminait son travail d'enseignant à l'élémentaire vers trois heures, arrivait juste à temps pour la remplacer. Si Clémence et les enfants jouissaient de ce fonctionnement, il n'en était pas de même pour

Caleb, à qui manquait la présence de son épouse. Lorsqu'il exprima le besoin de sa présence, de son écoute, de son attention, de son amour, elle le rejeta et lui reprocha son manque d'autonomie.

Clémence aimait beaucoup, après sa journée à la maison avec les enfants, aller à son travail, rencontrer ses collègues et se sentir utile d'une autre façon. Elle vivait son travail comme une source d'équilibre, une libération des tâches d'éducation et des tâches ménagères. Elle considérait d'ailleurs que le partage de ces tâches avec Caleb était juste et équitable. En fait, chaque fois qu'il lui parlait de ses besoins, elle ne l'écoutait pas, elle ne l'accueillait pas et elle versait immédiatement dans la justification et l'accusation. Elle ne voulait pas, comme sa mère, se nier, se sacrifier pour son mari et elle était bien décidée à se battre pour garder son autonomie et agir comme elle voulait. Tant que Caleb s'était oublié pour répondre aux besoins de Clémence, tout s'était bien déroulé dans leur relation, mais depuis qu'il osait exister un peu, le bateau voguait sur une mer houleuse.

Il est bien évident que Caleb et Clémence ne pouvaient communiquer et être en relation. Ils vivaient côte à côte sans vraiment se rencontrer, parce que l'une était égocentrique et l'autre n'existait pas dans la relation. Il avait été, du moins pendant de longues années, le parfait modèle de l'oubli de soi, de celui qui s'efface devant son épouse pour être aimée d'elle. Depuis qu'il voulait exister, il rencontrait un obstacle de taille : l'égocentrisme d'une femme à qui il avait toujours cédé pour lui faire plaisir, pour ne pas la perdre et surtout pour éviter tout conflit. Il avait donc beaucoup de travail à faire sur lui-même pour apprendre à s'affirmer.

Le cas du couple bourreau/victime ressemble à celui du couple égocentrique/altruiste en ce sens que les premiers attirent le blâme et le rejet alors que les seconds attirent la protection, l'appui et le support. Il est, à mon avis, impossible d'aider les personnes enfermées dans ces systèmes relationnels en accusant les uns et en protégeant les autres. L'altruiste doit fournir un grand travail pour exister dans la relation et voir son côté égocentriste. Le travail est d'autant plus difficile qu'il doit affronter probablement un partenaire qui s'affirme et à qui il a toujours laissé beaucoup de place au détriment de lui-même.

> *Lorsque Caleb a exprimé à Clémence son besoin d'elle et la souffrance de son manque, elle a mis beaucoup de temps à l'accueillir et à comprendre qu'elle avait choisi de s'engager dans une relation affective avec lui. Elle devait donc savoir que si elle agissait sans tenir compte de son conjoint, il n'existait aucune possibilité de relation véritable entre eux.*

Tenir compte de nos propres besoins en relation, c'est leur donner de l'importance et les affirmer. Cependant **tenir compte des besoins de l'autre, c'est être sincèrement sensible à sa souffrance et tenter avec lui de trouver un terrain de rencontre où chacun garde son espace, où chacun fait son bout de chemin.** Cela dit, dans nos relations affectives, si nous ne pouvons répondre à certains besoins des autres parce que ce serait nier quelque chose de fondamental pour nous, rien ne nous empêche de rester présents et sensibles à leur manque tout en gardant une attitude d'ouverture pour satisfaire d'autres de leurs besoins. Cette attitude d'écoute et d'ouverture maintient les relations vivantes parce qu'elle est fondée sur l'authenticité.

Oublier l'autre, c'est nier son existence et s'oublier, c'est nier la nôtre. En fait, chacun est responsable de satisfaire ses besoins dans le respect des différences et ce respect devient possible lorsque nous ne glissons pas dans la comparaison.

H. La comparaison

La comparaison perturbe la communication parce qu'elle nie la différence et entraîne la dévalorisation et la performance. Dans une relation, elle se manifeste de deux façons : ou bien la personne qui se compare se montre supérieure ou inférieure à l'autre ; ou encore elle s'attend à ce que l'autre soit comme elle et réagisse comme elle. Dans les deux cas, la communication authentique devient impossible.

Que se passe-t-il dans une relation affective quand une personne se compare à l'autre ?

Le problème se situe ici dans la nature défensive du comportement parce que le vécu n'est pas exprimé. Au lieu de dire son besoin d'être reconnue, son sentiment d'infériorité et sa peur de ne pas être importante, la personne qui se compare obtient le contraire de ce qu'elle recherche, c'est-à-dire non pas de la reconnaissance, mais de l'indifférence, voire du rejet parce qu'elle ne reconnaît pas l'autre et qu'elle manque d'authenticité. Ce phénomène se produit aussi quand, dans une relation, une personne voudrait que l'autre soit comme elle.

À cause des diversités psychiques, le même déclencheur, la même situation peuvent provoquer des vécus différents chez des personnes différentes. **Reprocher à l'autre de ne pas réagir comme nous réagissons nous-mêmes, le blâmer de ne pas vivre les choses de la même façon que nous, de ne pas avoir les mêmes limites, les mêmes besoins aux mêmes moments, c'est nier l'autre dans sa différence et, par le fait même, rompre ou empêcher la communication.**

J'ai vécu ce problème au début de ma relation de couple. Je n'acceptais pas que mon conjoint réagisse différemment de moi devant certaines personnes ou en certaines situations.

J'aurais voulu qu'il vive du doute quand je vivais du doute, qu'il soit blessé quand j'étais blessée. En fait, j'attirais la prise en charge qui m'empêchait aussi de me sentir bien. J'ai appris par le travail sur moi que le respect du vécu de chacun nous rapprochait et favorisait la communication authentique parce que nous ne nous perdions pas dans le vécu de l'autre et que chacun restait fidèle au sien.

Le même phénomène se produit avec l'établissement des limites. Il est possible qu'une personne avec laquelle j'entretiens une relation affective fixe une limite différente de la mienne. Dans une école, par exemple, les professeurs n'ont pas nécessairement tous les mêmes limites. Au début de ma relation avec mon conjoint, ce problème s'est posé à plusieurs reprises. En voici un exemple précis. J'avais une exigence claire à propos des retards. Il était essentiel pour moi qu'il me téléphone s'il prévoyait être en retard. Je me souviens que, au cours des premières années de notre relation, j'étais souvent en colère quand il n'arrivait pas à l'heure prévue et je me sentais coupable quand il me disait : « Moi je n'exige pas de toi que tu me préviennes de tes retards. » Un jour, j'ai compris que, à ce sujet, je n'avais pas la même limite que lui parce que je n'avais pas la même histoire de vie.

Je suis profondément marquée par une peur viscérale des accidents. À l'âge de sept ans, j'ai été témoin d'un accident grave : en traversant la rue, ma sœur de quatre ans s'est fait frapper par une automobile et a été si gravement blessée qu'elle a mis des semaines à s'en remettre. Encore aujourd'hui les images atroces de cet événement me bouleversent. De plus, j'ai perdu un frère qui a été, lui aussi, victime d'un accident. Il revenait de l'école à bicyclette, une voiture l'a heurté et il est mort sur le coup. Il avait presque 14 ans. J'en avais 15. Aujourd'hui quand j'écris sur ces événements qui ont marqué ma vie, j'ai encore mal. Je ne peux pas effacer ces expériences de ma mémoire, encore moins nier la peur qu'elles ont laissée en moi, mais je peux m'occuper de cette peur de perdre un être cher en faisant des demandes claires et en posant des limites précises.

À ce sujet, mon conjoint n'a pas connu les mêmes expériences que moi. Il n'a donc pas la même sensibilité à ce genre de choses, il n'éprouve pas les mêmes peurs, il n'a donc pas à se protéger de la même manière. Aujourd'hui le problème de la différence des limites ne se pose plus dans notre relation parce que nous avons compris que nous ne portions pas la même charge émotionnelle devant les mêmes déclencheurs.

Il est absolument impossible de comparer les vécus de personnes différentes, car ils ne sont tout simplement pas comparables. Le vécu résulte d'un état psychique porteur d'affects déclenchés par des événements qui distinguent l'histoire psychique de l'un de l'histoire psychique de l'autre. Ma relation avec mon conjoint s'est transformée quand nous avons compris et accepté cette réalité : nous sommes différents et nous ne vivons pas les choses de la même manière. Il est impossible de communiquer authentiquement sans tenir compte de cette réalité.

Ce qui distingue les êtres humains, ce n'est pas surtout ce que nous voyons, mais ce que nous ne voyons pas, c'est-à-dire leur vécu, leur état psychique, leurs expériences de vie. Comparer les hommes entre eux, uniquement à partir de critères extérieurs tels leurs diplômes, leur profession, leur apparence, leurs avoirs, c'est fausser la réalité et réduire la valeur d'une personne à ses actions et à ses possessions. « L'essentiel est invisible pour les yeux », disait le Petit Prince de Saint-Exupéry. Cette phrase si galvaudée a malheureusement perdu son sens ; ce qui fait la valeur d'un homme, c'est bien ce qu'il est. Voilà ce qui le rend unique et incomparable. Lorsque deux personnes entrent en relation, ce ne sont pas des diplômes qui se rencontrent ni des professions, mais des êtres humains, riches d'expériences de toutes sortes qui ont contribué, au cours de leur vie, à construire leur âme, leur monde intérieur, leur cœur, leur vie psychique.

Un neveu m'avouait un jour : « Je n'aime pas les réunions de famille, j'ai toujours l'impression de ne pas être important. On me demande comment vont mes études, ce que je veux faire dans la vie, mais personne ne s'intéresse à ce que je suis vraiment. » Nous apprenons ainsi aux jeunes à exister en fonction de ce qu'ils feront comme métier ou comme profession, sans vraiment nous occuper de ce qu'ils sont comme personnes et de ce qu'ils vivent. Nous sommes surpris alors que la relation avec eux ne soit pas satisfaisante. Bien sûr, la réalisation professionnelle n'est pas négligeable, bien au contraire ; mais si nous apprenons à n'exister que de cette façon, nous aurons toujours le sentiment que la valeur tient à la profession et aux diplômes, et non à la personne qui les détient.

En réalité, la valeur d'une personne vient de ce qu'elle est, de son expérience de vie, de sa volonté d'être elle-même et d'utiliser sa souffrance et son potentiel pour se construire et pour être en relation. C'est en cela qu'elle est incomparable et c'est en cela qu'elle peut grandir, parce que la qualité d'un être et son expérience de vie ne se mesurent pas, ne se voient pas, ne se comparent pas. Dans la comparaison, nous perdons de vue le caractère unique de chacun et, par le fait même, nous perdons toute possibilité de connaître une relation authentique. La même situation se produit avec la confluence.

I. La confluence

Extrêmement nombreuses sont les relations détériorées dans les familles ou dans les milieux de travail à cause de la confluence. De plus, les gens conscients des perturbations relationnelles causées par ce sérieux obstacle à la communication authentique demeurent très rares. La confluence représente l'une des plus grandes causes de conflits, de dissensions, de luttes de pouvoir, d'insécurité chronique et de méfiance qui soit. Ce mécanisme de défense consiste à nous perdre dans l'autre quand nous laissons sa souffrance nous submerger et que nous voulons le *sauver*. Nous vivons alors des malaises non identifiés tels l'impuissance, la peur, l'insécurité et le doute.

Deux personnes entrent en confluence lorsque l'une d'elles, blessée par une tierce personne, cherche à influencer l'autre par des critiques destructrices à propos de cette troisième personne, absente. La confluence se produit quand la personne qui écoute la critique se laisse influencer par celle qui critique et qu'elle prend parti avec elle contre la personne critiquée. Elle agit ainsi en sauveur et nourrit la *victimite*. La confluence se définit comme une sorte de fusion de deux êtres qui se rejoignent pour ne former qu'une seule pensée, qu'une seule opinion, qu'une seule émotion. Chacun y perd son originalité, sa différence et il est impossible de distinguer ce qui appartient à l'un de ce qui appartient à l'autre. C'est la fusion et la confusion.

Comment se manifeste la confluence ?

Pour répondre à cette question, j'apporterai l'exemple de Carole. Elle appartenait à une famille très unie, du moins, c'est ce qu'elle croyait jusqu'au jour où un événement bouleversa les relations et divisa la famille en deux clans. Lors d'un souper familial, son frère aîné, qui avait pris trop de vin, s'est mis à ridiculiser et à critiquer l'un de ses collègues de travail qui était homosexuel. Carole, qui vivait une relation homosexuelle clandestine avec Suzanne depuis plus d'un an et qui n'avait jamais informé sa famille de son orientation sexuelle, s'est sentie attaquée par son frère Jules. Elle s'est mise à défendre l'homosexualité au nom de la liberté et du respect des différences. Au cours de cette dispute, de nombreux obstacles pouvaient empêcher Carole et son frère de communiquer authentiquement : le non-dit de Carole sur sa vie personnelle, le jugement et la critique de Jules ainsi que le fait de tourner en ridicule l'homosexualité. Quoi qu'il en soit, cette altercation causa un profond malaise dans la famille. Plutôt que d'exprimer ce vécu désagréable, chacun est intervenu pour appuyer l'un ou l'autre des interlocuteurs, ce qui contribua à diviser la famille en deux clans. Chacun de ces clans était formé de personnes en confluence les unes avec les autres. Il n'était plus question de malaises distincts et de différences individuelles, mais de deux groupes qui s'attaquaient pour défendre des principes et pour avoir raison. Certains s'étaient joints à Carole, d'autres avaient choisi de défendre Jules, mais personne n'a exprimé ses peurs, ses doutes, son vécu dans cette histoire.

Qu'est-ce qui amène une personne à entrer en confluence avec une autre ? Nous sommes en confluence avec une personne quand sa souffrance rejoint la nôtre. Nous devenons alors des *sauveurs*. Nous confondons les deux souffrances ; nous nous consolons et nous nous appuyons mutuellement ; nous nous défendons contre le monde extérieur, nous nous fondons l'un dans l'autre. Toutefois nous ne sommes pas en relation et nous ne pouvons communiquer, parce que nous ne sommes plus, à ce moment-là, deux personnes différentes avec des vécus différents nés de déclencheurs semblables.

Tout se confond en un seul noyau et la confusion règne. Tous ceux qui sont entrés en confluence avec Carole ont été émus par sa souffrance qui touchait la leur, mais plutôt que d'exprimer cette souffrance, ils ont adopté l'opinion de Carole et lui ont donné raison contre Jules, ce qui a causé des conflits.

Quand nous sommes en confluence avec quelqu'un, par manque d'écoute de nous-mêmes, les faits et les opinions prennent le dessus sur le vécu et cette situation conduit toujours à la dynamique du *avoir tort* versus *avoir raison*. De plus, la confluence représente aussi une forme de coalition, une façon de prendre parti pour une personne contre une autre. Ce phénomène s'avère très dangereux lorsqu'il se produit en thérapie. **Lorsqu'un thérapeute prend parti pour son client contre les personnes qui le font souffrir, il ne peut l'aider. Il entretient la confusion, la dépendance et le fonctionnement de victime, écueil très néfaste pour l'aidé. La meilleure attitude à adopter quand nous rencontrons un tel thérapeute est de cesser immédiatement notre démarche thérapeutique avec lui.**

Les mêmes conséquences se produisent quand une personne entre en confluence avec un ami, un parent, un enfant ou un conjoint contre une autre personne. Ce type de relation est toujours voué à l'insatisfaction, parce qu'il est bâti sur l'insécurité et le doute. En effet, une personne confluente n'est ni autonome, au sens où elle ne distingue pas ce qui lui appartient de ce qui appartient à l'autre, ni authentique, au sens où elle ne reste pas fidèle à ses propres expériences. Elle se trouve donc dans l'impossibilité de voir sa différence et de percevoir sa personnalité réelle, aussi bien que dans l'incapacité de prévoir avec qui elle entrera en confluence. Avec ce type de personne, nous pouvons être abandonnés du jour au lendemain, non pas à cause d'un départ ou d'une séparation, mais à cause d'un changement de cap psychique : la personne en confluence avec nous un jour est susceptible d'entrer en confluence avec un autre contre nous à un autre moment. De plus, il est très rare que la confluence ne soit pas accompagnée de manipulation. Les personnes confluentes cherchent constamment des appuis, c'est-à-dire des personnes qui prennent parti pour elles contre quelqu'un d'autre. Pour arriver à leur fin, elles empruntent souvent des moyens plus ou moins subtils tels la flatterie, la plainte, la critique. La plupart du temps, elles utilisent l'émotion pour amadouer l'autre et susciter sa confluence. Si elles ne réussissent pas, elles risquent de devenir menaçantes et d'exercer un pouvoir indu sur lui en le critiquant à son tour.

Il est très difficile de faire confiance à une personne qui cherche la confluence. Si nous restons nous-mêmes avec elle et que nous refusons de prendre parti, nous ne perdons pas notre autonomie parce que nous assumons notre différence.

Réjean me parla un jour d'une expérience de confluence qui l'avait beaucoup fait souffrir. Il vivait, avec sa cousine Micheline, une relation qui durait depuis leur adolescence et qui était vraiment extraordinaire. Devenus adultes, ils ne se voyaient pas souvent, mais, chaque fois qu'ils se rencontraient, leur amitié était aussi vive qu'aux premiers jours. Réjean était attaché à Micheline, aussi a-t-il souffert lorsqu'un événement transforma leur relation. Il marchait un jour sur la rue Mont-Royal à Montréal lorsque, par hasard, il la rencontra. Il était tellement heureux de la revoir ! Cependant son élan vers elle fut vite arrêté par une attitude froide et des paroles pleines d'insinuations subtiles et désobligeantes. Tout s'est passé si vite qu'il n'a pas eu le temps de réagir, Micheline étant déjà partie. Il s'est retrouvé avec un malaise profond qu'il a mis du temps à identifier. C'est en restant en contact avec cette souffrance que tout s'est éclairé. Son besoin d'être important pour Micheline et d'être aimé d'elle n'avait pas été satisfait. Il restait avec un manque et une grande insécurité parce qu'il ne comprenait pas ce changement d'attitude. C'est en parlant avec moi que les déclencheurs de sa souffrance se sont manifestés. Il s'est rappelé alors quelques paroles de Micheline à propos de Jocelyne et d'André.

Pendant leur adolescence, Jocelyne, André, Micheline et Réjean formaient un quatuor inséparable. Leur amitié a d'ailleurs duré de nombreuses années. Au cours de ces années, Jocelyne et Réjean ont connu un rapprochement tel qu'ils sont devenus amoureux l'un de l'autre. Leur idylle a duré deux ou trois ans et s'est terminée par beaucoup de souffrance pour Réjean, parce que Jocelyne l'avait quitté. Elle était amoureuse d'André. Elle voulait garder une relation amicale avec Réjean qui lui, avait refusé, en disant qu'il ne voulait plus la revoir ni revoir André. Se sentant rejetés, Jocelyne et André l'ont à leur tour rejeté et c'est sur cette querelle que leur dernière rencontre s'était terminée.

Quand les paroles de Micheline lui sont remontées à la mémoire, il a compris qu'elle était en confluence avec eux. Il avait le sentiment d'avoir perdu trois grands amis et cela le rendait très malheureux. Il n'arrivait plus à faire confiance à Micheline et ne savait plus trop comment s'occuper de sa souffrance.

Nous voyons ici les ravages de la confluence dans la relation. Nous voyons aussi jusqu'à quel point elle est perturbatrice de la communication. En effet, prendre parti amène à se fondre dans l'autre, plutôt que d'entendre sa souffrance et d'exprimer ce qu'elle nous fait vivre et en quoi elle touche à notre propre souffrance. Seule cette ouverture à bien distinguer notre souffrance de celle de l'autre permet de rester en relation et de ne pas devenir confluent en nous positionnant dans une situation dans laquelle nous ne sommes pas concernés.

La seule façon de maintenir la communication authentique est de rester en contact avec notre vécu tout en étant sensible au vécu de l'autre, et ce, sans prendre parti, sous aucun prétexte.

C'est avec la confluence que se termine le chapitre sur les obstacles à la communication authentique. Je ne prétends pas avoir dressé une liste exhaustive de tout ce qui peut nuire de près ou de loin à la communication. Je sais toutefois, pour l'avoir observé dans mon travail d'enseignante, de thérapeute en relation d'aide et de formatrice de thérapeutes non directifs créateurs, que les obstacles développés ici sont ceux qui reviennent le plus souvent dans les difficultés relationnelles.

Le besoin d'être en relation est tellement grand qu'il n'est plus à démontrer. Tant dans les relations affectives que dans les milieux professionnels, le désir de communiquer est omniprésent. Nous cherchons parfois des techniques de communication, des recettes pour faciliter l'échange, des trucs pour favoriser l'expression de notre vécu. Ces moyens s'avèrent insuffisants. Parce qu'elle n'est pas qu'objective, la relation ne se réduit pas à une technique. Elle comporte aussi sa part de subjectivité et de mouvance à cause des émotions, des perceptions et des besoins qui y sont véhiculés. Tenir compte de cette réalité, c'est accepter consciemment de composer avec des obstacles tels le non-dit, l'irresponsabilité, les mécanismes de défense non reconnus, les peurs, les attentes, l'égocentrisme, l'oubli de soi, la comparaison, la confluence et plusieurs autres.

L'important, comme nous l'avons vu dans ce chapitre, n'est pas d'éliminer l'obstacle, ce qui serait un objectif utopique puisque nous ne sommes ni parfaits ni désincarnés.

L'essentiel est de l'accepter et de composer avec lui. L'acceptation des écueils sans résignation est vraiment l'étape fondamentale du processus de rapprochement. C'est par l'accueil de nos mécanismes de défense, de notre irresponsabilité, de nos attentes, de nos peurs que nous arrivons à ressentir les émotions et les besoins qui nous rapprochent tant des autres. En effet, la reconnaissance de notre vérité profonde est ce qui rend possible la communication authentique, ce type de communication dont l'apprentissage passe par certaines étapes, lesquelles feront l'objet du prochain chapitre.

Chapitre 7

L'apprentissage de la communication authentique

L'apprentissage de la communication authentique concerne spécialement les deux derniers niveaux de la communication, c'est-à-dire les niveaux personnel et intime. Comme cet apprentissage relève de la psychologie humaine, nous ne pouvons le structurer autour d'habiletés à acquérir. Par conséquent, il s'agit d'un apprentissage subtil et profond, dont l'intégration passe davantage par un travail individuel et relationnel que par des méthodes et des exercices techniques. Ce travail se fonde sur la personne elle-même, sur sa différence, sur ses modes privilégiés et uniques de fonctionnement, sur ses propres processus relationnels. Autrement dit, nous apprenons la communication authentique à partir nous-mêmes. C'est pourquoi la connaissance de soi s'avère fondamentale dans ce type de communication.

Dans ce chapitre, je ne propose donc pas de trucs ni de recettes, mais plutôt un processus d'apprentissage et de transformation qui tient compte à la fois des différences individuelles et des rythmes particuliers d'intégration. Ce processus, développé dans *Relation d'aide et amour de soi* et exposé de nouveau dans le présent ouvrage, dans une nouvelle perspective, comprend les étapes suivantes :

- la prise de conscience
- l'autoobservation
- l'acceptation
- l'expression
- la responsabilité
- l'intégration
- l'autocréation et la création.

Franchir ces étapes résulte d'un cheminement progressif qui demande de la détermination. Ce processus est essentiellement fondé sur la relation avec nous-mêmes et sur une recherche de liberté intérieure. Son but est de permettre à chacun d'acquérir le pouvoir sur sa vie dans le respect de lui-même et des autres. Pour aborder cette démarche, je commencerai par la première étape : la prise de conscience.

A. La prise de conscience

J'accorde une grande importance à la conscience de soi dans l'apprentissage de la communication authentique. **Dans le présent de la relation, plus nous sommes conscients de nos émotions, de nos blessures, de nos mécanismes de défense et de nos fonctionnements psychiques, plus grand devient notre pouvoir de prévenir ou de dénouer les conflits relationnels et plus notre facilité à communiquer s'accroît.** Cet apprentissage ne se fait pas sans écoute de ce qui se passe en nous. Extérioriser nos émotions sans les identifier, c'est les déverser dans une mer qui risque d'entraîner l'émetteur et le récepteur à la dérive. C'est pourquoi le thérapeute en relation d'aide apprend, au cours d'une formation échelonnée sur trois ans, à accueillir ses émotions pour mieux accueillir celles de l'aidé sans les amplifier ni les banaliser. Ainsi il peut aider son client à prendre conscience de son fonctionnement intérieur de façon qu'il ne parte pas seulement soulagé par une libération émotionnelle, mais également avec une plus grande connaissance de sa vérité profonde. L'aidé découvre cette vérité intérieure par la conscience de ce qui se passe en lui au moment même de la rencontre thérapeutique. C'est cette prise de conscience qui lui donnera le pouvoir d'évoluer intérieurement et d'améliorer ses communications par la suite.

La prise de conscience permet de mettre de l'ordre dans la confusion du monde irrationnel sans le contrôler et sans l'empêcher d'exister ou de se manifester. Elle donne tout simplement un nom et une forme à un monde immatériel qui n'en est pas moins réel.

Apprendre à communiquer authentiquement, c'est d'abord apprendre à nous connaître le plus possible par un travail basé sur l'harmonisation de nos facultés rationnelles et émotionnelles. Ce travail peut nous permettre de découvrir, par exemple, que chaque fois que nous nous retrouvons devant une personne que nous admirons, nous perdons confiance en nous, nous nous sentons inférieurs ou nous avons peur de nous exprimer. Bien sûr, la prise de conscience de notre fonctionnement psychique ne suffit pas pour régler tous nos problèmes de communication. La connaissance de soi ne représente qu'un premier pas. Elle n'est jamais complète ni définitive, mais elle nous permet avant tout de comprendre nos réactions, de saisir nos erreurs et de nous améliorer. Elle se réalise à condition que nous choisissions consciemment de nous observer, particulièrement lorsque nous vivons des malaises causés par nos difficultés relationnelles.

B. L'autoobservation

Quand nous sommes blessés dans une relation affective, nous réagissons généralement par des mécanismes défensifs. Ceux-ci se manifestent spontanément dans notre psychisme pour nous protéger contre la souffrance ressentie. Certains de ces mécanismes sont tournés contre les autres (le jugement, la critique, la culpabilisation, l'accusation, le reproche) ; d'autres le sont contre nous-mêmes (le refoulement, l'autopunition, l'autocondamnation). Lorsque nos défensives se dirigent vers les autres, nous les rendons responsables de nos souffrances. Par contre, lorsque nous nous condamnons, nous endossons sans discernement toute la responsabilité du problème. La majorité d'entre nous oscille entre l'irresponsabilité et la responsabilité défensive. D'un conflit à un autre ou d'un différend à un autre, nous répétons involontairement les mêmes fonctionnements. Nous agissons comme si nous ne possédions aucun pouvoir de changer quoi que ce soit à nos conditionnements psychiques. Nous devenons ainsi les victimes de nos réactions. Le seul moyen que nous adoptons alors pour éviter de souffrir est de devenir encore plus défensifs. Cela a pour conséquence que nous refoulons plus profondément la souffrance causée par nos blessures.

En ce qui concerne la communication, ces comportements donnent des résultats souvent catastrophiques. Les personnes impliquées en arrivent parfois à s'entredéchirer. La lutte se poursuit jusqu'à ce que l'une d'elles, exaspérée, s'enferme dans un mutisme obstiné, devienne violente ou claque la porte et s'enfuit pour un temps indéterminé dans le but d'arrêter l'escalade des conflits, devenus source de tensions insupportables.

Que faire pour cesser d'aggraver nos chicanes et surtout pour récupérer davantage de pouvoir sur notre vécu, nos blessures et nos réactions quand nous sommes blessés ? Le moyen le plus efficace que j'ai trouvé consiste à s'« autoobserver ». L'autoobservation étant la deuxième étape du processus d'apprentissage de la communication authentique, je la développerai par un exemple.

J'ai vécu, il y a quelque temps, avec une personne très importante pour moi sur le plan affectif, une expérience d'incommunicabilité. Celle-ci, causée d'abord par un manque d'écoute de notre vérité intérieure au moment de l'interaction, a été suivie de réparties défensives de ma part et de la sienne. Conscientes du cul-de-sac dans lequel nous nous étions engagées, nous avons choisi toutes les deux de mettre fin à la discussion et de reporter le dialogue à plus tard. Lorsque j'ai quitté cette personne après notre échange animé, je me sentais très mal. J'étais angoissée. Pour saisir la cause de mon angoisse et dans le but précis d'identifier mes émotions et mes mécanismes de défense, j'ai décidé de m'observer et de centrer mon attention sur ce qui se passait en moi. J'ai alors pris conscience de mon sentiment de culpabilité et de honte. Je m'en voulais tellement d'avoir été défensive que je ne cessais de m'adresser des reproches et de me condamner. Ces sentiments, qui venaient de mes blessures lointaines et profondes, se vivaient en moi de manière tellement intense que j'aurais voulu disparaître. Le mot qui m'est apparu clairement à ce moment-là est « autodestruction ». J'ai reçu ce mot comme un choc. J'ai vu, en faisant le lien avec des situations analogues vécues antérieurement, que, lorsque j'étais atteinte dans des blessures causées par la culpabilisation et l'humiliation, je m'autodétruisais et me laissais envahir par la pulsion de mort. Je me suis observée en train de nourrir ce processus d'autodestruction par l'autocondamnation. C'est alors que je me suis demandé comment sortir du tourbillon dans lequel je m'enlisais. Je savais, par expérience, que, dans ces moments-là, la pensée positive ne m'était d'aucun secours. Je savais aussi que le fait de me remémorer l'événement et de l'analyser m'enfoncerait davantage dans l'enfer de l'angoisse. Une porte s'est alors présentée à moi, grande ouverte, comme un message qui se pointe du dedans quand nous sommes à l'écoute de notre vérité profonde. Ce message portait le mot PRÉSENCE.

Le cadeau que nous offre l'observation de ce qui se joue au cœur de nous-mêmes dans l'ici et maintenant est précieux. Grâce à elle, la porte de l'intuition s'ouvre d'elle-même et elle nous indique, au fur et à mesure du processus entrepris, la voie à suivre. Les mots qui jaillissent du dedans n'apparaissent alors jamais confus comme ceux qui s'embrouillent dans notre tête lorsque nous analysons les faits et les paroles des événements déclencheurs. Ils semblent, au contraire, purs comme de l'eau de roche et, par surcroît, ils sonnent toujours juste. Ainsi, par le mot PRÉSENCE inspiré d'Eckhart TOLLE, j'ai pu quitter le chemin de l'autodestruction pour rester présente à ma culpabilité et à ma honte, comme si j'accompagnais un enfant blessé ou malade. Cette présence soutenue à mes émotions m'a spontanément apaisée et je me suis endormie. Il était quatre heures du matin. J'ai dormi profondément jusqu'à neuf heures.

Quand je me suis réveillée, je me sentais bien. J'ai continué à m'observer et à demeurer présente, et j'ai gardé mon calme toute la journée. Le soir venu, un nouveau malaise m'a envahie. Je savais que je reverrais cette personne le lendemain au travail. En restant en contact avec ce malaise, j'ai pu l'identifier : j'avais peur d'être rejetée ou d'être ignorée par elle. Pour éviter de me perdre dans un imaginaire destructeur, j'ai accompagné ces peurs par ma présence à elles. Comme par magie, elles se sont adoucies et, encore une fois, j'ai ressenti la paix. Je savais qu'en continuant à pratiquer l'autoobservation et la présence, je pourrais regarder cette personne en face le lendemain, et ce, qu'elle m'accueille ou qu'elle me repousse. J'avais trouvé la clé de la sérénité et je ne voulais pas la perdre. Ma confiance en moi était inébranlable.

Le lendemain, j'ai été reçue avec froideur. En observant ce que déclenchait en moi la glaçante distance de mon amie, j'ai pris conscience que je ressentais beaucoup de peine. Je suis restée présente à cette peine toute la journée. Grâce à cette présence, j'ai réussi à ne pas être défensive et, lorsque j'ai dû lui adresser la parole, je l'ai fait avec chaleur et amour. À la fin de la journée de travail, elle m'a embrassée.

Cette expérience d'autoobservation a été pour moi très révélatrice et particulièrement bénéfique. J'en suis sortie avec un inestimable sentiment d'amour et de confiance en moi, même si je n'avais pas été parfaite et que j'avais blessé un être que j'aimais. Grâce à l'autoobservation, j'ai vu mon fonctionnement. De plus, je ne me suis pas perdue dans l'analyse des faits et des paroles ni dans l'irresponsabilité. J'ai simplement été présente, ce qui, paradoxalement, m'a fait traverser cette épreuve dans la paix et la sérénité, malgré la souffrance. Toutefois je dois ajouter que ce processus n'aurait pas connu un tel dénouement si je n'avais pas accepté mon fonctionnement défensif et mes émotions désagréables.

C. L'acceptation

L'acceptation est généralement l'étape la plus longue et la plus difficile à traverser au cours de l'apprentissage de la communication authentique, comme dans tout cheminement personnel d'ailleurs. Par exemple, accepter la blessure d'infériorité, les émotions de jalousie, le fonctionnement de victime ou de bourreau ; accepter que nous nous défendons en recourant à la supériorité ou au mensonge n'est pas évident. Par l'introjection et par l'éducation, nous avons intégré la croyance que certaines émotions ou certains mécanismes de défense étaient inacceptables. Nous avons donc honte de ces parties de nous et nous craignons de les montrer, parce que nous sommes convaincus qu'elles attireront le rejet, le jugement, l'humiliation, le ridicule ou le blâme, comme dans le passé.

Dans une relation affective, qu'arrive-t-il quand il n'y a pas d'acceptation de soi chez l'un des partenaires ou les deux ? L'un ou l'autre manifestera une tendance très forte à cacher des parties de lui-même qu'il a honte de dévoiler à l'autre ; il niera son monde intérieur par peur de perdre l'amour et rendra ainsi la communication impossible. À la longue, la négation de soi crée entre les partenaires un fossé qui s'élargit et s'approfondit jour après jour, au point de devenir infranchissable.

Je me souviens d'un couple que j'ai reçu en thérapie il y a quelques années. Étienne et François étaient très attachés l'un à l'autre, mais leur relation était marquée par une incommunicabilité qui les faisait beaucoup souffrir, car toute tentative de communication se terminait par un conflit. Je les ai d'abord rencontrés ensemble et je me suis rendu compte que je devais les rencontrer individuellement avant de poursuivre la thérapie relationnelle. Ces rencontres individuelles m'ont permis de constater qu'ils avaient tous les deux tellement honte de leur vécu et de leurs besoins qu'ils étaient incapables de les exprimer à l'autre. François vivait beaucoup de jalousie par rapport à tous ces hommes qu'Étienne rencontrait tous les jours dans son salon de coiffure. Toutefois, quand il se retrouvait avec lui, il feignait la plus totale indifférence devant cette situation, parce qu'il se jugeait anormal et se sentait coupable face à son amoureux. De plus, François ne voulait surtout pas déranger Étienne et le rendre mal à l'aise dans son métier de coiffeur, qu'il adorait. Il se sentait inférieur à lui, il avait peur qu'il ne le trouve pas désirable et surtout peur qu'il décide un jour de l'abandonner parce qu'il n'était pas assez intéressant.

Toutes ces émotions qui l'habitaient étaient inacceptables pour François. Aussi prenait-il avec l'homme qu'il aimait une attitude froide et détachée. Il utilisait donc avec Étienne un double langage : celui de la froideur, par manque d'acceptation de lui-même, et celui de l'amour, sentiment profond qu'il n'exprimait pas par des mots et qui ne pouvait s'exprimer de façon inconsciente que par son attitude.

De son côté, Étienne vivait un manque affectif qui occasionnait en lui une angoisse parfois insupportable. Chaque fois qu'il était en présence de l'homme qu'il aimait, la souffrance due à ce manque l'envahissait et le paralysait. Il était convaincu que François ne l'aimait plus. Malheureusement il rejetait avec force son propre besoin d'amour et de tendresse parce qu'il le jugeait enfantin et inacceptable pour un homme. Il n'exprimait donc aucun de ses sentiments et de ses besoins à François.

Par manque d'acceptation de certains aspects de leur vérité profonde respective, François et Étienne n'arrivaient pas à communiquer. Qu'est-ce qui les a incités à poursuivre leur thérapie ensemble plutôt que séparément ? La démarche individuelle s'est avérée très importante pour eux. Se sentant totalement acceptés par moi à mesure qu'ils dévoilaient leur monde intérieur, ils ont progressivement développé une acceptation d'eux-mêmes. Cette étape est fondamentale dans le processus d'acceptation de nous-mêmes. Pour nous accepter, il faut d'abord avoir connu des expériences d'acceptation des aspects de nous que nous jugeons honteux et que, par conséquent, nous ne voulons montrer à personne.

J'ai connu, dans mes classes de formation, une étudiante qui présentait le modèle parfait de la victime. Elle ne s'exprimait jamais sans se plaindre, sans s'apitoyer sur son sort. Elle donnait aux autres tout le pouvoir sur sa vie, les rendant responsables de tous ses déboires. Elle inspirait davantage la pitié profonde que l'amour. Ce qu'elle dégageait contribuait à lui attirer un certain mépris de la part des autres participants, voire du rejet. Lors d'une activité d'échanges, je lui ai fait voir son comportement de victime et les conséquences sur sa vie relationnelle tant dans le groupe qu'en dehors du groupe. Elle a d'abord réagi à mon observation en se plaignant d'avoir ce fonctionnement, qu'elle découvrait en elle-même. Elle se servait de tout ce qui la dérangeait pour s'apitoyer sur son sort. Cette habitude, bien sûr, ne l'aidait pas à trouver la satisfaction relationnelle qu'elle recherchait. Je lui ai alors fait remarquer qu'elle utilisait cette réalité pour s'enfoncer davantage dans sa « victimite », tout simplement parce qu'elle n'acceptait pas ce mécanisme défensif. Elle m'a répondu spontanément : « Comment peut-on accepter une chose aussi affreuse ? »

Il n'y a pas de cheminement possible sans cette acceptation. Céline a d'abord été très surprise que je l'accepte vraiment malgré ce qu'elle rejetait d'elle-même. Au cours des mois suivants, une transformation progressive s'est opérée en elle, transformation qui n'a pas manqué de surprendre tout le groupe. De plus en plus consciente des manifestations de son comportement de victime, elle récupérait un certain pouvoir sur sa vie et, surtout, elle devenait capable d'en rire quand elle se surprenait à se victimiser. À la fin de la formation, elle manifestait encore certaines tendances à glisser dans la « victimite ». Elle était toutefois capable de les reconnaître, de s'assumer et d'y ajouter un brin d'humour. Un jour, elle a dit au groupe *auquel elle appartenait* : « C'est vrai que je suis victime, ça fait aussi partie de ce que je suis. Mais ne vous inquiétez pas, je m'en occupe et je m'améliore. » *Cette acceptation a produit un effet remarquable sur ses relations. En effet, comme elle s'acceptait, les autres l'ont acceptée et même reconnue pour son authenticité et sa capacité à s'assumer telle qu'elle était.*

L'expérience de Céline me rappelle celle d'un de mes fils. Il est arrivé un jour de l'école en me disant à la fois offusqué et triste : « Maman, tu ne sais pas ce qu'un gars m'a dit aujourd'hui? Il dit que j'ai un visage de fille. » *Alors âgé d'environ 11 ou 12 ans, il n'acceptait pas cette remarque, qu'il considérait comme très humiliante. Je l'ai accueilli dans sa colère ; je lui ai dit que je voyais combien il était dérangé et même blessé par cette remarque et que cela me touchait beaucoup de le voir si offensé. Cependant je l'ai amené à affronter la réalité* : « Tu as effectivement des traits féminins, mais cela ne t'empêche pas d'être un vrai gars. Parce que tu n'acceptes pas cette réalité, tu donnes à tes copains le pouvoir de te faire mal sur ce point. » *À peine quelques jours plus tard, mon fils est revenu sur le sujet* : « Tu sais, maman, le gars qui m'a dit l'autre jour que j'avais un visage de fille ? Eh bien, il me l'a redit aujourd'hui. » « Et alors ? » *lui ai-je demandé.* « Je lui ai répondu que c'était vrai et que je m'en portais très bien, parce que j'attire les filles, ce qui n'est pas son cas. »

J'ai vu, encore une fois, à quel point l'acceptation peut désamorcer les attaques, les moqueries ou les critiques de l'entourage et à quel point elle donne une liberté d'être et d'agir, une spontanéité, un naturel inestimable. Elle est essentielle dans la communication parce qu'elle rend les échanges plus authentiques, plus profonds, plus intimes. Il est évident que, plus nous nous acceptons, plus facilement nous pouvons nous montrer tels que nous sommes dans nos relations avec les personnes auxquelles nous sommes affectivement attachés.

D. L'expression

Il existe plusieurs façons de nous exprimer : avec le corps (mimiques, mouvements, regards, gestes, etc.), à travers les arts et au moyen des mots. De manière évidente, le corps trahit la vie intérieure et nous pouvons, par un seul regard par exemple, exprimer tout un monde de sentiments et d'émotions. Cependant la seule expression non verbale ne suffit pas à rendre une communication satisfaisante.

Un ami me disait un jour : « S'il n'y avait pas les mots, on s'entendrait mieux et il y aurait moins de conflits. » Je pense, au contraire, que ce ne sont pas les mots qui perturbent la communication, mais les obstacles mentionnés au chapitre précédent. Autrement dit, il ne s'agit pas de nous empêcher de dire, mais d'apprendre à dire. **Les mots, lorsqu'ils sont l'expression authentique de la vérité profonde et lorsqu'ils sont exprimés de façon responsable, présentent l'avantage de confirmer ou d'infirmer les perceptions, de donner l'heure juste, de créer l'harmonie du cœur et de la tête, et de sécuriser.**

Une dame me disait un jour à quel point elle vivait un manque et une certaine insécurité parce que son mari ne lui disait jamais qu'il l'aimait. Quand elle le lui demandait, il répondait : « Inutile de te le dire, tu le sais. » *Ou bien il lui rappelait* : « Je te l'ai déjà dit, cela ne sert à rien de répéter. » *Le fait de savoir ne la satisfaisait pas. Ce n'était pas suffisant pour elle. Elle avait besoin de l'entendre, de se le faire dire et redire.*

> *Un ami me faisait part, un jour, de sa souffrance dans sa relation de couple. Sa compagne était toujours très réservée dans l'expression de son monde intérieur et refusait de l'extérioriser en disant :* « C'est à toi de voir ce qui se passe en moi et non à moi de te le dire. »

Croire que nous pouvons sentir ce qui se passe dans le monde intérieur de l'autre, c'est risquer d'interpréter ou de projeter notre propre vérité sur lui. De plus, vouloir que les autres nous devinent, c'est vouloir, consciemment ou non, nous faire prendre en charge. Ainsi nous n'avons pas à nous occuper de nos besoins, nous attendons que les autres s'en occupent. Cette attitude conduit généralement à la frustration, à la déception et à la dépendance, parce que personne n'est responsable de la satisfaction des besoins des autres.

L'expression de soi par les gestes et par le regard ne suffit pas à la communication authentique, car elle a besoin du langage verbal. Nous exprimer par les mots, c'est prendre en charge nos émotions, nos désirs, nos besoins dans la relation, c'est prendre de la place et nous donner de l'importance, c'est être habité par l'amour de nous-mêmes. Cette expression verbale de soi est souvent entravée par la peur, source de refoulement. Le silence qui en découle, parce qu'il est défensif, n'est pas favorable à la communication comme peuvent l'être certains silences remplis de complicité. Ce genre de silence cause une brisure plus ou moins prolongée de la relation et engendre de la souffrance parce qu'il cache un vécu refoulé et que, par conséquent, il est défensif. Ainsi par peur d'être jugés, rejetés, ridiculisés, par peur de la réaction de l'autre, par peur de nous montrer tels que nous sommes, nous ne nous exprimons pas. **Faire face à un mur de silence défensif dans une relation, c'est**

rencontrer l'impuissance, l'insécurité, le désespoir, voire, dans certains cas, la pulsion de mort.

J'ai observé, à l'occasion de mon travail auprès des gens, qu'il existe un lien constant entre l'insécurité et le désespoir. Les personnes insécurisées dans leurs relations affectives sont habitées par une pulsion de mort qui les tire vers le fond. Sur le plan relationnel, elles adoptent l'une ou l'autre des voies suivantes. Ou bien elles s'agitent et foncent sur le mur du silence défensif pour provoquer une réaction, ce qui a pour effet d'augmenter la peur de l'autre d'être dévoilé et d'entretenir sa fermeture. Ou encore elles se laissent glisser dans le désespoir, ce qui déclenche la culpabilité de l'autre et l'amène à se barricader dans un mutisme encore plus défensif. Le système relationnel qui s'ensuit et l'incommunicabilité qui en découle ne peuvent qu'aboutir à une insatisfaction chronique. Plus l'un se tait, plus l'autre fonce ou s'enfonce et, inversement, plus le second réagit défensivement ou s'abandonne, plus le premier s'enferme dans le silence.

Ces deux mondes intérieurs ne se rejoignent jamais, car les émotions et les besoins ne sont pas exprimés. Celui qui se défend par une attitude de fermeture n'exprime pas les peurs et la culpabilité qui le paralysent, alors que l'autre n'exprime pas son sentiment d'impuissance, son insécurité et son désespoir. Qu'est-ce qui pourrait favoriser l'expression de leur vérité intérieure ? Beaucoup de facteurs extérieurs interviennent dans les problèmes d'incommunicabilité. Cependant essayer de changer ce qui est extérieur à soi, et surtout les autres, est souvent peine perdue. Nous touchons ici aux étapes du processus d'apprentissage de la communication. Pour nous exprimer de façon satisfaisante, il faut d'abord nous connaître, c'est-à-dire savoir ce qui se passe au fond de nous par l'autoobservation et la présence au vécu. Il faut aussi nous accepter en passant par la première étape de l'acceptation, celle d'accepter de ne pas accepter. Enfin il faut accepter l'autre avec ses forces, ses faiblesses et ses limites.

Quand nous savons que nous vivons de la culpabilité ou une peur profonde d'être jugés et rejetés, et que nous acceptons ce vécu, en réalité incontestable, il est plus facile de l'exprimer, particulièrement aux personnes auxquelles nous sommes profondément attachés. **La vérité est que nous avons peur de ne pas être acceptés parce que nous ne nous acceptons pas. C'est également la raison pour laquelle nous éprouvons parfois de la difficulté à accepter les autres tels qu'ils sont.**

Prendre conscience et accepter ne fait pas disparaître l'intensité de nos besoins et de nos émotions. Toutefois il nous procure un pouvoir sur notre vie et nous permet d'approfondir notre apprentissage de la communication. Sans ces deux premières étapes de l'apprentissage, il ne nous est pas possible d'exprimer notre vérité intérieure. Cependant cette expression de soi risque d'être mieux entendue et mieux reçue par l'autre si elle se fait avec un souci de responsabilité.

E. La responsabilité

J'ai beaucoup insisté au chapitre 2 sur la responsabilité comme élément important de la communication authentique. Elle est une disposition indispensable à l'apprentissage de la communication. Je ne crois pas possible de vivre une relation satisfaisante sans un souci de responsabilité tel que défini précédemment. C'est une attitude difficile à développer, car, lorsque l'émotion, le besoin ou le désir se manifestent au fond de nous, la tendance naturelle est de nous juger et de nous écraser ou de rendre l'autre responsable en le jugeant, le blâmant, le critiquant, et ce, sans être trop souvent en mesure de nous reprendre en main.

Pour devenir responsables de notre vécu intérieur, il importe d'abord d'être conscients de l'émotion ou du besoin, d'accepter ce vécu et le fait qu'il nous appartient et que nous sommes les seuls à pouvoir le prendre en charge. Certains penseurs affirment que nous sommes responsables du choix de nos parents et que, s'ils ont été violents ou s'ils nous ont abandonnés, c'est parce que nous nous sommes attiré cet entourage à cause de nos vies antérieures. Je n'ai pas l'intention de contester cette hypothèse. Elle peut sans doute aider certaines personnes à accepter les souffrances de l'enfance et de l'adolescence. Cependant, du point de vue de l'apprentissage de la communication, je parle ici de notre responsabilité actuelle et non pas de celle que nous avons eue ou que nous n'avons pas eue lorsque nous étions petits.

Si nous ne possédons pas de pouvoir sur la souffrance causée par les événements passés, nous en avons sur celle du présent. Nous pouvons, en effet, écouter et observer notre chaos intérieur, fait d'émotions et de besoins de toutes sortes, dans l'ici et maintenant, et prendre en charge ce monde qui nous habite. De toute façon, il est inutile de revenir en arrière parce que, comme je l'ai expliqué précédemment, le vécu passé refoulé ne disparaît pas sur le plan émotionnel. Il reste toujours présent dans le psychisme. Un déclencheur extérieur peut donc provoquer, au moment le plus inattendu, une charge émotionnelle très forte en ramenant à la mémoire inconsciente des souffrances passées qui se manifestent à nouveau dans la situation du moment.

Tenir le déclencheur entièrement responsable de cette émotion, c'est ne pas tenir compte de la réalité du fonctionnement psychique. C'est en acceptant notre responsabilité par rapport à cette souffrance que nous pouvons la prendre en charge, c'est-à-dire l'accueillir comme faisant partie de nous, la comprendre de façon à trouver les moyens de vivre avec elle, les moyens non pas de nous défendre, mais de nous protéger.

Ainsi au lieu de blâmer l'autre et de le rendre responsable de nos déboires, ce qui entraîne l'incommunicabilité et l'impuissance, nous pouvons partager avec lui le vécu et nous protéger consciemment en posant des limites, en faisant des demandes claires et des vérifications, en transformant nos attentes en objectifs, en choisissant, sans tomber dans la fuite, un environnement et un entourage favorables à notre équilibre intérieur, ou en prenant le risque de vivre de nouvelles façons d'entrer en relation et d'être en relation. (*Relation d'aide et amour de soi*, p. 277 à 315).

La responsabilisation personnelle nous donne un pouvoir sur notre vie et nous permet d'agir plutôt que de subir. Elle fait de chacun de nous un être de création plutôt qu'un être qui dépense son énergie à réagir défensivement ou à s'écraser.

En écrivant ces lignes, je ne peux m'empêcher de penser à ma relation avec ma mère. J'ai aujourd'hui beaucoup d'admiration et de respect pour cette femme hors du commun, mais cela n'a pas toujours été le cas. Son côté original, marginal, impulsif, qui m'a longtemps dérangée, m'a séduit plus tard au plus haut point. Après mon séjour de trois ans à Paris pour terminer mon doctorat en sciences de l'éducation, j'ai invité des amis parisiens chez moi à Montréal pour quelques semaines. Un jour, j'ai amené l'un d'eux chez ma mère.

Il a été tellement impressionné par elle qu'il en a parlé à ses proches en France. Par conséquent, tous les amis venus me rendre visite par la suite insistaient pour la rencontrer. Elle a conquis tout le monde. Ma mère était tellement spéciale qu'elle était presque une attraction touristique.

Pourtant, quand j'étais adolescente et jeune adulte, j'avais adopté une attitude de jugement par rapport à cette femme si imprévisible. Je la blâmais souvent parce que j'avais le sentiment qu'elle ne m'acceptait pas comme j'étais et qu'elle me rejetait. J'ai mis beaucoup de temps à comprendre que c'était moi qui ne l'acceptais pas et qui parfois la rejetais. Quelle projection ! Sur le plan de la communication, j'étais totalement irresponsable, car je ne m'occupais pas de mes besoins d'être aimée et reconnue par elle. J'essayais de la changer plutôt que de me changer. Quand j'ai pris conscience de mon fonctionnement, tout s'est transformé. Je me suis occupée de mes besoins en les lui exprimant. J'ai été très bien accueillie. J'ai alors compris ce que je ne voyais pas auparavant : combien j'étais aimée de ma mère et comme elle était fière de moi. Aujourd'hui je ne voudrais pour rien au monde qu'elle eût été différente de ce qu'elle était. Elle est devenue pour moi un modèle de force intérieure et d'ouverture à la vie. Ma mère était une femme vraiment spéciale qui a gardé au fond d'elle-même, pendant presque toute sa vie, une spontanéité d'enfant, et ce, malgré les nombreuses épreuves qu'elle a rencontrées.

Cette expérience a été pour moi très révélatrice. J'ai vu à quel point le manque de responsabilité dans ma relation avec ma mère m'avait éloignée de cette femme dont j'avais tant besoin et m'avait aussi empêchée de vivre avec elle une communication authentique au cours de cette période de ma vie. De plus, en rejetant ma mère, je rejetais toute une partie de moi. J'ai longtemps cru et voulu croire que je ne ressemblais qu'à mon père. Je sais maintenant que ma mère a marqué ma vie et que je lui ressemble de plus en plus en vieillissant. J'ai, comme elle, une capacité à continuer ma route en dépit des pires obstacles. La simplicité, la marginalité et la détermination sont aussi des qualités que nous partageons.

J'ai beaucoup appris de cette expérience avec ma mère à propos de la responsabilité. Depuis, chez la majorité de mes clients ou étudiants, j'ai observé ceci : nous, les enfants devenus adultes, nous avons trop souvent tendance à ne retenir que les souvenirs tristes et douloureux de notre vie passée et à ne pas voir les moments agréables. Cette attitude nous amène à rejeter notre héritage psychique plutôt qu'à l'accepter. Or, le rejet nous rend victimes, irresponsables et sans pouvoir sur notre vie alors que l'acceptation sans résignation nous aide à créer notre vie à partir de notre réalité, avec la souffrance comme avec l'amour. Nous pouvons nous servir de notre souffrance pour détruire et nous détruire, comme je l'ai dit précédemment; nous pouvons aussi nous en servir pour créer et nous créer, pour construire et nous construire. Il ne s'agit pas là de négation de la souffrance. Celle-ci doit de toute façon être vécue et exprimée. Il s'agit plutôt d'un choix constant de l'être humain entre sa pulsion de vie et sa pulsion de mort. **Si parfois la pulsion de mort l'emporte parce que la souffrance devient insupportable, il reste encore l'éventualité de toucher le fond pour se donner l'élan qui fait remonter vers la lumière et vers la vie.**

« Il y a dans la souffrance des leçons de bonheur », chante Jean Robitaille dans son CD E*n équilibre* (1993). Lorsque je prends cette souffrance en charge, je peux toucher au bonheur qu'elle recèle aussi. Si la relation avec mes parents a parfois été source de douleur, ce n'est pas en les blâmant que j'y changerai quelque chose. **Je ne crois pas à l'efficacité des règlements de compte par le biais de la communication. Je ne crois pas que le fait de reprocher à nos parents toutes nos souffrances passées puisse créer un rapprochement avec eux et nous rendre plus sereins.** Ce comportement de victimes irresponsables déclenche la peur et la culpabilité, et soustrait de la communication toute liberté.

La seule façon d'améliorer la relation avec nos parents est de nous montrer authentiques au moment de chacune de nos rencontres avec eux et de choisir d'exprimer de façon responsable nos malaises du moment et nos besoins, et ce, sans adresser de reproches. Cette attitude aura pour effet de libérer aussi la souffrance passée, parce qu'un regard réprobateur de notre père, par exemple, peut, dans l'ici et maintenant, déclencher la même souffrance que celle qui a été connue, enfant. Au lieu de lui adresser des reproches en fonction du passé, il est important, pour connaître avec lui une communication authentique, d'exprimer, dans le présent de la situation, nos peurs, notre peine, notre sentiment d'infériorité ou de culpabilité et nos besoins selon ce qui est vraiment vécu. Il importe également de lui dire que nous vivons encore, dans l'ici et maintenant, la même peur que celle que nous vivions quand nous étions enfant et qu'il nous jetait le même regard.

Si l'expression du vécu n'a pas pour but de blâmer, mais de créer un rapprochement, il y a de fortes chances qu'elle soit accueillie. C'est donc dire que seul un travail de responsabilisation peut nous permettre de nous prendre en main pour connaître une communication satisfaisante même, et surtout, dans la souffrance.

Ce même travail, nous devons le réaliser aussi en tant que parents dans notre relation avec nos enfants. Une expérience récente avec un autre de mes trois fils m'a fait prendre conscience de ma responsabilité et de la sienne. Il était triste et un peu dépressif depuis quelques jours. Je suis toujours profondément touchée par la souffrance de mes enfants. Ma première réaction est de vouloir les sauver, de leur arracher la douleur comme nous enlevons une écharde du doigt. À force de parler avec lui, j'ai compris qu'il vivait un douloureux sentiment d'infériorité dans le cadre de son travail parce qu'il ne se sentait pas à la hauteur. Ce sentiment l'empêchait de recevoir toute la reconnaissance qu'on lui témoignait quotidiennement. Il ne se donnait le droit ni à l'erreur ni à l'imperfection. Bien qu'il m'ait exprimé son vécu sans m'exprimer de reproche, j'ai été envahie par un sentiment de culpabilité. Je savais que je lui avais laissé en héritage un grand souci de perfection. Aujourd'hui cela l'empêche souvent de connaître la satisfaction du travail accompli. J'ai beaucoup exigé de lui et, maintenant, il exige beaucoup de lui-même. Le travail bien fait n'a rien de mauvais en soi, bien au contraire, mais cela peut devenir problématique quand nous n'acceptons pas nos limites ou lorsque nous ne nous donnons pas le droit à l'imperfection.

J'ai trouvé difficile d'entendre et d'accueillir sa souffrance sans tenter de le prendre en charge, mais cela m'a demandé encore plus d'effort de ne pas me blâmer ni de me juger. J'ai fait honnêtement ce que je croyais être le plus approprié pour l'éducation de mes enfants, en me respectant et avec les moyens mis à ma disposition, tout comme l'ont fait mes parents. Mon fils doit faire son chemin dans la vie avec son héritage psychique, tout comme je l'ai fait moi-même. Cet héritage s'enrichit et se transforme constamment par toutes les influences inconscientes que procurent des communications authentiques. Le plus important pour moi est de conserver avec lui des moments d'échanges, des moments qui nous rapprochent et continuent à nous influencer et à nous construire l'un l'autre. De tels instants me permettent d'exprimer la confiance que je lui porte, l'admiration qu'il éveille en moi pour le travail exceptionnel qu'il effectue et ma fierté d'avoir un fils aussi merveilleux.

Tel est donc le travail le plus important à fournir à cette étape du processus d'apprentissage : apprendre à départager les responsabilités respectives, apprendre à laisser à l'autre le pouvoir sur sa vie tout en gardant la maîtrise de la nôtre. C'est de cette façon seulement que nous devenons libres et autonomes et que nous laissons aux autres leur liberté et leur autonomie affective. Je crois qu'il ne sert à rien de pleurer sur le passé. Le regret ne contribue qu'à nous tirer en arrière et qu'à nous empêcher de créer. Je ne regrette rien de l'héritage que j'ai laissé à mes enfants parce que j'ai agi avec intégrité et beaucoup d'amour. Chaque jour, c'est avec mon héritage psychique que je me construis. Grâce au travail sur moi-même, à ma capacité à reconnaître mes erreurs passées et à la relation que j'établis jour après jour avec ma fille et mes fils dans le présent, je sais que nous continuons à nous transformer mutuellement.

Ce n'est qu'en acceptant tout ce que je suis que je peux me créer et, quand j'entre en relation intime avec mes enfants ou avec d'autres personnes importantes pour moi, nous nous reconstruisons mutuellement. Ensemble nous respectons le sens du mouvement de la vie, qui n'est pas de nous ramener en arrière, mais de nous propulser vers l'avant à partir de ce que nous sommes maintenant, à partir de nos forces, de nos faiblesses et de notre potentiel.

Cet apprentissage à vivre pleinement le présent et à y puiser le meilleur pour nous réaliser au maximum par la communication authentique est possible si nous acceptons de nous donner du temps. En effet, cela nécessite une période plus ou moins longue d'intégration par l'intériorisation.

F. L'intégration par l'intériorisation

Beaucoup de gens croient que la prise de conscience d'eux-mêmes et la connaissance de leur fonctionnement suffisent à les transformer et à transformer leurs relations affectives pour une plus grande satisfaction ; c'est généralement loin d'être juste. La connaissance de soi est incomplète sans l'autoobservation, l'acceptation, l'expression, la responsabilité et l'intégration de chacune de ces étapes à notre vie personnelle et relationnelle.

Nous vivons dans une société dans laquelle l'accent est mis sur les résultats et non pas sur les processus. Quand nous vivons des souffrances personnelles et des insatisfactions relationnelles, nous cherchons généralement des solutions miracles dans le monde extérieur. Chaque fois que nous nous sentons mal physiquement et psychiquement, nous cherchons une personne ou un médicament pour nous en sortir instantanément. Nous passons ainsi directement de la prise de conscience de nos malaises à la recherche d'une solution. Dans le monde psychique et relationnel, même un apparent résultat ou une résolution de problème n'entraîne qu'une satisfaction temporaire et superficielle. En agissant ainsi, nous nous créons une habitude à chercher à l'extérieur les solutions à nos souffrances et nous entretenons une difficulté chronique à nous intérioriser pour observer et pour accueillir notre vérité profonde.

Entendons-nous bien. Je ne condamne pas l'aide extérieure. Je dis simplement que nous devons d'abord et avant tout écouter notre monde intérieur, car c'est lui qui nous guidera vers l'action juste à poser dans le monde extérieur.

L'apprentissage de la communication authentique, ne l'oublions pas, passe par la récupération du pouvoir sur notre vie au moyen de l'intériorisation et de l'intégration. C'est par la pratique quotidienne de l'autoobservation, de l'acceptation et de la responsabilisation que nous arriverons à intégrer ces étapes à notre vie personnelle et relationnelle. Ce travail d'intégration nous offre le cadeau de favoriser l'émergence de nos forces les plus profondes. En effet, c'est là, au plus profond de notre être, qu'a lieu la rencontre avec les forces spirituelles qui nous constituent. Cette rencontre ne peut passer que par l'acceptation de notre corps, de nos sensations, de nos désirs et l'acceptation réelle de notre cœur, de nos émotions, de nos blessures et de nos mécanismes de défense. Il ne s'agit pas d'une acceptation temporaire en attendant d'être parfaits, mais d'une acceptation profonde, permanente et définitive de notre condition de femmes et d'hommes incarnés. Tout travail sur nous-mêmes qui refuse cette incarnation est voué à l'échec et à l'insatisfaction. **Toute spiritualité qui ne passe pas par l'acceptation du corps et des émotions risque d'être une spiritualité défensive, moralisante, dominatrice, déconnectée de la réalité humaine parce qu'elle tend à éloigner l'homme d'une part importante de lui-même.**

Nous accepter, c'est construire à partir de notre réalité, non à partir de l'être idéal et désincarné que nous voudrions être par notre refus d'admettre la présence inévitable de la souffrance dans nos vies. Il s'agit d'un apprentissage à long terme qui passe, comme le symbole du chemin de la croix, par des obstacles, par des chutes et par de multiples recommencements. C'est ce processus qui permet l'intégration de nos apprentissages, lesquels ne peuvent s'actualiser que par une intériorisation qui favorise la relation avec nous-mêmes et avec les autres. Ce long chemin est à l'image de celui de la vie. Au moment où nous touchons une satisfaction profonde à la suite d'une expérience vraiment intégrée, de nouveaux événements déclenchent de nouvelles prises de conscience et remettent en marche le processus d'intégration.

Voilà ce qui définit l'évolution d'un être humain. Plus nous avançons dans la direction de l'intériorisation par l'autoobservation, la présence au vécu et l'acceptation, plus nous intégrons ces éléments indispensables à une communication satisfaisante dans nos relations avec ceux que nous aimons. Nos communications s'approfondissent alors et deviennent plus authentiques parce que nous pouvons davantage révéler notre vérité intérieure d'une manière responsable. Ainsi nos déclencheurs deviennent sources de nouveaux apprentissages. Ce cheminement intérieur ne se mesure pas, ne se compare pas, mais il se vit et nous permet de goûter au bonheur de l'autocréation et à la création de la relation intime.

G. La création et l'autocréation

L'apprentissage de la communication authentique est un processus d'évolution dont le véritable résultat, à long terme, n'est pas la résolution de problèmes ni la disparition totale de la souffrance, mais la création de soi, des autres et du monde. Autrement dit, la communication authentique nous donne la clé de la résolution de nos problèmes de façon que nous n'attendions plus que tout nous vienne de l'extérieur. Ainsi, toute relation affective intime avec nous-mêmes et avec les autres nous offrira la possibilité de nous créer en permanence et, surtout, de devenir, de concert avec les autres, des êtres créateurs.

J'apporte ici un témoignage très important tiré de mon expérience. Ma relation avec mon conjoint a été et est encore pour moi la source la plus riche de création. Ensemble et grâce à la communication profonde établie entre nous, nous nous sommes construits l'un l'autre ; ensemble nous avons créé notre famille, dont nous sommes si fiers, et, ensemble, nous avons aussi créé le Centre de Relation d'Aide de Montréal (CRAM) et la Corporation internationale des thérapeutes en relation d'aide du Canada^MD (CITRAC). Dans le cadre de la formation des TRA, Thérapeutes en Relation d'Aide, qui est offerte au CRAM (formation fondée notamment sur l'apprentissage de la communication authentique), chaque jour, j'ai pu voir des étudiants qui se réalisent, qui améliorent considérablement leur vie relationnelle, qui sont de bons thérapeutes en relation d'aide et qui deviennent créateurs d'eux-mêmes à partir de leurs propres ressources et des relations qu'ils se sont créées.

J'ai constaté aussi quotidiennement, quand j'étais directrice du personnel au Centre de Relation d'Aide de Montréal, à quel point la satisfaction naît de la communication authentique entre tous les employés, qu'ils soient animateurs, assistants, superviseurs ou régulateurs, comme entre les employés et la direction. Le travail d'équipe a toujours été pour moi d'une importance capitale et j'ai toujours favorisé les rencontres qui donnent la possibilité de s'exprimer. Il était essentiel pour moi que les gens de l'équipe de formation puissent travailler dans un climat de confiance et de sécurité affective que seule une communication authentique pouvait permettre. Je n'ai pas toujours réussi. Je le reconnais. À cause de mes blessures, j'ai commis des erreurs, mais je peux affirmer honnêtement et avec satisfaction que j'y ai vraiment donné le meilleur de moi-même.

L'accent mis sur la relation et la communication authentique nous permet à tous de devenir entièrement nous-mêmes, de nous dépasser et d'être créateurs. Cela n'est pas toujours facile et nous rencontrons parfois de cuisants échecs relationnels. Comme la cause de ces échecs se trouve dans nos blessures et nos défensives, nous pouvons nous servir de celles-ci comme autant d'occasions d'apprentissage et d'évolution. Autrement dit, **si nous utilisons nos souffrances relationnelles pour créer notre vie et nous créer, elles ont leur raison d'être.** Nous ne récoltons rien de vraiment sain et profitable sur le plan personnel et relationnel en consacrant nos énergies à prouver, à prendre le pouvoir sur les autres, à nous montrer supérieurs ou à nous victimiser. Ces comportements défensifs, lorsqu'ils ne sont pas accueillis par nous-mêmes, créent des relations superficielles, éphémères et conflictuelles qui, à long terme ne deviennent jamais satisfaisantes.

La seule manière d'être vraiment créateurs et d'apporter une contribution profonde et vraiment utile au monde consiste à travailler la relation avec nous-mêmes. Pour ce faire, nous devons agir de façon à être le plus authentiques possible et à apprendre à communiquer pour que nos relations affectives d'ordre personnel, professionnel ou social soient créatrices de nous-mêmes, des autres et du monde. Il s'agit de consacrer principalement nos énergies à l'*être* plutôt qu'à l'*avoir*, au savoir et au paraître. En effet, c'est avec ce que nous sommes que nous entrons en relation et c'est par la relation avec nous-mêmes, avec les autres et avec le monde que nous nous créons et que nous devenons créateurs.

Je suis convaincue que nous ne créerons pas le monde par les guerres, les luttes de pouvoir et la domination, mais par la création d'un climat relationnel dans lequel chacun peut s'exprimer, être écouté et être respecté dans le respect de ses différences. Il ne s'agit pas de partir en croisade, de devenir missionnaires et de tenter de changer les autres et l'humanité à notre image. Il importe surtout de nous transformer nous-mêmes et de prendre la responsabilité de nous occuper de nous et d'améliorer nos relations par l'apprentissage de la communication authentique.

L'amélioration des relations dans la société passe par l'amélioration des relations avec les gens qui nous entourent. Le but de cet apprentissage n'est pas que nous soyons proches de tout le monde, mais que nous soyons authentiques, c'est-à-dire que nous exprimions nos vrais malaises, posions les vraies limites et donnions les vrais espoirs. Ainsi chacune de nos relations créera un effet de rayonnement, comme la roche que nous laissons tomber à l'eau produit une vague qui donne naissance à une autre vague. À son tour, cette nouvelle vague fait naître la suivante dans une relation créatrice et les effets se propagent à l'infini.

Ce phénomène d'influence, favorisé par la communication authentique, n'est pas imaginaire, mais bien réel. Il prend sa source dans un univers susceptible de devenir désormais accessible : notre propre univers intérieur. L'apprentissage de la communication authentique permet d'accéder progressivement à cet univers. Pour favoriser cet apprentissage, de nombreux éléments méritent d'être développés. Ces éléments, que je nomme les *facilitateurs*, feront l'objet du prochain chapitre.

Chapitre 8

Les facilitateurs de la communication authentique

Le mot *facilitateur* est ici un néologisme de sens. En effet, dans le sens que je lui attribue, il s'agit d'un moyen psychologique qui contribue à rendre la communication plus coulante, plus souple, plus facile, plus satisfaisante. Au cours des pages qui suivront, l'accent sera mis sur l'aspect psychologique de la communication ; le lecteur n'y trouvera donc aucun truc, aucune technique, aucune recette miracle. **La communication authentique est d'ordre psychique. Comme je l'ai précisé précédemment, nous ne pouvons la réduire uniquement à des recettes sans lui enlever son âme, son essence, ses fondements. Par sa nature même, elle est mouvante et adopte différentes formes selon les situations, les personnes, les états d'âme. Elle relève de facteurs intérieurs qui ne se mesurent pas, qui ne se classent pas, mais qui se vivent.**

Dans ce chapitre, j'insisterai sur des facilitateurs spécifiques qui méritent d'être considérés parce qu'ils sont essentiels à la communication authentique. Ces facilitateurs sont :

- la satisfaction des besoins fondamentaux
- la confiance mutuelle
- le respect des différences
- la reconnaissance d'intérêts communs
- la gratuité
- le travail sur soi
- le ressourcement.

A. La satisfaction des besoins fondamentaux

Dans une relation saine et créatrice, les besoins psychiques fondamentaux sont généralement satisfaits. Dans une telle relation, la sécurité, l'amour, la reconnaissance, l'écoute, l'affirmation de soi, la liberté et la création occupent une place de choix. Évidemment la satisfaction d'un besoin quelconque n'est pas toujours totale. Cependant, si une personne n'arrive jamais à se sentir sécurisée, aimée, valorisée et écoutée, si elle ne réussit pas à s'affirmer, à se sentir libre et à créer dans ses relations affectives, ces dernières ne peuvent être suffisamment nourrissantes pour qu'elle y trouve le bien-être et le sentiment global de bonheur recherché.

Deux attitudes peuvent causer à long terne une insatisfaction des besoins fondamentaux dans une relation : le manque d'authenticité dans la communication et l'attente d'être pris en charge par l'autre pour la satisfaction de nos besoins.

Communiquer authentiquement, c'est, rappelons-nous, exprimer à l'autre notre vérité intérieure sans ménagement et avec respect et lui dire honnêtement ce qui se passe en nous par rapport à lui, même si des peurs envahissantes rendent extrêmement difficile cette authenticité. C'est, en fait, avoir assez de force intérieure pour donner l'heure juste et dire, par exemple : « En ce moment, je ne suis pas fière de toi. » ou « Je ne suis pas en mesure de t'écouter parce que je suis trop blessée. Je préfère reporter à plus tard cette conversation. » ou encore « Je n'arrive pas à ressentir d'amour pour toi quand tu me rends responsable de tes problèmes. »

Quand une personne a le courage d'exprimer les émotions désagréables de façon responsable et non en étant sur la défensive, nous pouvons nous fier à elle quand elle exprime son amour, sa reconnaissance ou son acceptation. Avec une telle personne, nous savons exactement à quoi nous en tenir. Nous pouvons nous abandonner à la confiance. L'ouverture à exprimer sincèrement la vérité à propos du vécu assure à plus long terme la plus grande satisfaction des besoins fondamentaux dans une relation affective, à condition de ne pas attendre que l'autre réponde toujours comme nous le souhaitons.

L'attente d'être pris en charge

Rien n'est pire que l'attente. Si nous avons besoin d'être aimés et que nous attendons que les autres s'occupent de notre besoin, nous risquons d'attendre toute notre vie. **La seule personne responsable de la satisfaction de nos propres besoins fondamentaux est nous-même. Voilà une réalité souvent difficile à admettre et à intégrer. Cela ne signifie pas que nous n'avons pas besoin des autres et que les autres ne peuvent pas nous apporter leur secours quand nous en avons besoin. Cependant notre responsabilité consiste à nous occuper de nos besoins en les exprimant, en faisant des demandes claires, en nous entourant**

de personnes qui nous acceptent avec nos manques et surtout en acceptant que les autres ne sont pas obligés de les combler. Ce n'est pas une question de suffisance de notre part. C'est plutôt une question de volonté de nous prendre en main dans la relation, de récupérer notre pouvoir en reconnaissant nos erreurs plutôt que de le laisser à l'autre ; c'est une question d'autonomie affective.

Dans une situation relationnelle, lorsque le besoin exprimé par l'un reçoit une réponse authentique et favorable de l'autre, généralement aucun problème ne surgit, puisque le besoin est satisfait. Par contre, il est toujours plus difficile d'essuyer un refus comme réponse à une demande. Accepter de recevoir un *non* ne signifie pas qu'il faille nous apitoyer, nous résigner ou nous couper de notre déception. Toutefois, pour rester en relation, il est souhaitable de donner le droit à l'autre d'être vrai tout en lui signifiant franchement notre déception de façon responsable sans le culpabiliser. Pour vous aider à mieux saisir ce travail d'autonomie par rapport à nos besoins psychiques fondamentaux, autonomie qui ne peut naître que d'une communication authentique, je m'attarderai à développer chacun de ces besoins. Je démontrerai comment ils peuvent être facilitateurs de la communication authentique, et ce, en commençant par le besoin de sécurité.

1. le besoin de sécurité affective

Comme l'a souligné MASLOW[7], le besoin de sécurité est vraiment le besoin psychique de base de toute relation significative. Quand il est satisfait, la communication authentique est facilitée. Même si nous sommes aimés, reconnus, écoutés dans nos relations affectives, nous ne connaîtrons jamais de satisfactions si nous ne sommes pas sécurisés. L'amour sans la sécurité, c'est comme de l'eau sans contenant. Plusieurs éléments sont indispensables à la satisfaction du besoin de sécurité : le souci de vérité, la confiance, l'engagement, la capacité à délimiter notre territoire et à fixer nos limites.

J'ai déjà parlé de l'engagement et de l'importance de délimiter notre territoire et de fixer nos limites pour nous sécuriser. J'ai aussi parlé du souci de vérité comme élément indispensable à la communication authentique. **Dans une relation affective importante, la vérité sécurise toujours, même quand elle est difficile à avouer et à accepter.** J'ai vu beaucoup de femmes et d'hommes insécurisés par le ménagement, par le mensonge, par le comportement de sauveur, par le manque de franchise et d'honnêteté. Nous ne vivons pas en relation intime avec quelqu'un sans avoir nos antennes intérieures. En dehors de ce que nous voyons et entendons, nous ne pouvons jamais expliquer exactement ce qui se passe dans le monde de l'autre sans risquer de l'interpréter. Il n'en reste pas moins que nous pouvons parfois ressentir des malaises et des sensations désagréables en sa présence. C'est souvent ce que déclenche le manque

7 Abraham MASLOW (1908-1970) est un célèbre psychologue américain d'origine juive, considéré comme le principal meneur de l'approche humaniste, surtout connu pour son explication de la motivation par la hiérarchie des besoins.

d'authenticité. Ces malaises dont nous ne connaissons pas la source exacte nous insécurisent au plus haut point, car nous n'arrivons pas à en identifier la cause. Alors nous nous croyons parfois anormaux du fait de ressentir cet inconfort. La vérité est que nous vivons une grande insécurité parce que nous manquons de prise sur la réalité et que la vérité demeure absente. Nous nous sentons coincés et ignorons comment nous libérer de notre sentiment d'impuissance.

Cela dit, **je ne crois pas que nous soyons des mauvaises personnes lorsque nous manquons d'authenticité, d'honnêteté et de franchise. Je crois plutôt que nous nous défendons parce que nous avons peur : peur de blesser, peur du conflit, peur d'être rejetés ou peur de perdre. Ces peurs nous empêchent de nous montrer vrais dans certaines situations et avec certaines personnes, et c'est souvent parce que nous ne sommes pas vrais que ce qui nous fait peur nous arrive.**

Lorsque dans une relation intime flotte un malaise non identifié déclenché par le manque d'authenticité de l'autre, l'identification de ce malaise peut permettre de tracer exactement les contours du paysage intérieur. La raison devient alors une lumière dans le noir labyrinthe du chaos émotionnel. C'est elle qui permet d'éclairer la souffrance, de la nommer, c'est-à-dire de mettre les mots *insécurité, doute, non-confiance, méfiance* sur elle. Le point d'appui est alors de dire à l'autre, non pas qu'il n'est pas vrai – à moins d'en avoir une preuve observable –, mais que nous éprouvons devant lui et par rapport à ses paroles de la méfiance et que nous n'arrivons pas à lui faire confiance. C'est la seule façon d'être vrai sans blâmer et sans accuser.

Je reconnais qu'il n'est jamais facile de s'entendre dire : « J'ai beaucoup de difficulté à te faire confiance. » Il est très difficile de rester insensible à la réaction que produit l'expression d'un tel sentiment. C'est le prix à payer pour bénéficier des bienfaits de la communication authentique avec nos proches. Sachons toutefois que ce prix n'est pas très élevé quand nous nous exprimons avec amour. Par contre, il l'est si la vengeance nous motive. Dans ce dernier cas, le risque d'envenimer davantage la relation est très présent.

Finalement, quand nous vivons une relation *insécurisante* à cause du manque d'authenticité, ni l'interprétation, ni le jugement, ni l'accusation, ni la vengeance ne nous permettront d'accéder à la sécurité nécessaire pour nous exprimer et créer les ponts de la communication authentique. C'est par l'acceptation définitive du besoin d'être aimés des autres et surtout du besoin d'aimer que nous trouverons l'amour de nous-mêmes qui nous permettra de nous donner le droit d'exister tel que nous sommes dans nos relations affectives.

2. le besoin d'amour

Nous avons beaucoup parlé d'amour ; pourtant il en reste toujours à dire. Toutes les grandes religions sont fondées sur l'amour. Nous le retrouvons à la base de plusieurs croyances et de plusieurs théories philosophiques et psychologiques. Il est aussi présent au théâtre, au cinéma, dans les romans et dans la vie quotidienne. Dans la communication authentique, quelle est sa véritable place ?

L'amour est un sentiment profond qui crée la relation affective et qui est entretenu par elle. Cependant **il ne nous suffit pas d'aimer et d'être aimés pour maintenir une relation vivante et satisfaisante. L'amour a besoin de nourriture et l'une de ses principales nourritures réside dans la communication authentique.** J'ai vu tellement de gens qui s'aimaient et qui, par manque de communication, demeuraient incapables de se rejoindre, de s'atteindre, d'entretenir et d'alimenter l'amour pourtant présent en eux.

Pauline et Gilles étaient vraiment très attachés l'un à l'autre. Ils s'aimaient, mais leur relation était un vrai supplice de Tantale : ils n'arrivaient pas à s'en nourrir et à en profiter ; ils se heurtaient constamment à l'incommunicabilité et, par conséquent, ils étaient profondément déchirés et malheureux. « Pourtant, je l'aime », *me répétaient-ils l'un l'autre lors de cette première rencontre de thérapie relationnelle. Celle-ci représentait pour eux le dernier recours, la bouée à laquelle ils s'accrochaient tous les deux pour sauver une relation amoureuse qui, manifestement, voguait à la dérive.*

Tant d'êtres qui s'aiment se séparent parce qu'ils ne supportent plus la souffrance de l'incommunicabilité. L'amour est là, mais ils n'arrivent pas à le donner ou à le recevoir. Plusieurs en arrivent à se déchirer l'un l'autre, parce qu'ils sont intérieurement déchirés eux-mêmes. L'amour prend alors le visage de l'impuissance, du désespoir et de la haine. Rien n'est plus proche de l'amour que la haine. Quand les conjoints me parlent de haine, je sais très bien que l'attachement subsiste. Malheureusement cet attachement devient destructeur et autodestructeur, parce qu'il est porteur de culpabilité et de pulsion de mort. Comment les partenaires peuvent-ils alors renouer avec la pulsion de vie?

Dans une telle relation, l'amour et la haine deviennent, en apparence, antinomiques : chacun éprouve un grand besoin d'être aimé de l'autre et, ne trouvant pas le moyen de satisfaire ce besoin viscéral, tombe dans la haine et le désir de blesser autant qu'il l'est. Plus rien ne semble alors subsister, ni relation ni communication. L'amour est là, présent, tapi au cœur de leur être, mais il semble inaccessible. Les amoureux ne le ressentent plus parce que la souffrance de la haine, du ressentiment et du désespoir prend toute la place. Le pont qui les reliait est toujours là, mais il sert de terrain de guerre plutôt que de terrain de rencontre. Il devient alors une voie infranchissable parce qu'impénétrable.

Comment peut-on rendre à nouveau accessible cet amour ?

Pour accéder à la vérité profonde de l'autre, il est important d'être d'abord ouverts à la nôtre, à notre propre vérité intérieure. La première étape vers la communication authentique n'est donc pas de réparer les pots cassés, mais de nous préparer à les réparer. Nous ne pouvons atteindre l'autre dans son intimité la plus profonde sans nous rejoindre nous-mêmes. **Nous ne pouvons accéder vraiment au monde intérieur de l'autre sans accéder au nôtre. Pas plus que nous ne pouvons recevoir l'amour de l'autre sans nous occuper d'abord de l'amour de nous-mêmes.**

Renouer des liens effrités ou recréer une relation plus ou moins détruite suppose au départ, chez les personnes concernées, un désir profond de prendre les moyens personnels pour retrouver la relation perdue avec elles-mêmes. C'est le désir d'aller à leur rencontre, d'affronter la peur de l'intimité, la peur de souffrir qui les préparera à mieux rencontrer l'être aimé par la communication authentique.

J'ai un jour travaillé, dans le cadre d'un cours de formation professionnelle à la relation d'aide, avec deux personnes qui vivaient une rupture de leur relation amoureuse et qui trouvaient pénible le fait de se retrouver dans le même groupe de formation. Fort heureusement, plutôt que de feindre l'indifférence ou de se nier, Jacinthe a parlé de son malaise et de sa souffrance dans le groupe en présence de Colin. Elle a exprimé sa douleur profonde de devoir se séparer d'un être qu'elle aimait encore profondément, douleur due au fait que Jacinthe se heurtait à l'inaccessibilité du monde intérieur de son conjoint. Chaque fois qu'elle lui exprimait sa peine, sa colère, ses peurs, il se refermait et devenait froid et indifférent.

Lorsque Colin s'est exprimé à son tour, il a confirmé cette froideur. La souffrance que venait d'extérioriser Jacinthe ne le touchait aucunement parce qu'il était complètement fermé à elle. « Je suis désolé de dire cette vérité-là, mais quand j'entends Jacinthe, je n'arrive pas à me laisser toucher. Pourtant je suis sensible à la souffrance et au vécu de toutes les autres personnes ici, mais je ne le suis pas du tout à la sienne. Ce qui me peine, c'est que je ne sens aucun attachement pour elle alors que, dans les débuts de notre relation, j'ai été profondément amoureux. Je ne comprends pas ce qui s'est passé. »

Colin a poursuivi son témoignage en parlant de ses relations avec les femmes qui finissaient toujours très mal. Je l'ai écouté avec beaucoup d'attention et j'ai aussi reconnu son honnêteté. J'ai pu voir dans son discours le fonctionnement psychique qui le conduisait toujours vers les mêmes insatisfactions relationnelles. Il était absolument incapable, dans ses relations affectives, de ressentir et d'exprimer des émotions négatives telles la colère, la peur et même la peine. Par conséquent, il était incapable d'entendre celles de l'autre. Il craignait trop de souffrir et de blesser.

Les débuts d'une relation amoureuse étaient toujours extraordinaires, parce que ne s'y vivaient que des émotions agréables. Cependant, dès qu'intervenaient les conflits, les désaccords, le choc des différences, il se fermait à son vécu et à celui de son amoureuse jusqu'à ce que le vent se calme. Ainsi les problèmes n'étaient jamais réglés ;

ils s'accumulaient d'un mois à l'autre. Le plus dramatique de ses histoires relationnelles sur le plan amoureux est que, en se fermant à la souffrance, Colin se fermait également à l'amour. Il vivait avec l'espoir illusoire de trouver un jour l'amour sans blessure et sans douleur, ce qui est absolument impossible. ***Il n'y a pas d'amour sans souffrance et lorsque nous fermons la porte à la souffrance, nous la fermons aussi au bonheur du véritable amour.***

Dans sa relation avec Jacinthe, Colin s'était peu à peu éteint. Cette vie que procure l'accès au monde intérieur avait disparu en lui. De plus, il éprouvait en sa présence un sentiment constant de perte de sa liberté. Il a été surpris quand je lui ai fait découvrir que ce n'était ni Jacinthe ni la relation qui le privaient de sa liberté, mais lui-même parce qu'il ne se donnait pas la liberté de vivre et d'exprimer ses émotions dans sa relation avec elle. Il ne se donnait pas la liberté d'être déçu, d'être en colère, d'être jaloux ou d'avoir peur. Il était devenu l'homme impassible, emprisonné par sa propre peur de lui-même, l'homme qui, au nom de la liberté, emprisonnait aussi l'autre par son incapacité à l'accueillir dans ses émotions désagréables.

Pour renouer les liens brisés, il fallait d'abord que Jacinthe soit prête à prendre Colin là où il était, sans le blâmer. De son côté, Colin devait apprendre à se donner de l'espace dans la relation; à reconnaître sa souffrance, ses peurs, sa vérité profonde; à reconnaître ce monde qui n'est pas fait seulement d'amour, mais aussi de peine, qui n'est pas fait que de sentiments agréables et nobles, mais qui renferme aussi d'autres sentiments auxquels personne ne peut échapper sans se nuire considérablement et sans nuire à la relation.

Bien qu'il soit essentiel à la relation affective, l'amour ne suffit pas. Comme la fleur a besoin d'eau et de soleil pour vivre et s'épanouir, l'amour a besoin de se nourrir d'une intimité avec nous-mêmes et avec l'autre, intimité que seule peut procurer la communication authentique, ce type de communication dans lequel chacun existe vraiment et reconnaît l'existence de l'autre.

3. le besoin de reconnaissance

Quand j'aborde le thème du besoin de reconnaissance, je suis très touchée parce qu'il me plonge dans les bons souvenirs de ma relation avec mon père. Je me suis toujours sentie aimée et reconnue par cet homme que j'ai aimé et admiré. Je me sentais très importante pour lui et je suis convaincue que, dans une relation authentique, la satisfaction du besoin d'être reconnu, admiré, valorisé, est importante, voire fondamentale.

Je me rappelle que, l'hiver, quand j'étais enfant, mon père ramassait la neige de la grande cour de la ferme avec les chevaux et il en faisait une butte près de la maison. Cet amoncellement de neige servait de glissoire pour la traîne sauvage. Après la traite des vaches, le soir, il prenait parfois le temps de glisser avec mon frère et moi. Comme c'était agréable ! Je me rappelle aussi de la cabane à sucre au printemps. J'aimais m'y retrouver les fins de semaine pour cuisiner. Les journées étaient longues et difficiles. Parfois, à la fin du jour, pendant que l'eau d'érable se transformait en sirop dans la grande bouilloire, mon père prenait le temps de jouer à la cachette avec moi. Je me souviens encore de certains dimanches après la messe alors qu'il se mettait au piano et chantait avec nous pendant que ma mère préparait le repas du midi.

Chaque fois qu'il m'accordait du temps pour rire, pour jouer, pour parler, je me sentais très importante pour mon père. J'existais et j'étais reconnue. Puis l'adolescence est arrivée et je ne l'ai pas toujours traversée de façon harmonieuse.

Sans la forte autorité de mon père, je crois que j'aurais pu facilement devenir une bonne délinquante. Aussi, quand je lui ai un jour annoncé que j'avais décidé de laisser l'école pour aller travailler, il m'a inscrite au pensionnat. Je l'ai boudé pendant près d'une semaine, j'ai fait la grève de la faim, mais il n'a pas bougé. Aujourd'hui je sais qu'il a fait ce qu'il devait faire. Il m'a montré ce jour-là qu'il croyait en moi et m'a offert la possibilité d'exploiter mes talents au maximum. Il avait misé juste. C'est au pensionnat que j'ai découvert le goût d'apprendre, d'aller toujours plus loin, de m'organiser et de m'autodiscipliner. Lorsque je revenais chez moi les fins de semaine, mon père s'intéressait à toutes mes activités. Tout au long de mes études, même à l'université, il a lu certains livres recommandés par mes professeurs.

Il me reste de cette expérience un sentiment d'importance. Il me reste aussi toute mon admiration pour mon père parce qu'il s'est tenu debout. Cette admiration m'a guidée quand l'un de mes fils, à l'école secondaire, s'est laissé influencer par certains amis qui lui ont fait découvrir la cigarette, l'alcool et la marijuana. Comme il avait presque deux ans de moins que la plupart des élèves de son groupe, il voulait être reconnu par les autres et il avait décidé que la consommation de ces produits représentait un très bon moyen pour y arriver. J'ai mis un certain temps avant de trouver une façon satisfaisante de l'aider. J'ai utilisé le dialogue, posé des limites claires en les faisant respecter, mais rien ne changeait vraiment parce que, à l'école, il subissait toujours les mêmes influences.

Être parents et assumer la responsabilité de l'éducation de nos enfants sans les prendre totalement en charge n'est pas toujours une tâche aisée. Cette responsabilité exige d'agir à certains moments contre leur volonté et cela fait très mal et très peur. Je me suis rappelé mon adolescence et ma nature plutôt rebelle face à certaines autorités. Je me voyais dans ce fils que j'aimais tant et qui me ressemblait sur plusieurs points. Lorsque j'ai pensé à la décision de mon père au sujet de mes études, j'ai décidé de changer mon fils de collège. Je me sentais coupable et dure de le séparer de ses amis, de lui imposer une nouvelle adaptation, d'autant plus qu'il était en total désaccord.

Il a changé de collège et, deux ou trois mois plus tard, il m'en a remercié chaleureusement. « Je ne crois pas, m'a-t-il dit, que j'aurai le courage de faire la même chose avec mes enfants s'ils agissent comme j'ai agi. » « Si, tu l'auras, lui ai-je répondu, tu l'auras parce je l'ai eu et si je l'ai eu, c'est parce que j'ai vu mon père agir ainsi avec moi. » J'ai pris cette décision parce que mon fils comptait beaucoup pour moi, parce que je croyais en lui et que je n'avais pas le droit, comme parent, de le laisser se détruire. Je dois avouer que j'ai été solidement appuyée et aidée dans cette démarche par mon conjoint. Je suis convaincue que son importance pour nous de même que notre attachement et notre solidarité parentale ont contribué à l'aider à se prendre en main. Aujourd'hui je suis très fière de lui, fière de son autonomie, du respect qu'il démontre à son égard, surtout de ce qu'il a retiré de cette expérience qui le rend sensible à la souffrance des autres et tellement plus fort intérieurement.

Je pourrais apporter beaucoup d'autres exemples pour illustrer la nécessité, dans une relation affective, d'exprimer aux autres notre reconnaissance et de leur donner de l'importance. Cependant cette reconnaissance des autres passe par l'amour de nous-mêmes, par notre ouverture à nous occuper de nos besoins, à poser nos limites et à les faire respecter. Il ne s'agit pas de verser dans le positif à tout prix, mais plutôt d'ouvrir les yeux sur ce que les autres portent en eux de grand et de merveilleux, de croire en eux et de croire assez en nous pour nous respecter et nous exprimer authentiquement. « Tu es beaucoup trop importante pour moi pour que je te ménage. Je te respecte trop pour manquer d'authenticité envers toi », ai-je dit un jour à une de mes étudiantes en formation.

Être vrais avec nous-mêmes et avec les autres est difficile et exige beaucoup de foi en la force intérieure des autres et en la nôtre. C'est néanmoins cette foi qui nous empêche de les ménager et de tout prendre en charge. C'est elle qui nous empêche de passer à côté de notre vérité intérieure. Reconnaître la valeur des autres et leur donner de l'importance ne se limite pas à exprimer des choses difficiles et à passer à l'action. C'est aussi valoriser les gens, les reconnaître et reconnaître ce qu'ils font de remarquable. C'est également nous libérer de la croyance annihilante qu'avoir besoin de reconnaissance est souvent synonyme de manque de maturité psychique. Lorsqu'il est assumé et exprimé, ce besoin reflète, au contraire, la plénitude de l'âge mûr. Il rend la communication plus agréable, parce que moins défensive.

Cela dit, dans le champ de la communication, certaines personnes éprouvent de la difficulté à reconnaître la valeur des autres et à les valoriser parce qu'elles craignent de perdre de l'importance si elles en donnent trop aux autres. D'autres, par contre, se servent de la valorisation pour manipuler les gens et obtenir d'eux ce qu'elles veulent. Reconnaître authentiquement la valeur des autres, c'est être en mesure de les voir et de confirmer leur existence, ce qui est presque impossible pour les gens qui ne sont centrés que sur eux-mêmes.

Pourtant aucune relation intime heureuse n'est possible sans reconnaissance de l'importance de l'autre à nos yeux, de sa valeur et de ses réalisations. Dès que nous entrons en relation, si nous voulons une communication authentique, il est nécessaire de reconnaître que nous ne sommes pas seuls et que l'autre est là, présent, avec sa vérité et avec sa différence. Nous ne pourrons jamais l'atteindre et le rejoindre sans lui donner cette place et cette importance.

La communication authentique exige de notre part la volonté de nous donner assez d'importance pour exister pleinement dans la relation et la détermination d'en donner suffisamment à l'autre pour qu'il ait lui aussi sa place. Si nous reconnaissons sa valeur au point de nous oublier et si nous reconnaissons la nôtre au point de l'oublier, nous ne pourrons pas nourrir la relation par une communication authentique. C'est pourquoi cette reconnaissance de soi et de l'autre demande très souvent de l'écoute.

4. le besoin d'écoute

J'ai déjà parlé de l'écoute dans ce livre. Je veux toutefois apporter ici un élément important de l'écoute de soi : l'écoute multidimensionnelle. Cette notion permettra de mieux saisir l'importance de l'écoute de l'autre. Nous écouter, c'est *entendre* notre corps, *entendre* nos émotions pour en arriver à contacter notre dimension la plus importante : la dimension spirituelle.

J'éprouve toujours un certain malaise et une certaine peur quand j'aborde ce sujet. J'ai moi-même abandonné toute forme de pratique religieuse à un certain moment de ma vie, parce que j'étais désemparée devant une morale et des vérités absolues qui m'éloignaient de mes dimensions humaine et divine. Aussi est-il important pour moi de parler de mon expérience sans en faire une règle, en laissant à chacun le droit à la croyance de son choix. Pour moi la spiritualité n'a rien à voir avec les dogmes, puisqu'elle résulte d'une expérience subjective propre à chaque être humain. Il m'importe peu de savoir si les vies antérieures et postérieures existent, pas plus que je ne m'arrête aux conceptions chrétiennes du ciel et de l'enfer, sinon sur le plan symbolique.

La spiritualité ne se résume pas à des vérités toutes faites proclamées par les autres, mais se définit comme une expérience humaine, intérieure sensible qui ne peut exister en dehors du corps et du cœur. Quand nous acceptons notre condition d'êtres humains éprouvant des émotions et des sensations, quand nous accueillons notre vulnérabilité, nous pouvons sentir à l'intérieur de nous-mêmes une force extraordinaire qui donne un sens à tout. Lorsque nous avons expérimenté la présence de cette force par l'expérience, nous saisissons ce que signifie le lâcher-prise. Dans les moments les plus difficiles de notre vie, si nous savons accueillir notre souffrance et percevoir le langage de notre corps, nous apprenons ainsi à nous abandonner à cette force intérieure, que d'aucuns appellent l'intuition, d'autres le divin, et à y trouver les voies de l'action juste.

Je crois que la réalité de la vie sur terre impose l'évidence de l'incarnation, c'est-à-dire de l'expérience du corps et des émotions. Notre présence ici n'est pas accessoire. Nous participons avec toutes nos dimensions à notre création, à celle des autres et à celle du monde. Croire que seule la dimension spirituelle agit en nous lorsque nous nous réalisons ou que nous réalisons quelque chose, c'est nier notre nature humaine. Si c'était le cas, nous serions des êtres désincarnés. Pourtant l'expérience thérapeutique nous apprend quotidiennement que la négligence du corps et du cœur cause toujours un déséquilibre psychique ou des maladies physiologiques.

La nature a fait de nous des êtres multidimensionnels et c'est en assumant toutes nos dimensions que nous participons à la création. Autrement nous devenons, dans nos relations avec les autres et avec le monde, facteurs de confusion, de désordre, de déséquilibre et de destruction. **Il est très facile pour nous, êtres humains, de parler du concept de globalité et de le défendre. Le plus difficile est de le vivre quotidiennement dans nos relations, d'agir partout comme des êtres entiers qui rencontrent les autres avec leur corps, leur cœur, leur tête et leur âme.**

L'écoute de nous-mêmes, c'est-à-dire l'écoute de nos sensations, de nos émotions, de nos pensées, de nos désirs et de notre force intérieure profonde, représente la voie d'accès à l'harmonie et à l'unité. Elle restera toujours un préalable fondamental à la communication authentique. De surcroît, elle permet d'assurer un équilibre intérieur qui nous dispose à l'écoute de l'autre et qui rend toute relation plus créatrice.

La véritable capacité d'écoute requiert une reconnaissance de l'autre. Le sentiment qu'ont certaines personnes de n'avoir aucune importance et de ne posséder aucune valeur vient, en très grande partie, du fait qu'elles ne sont pas vraiment écoutées et qu'elles ne s'écoutent pas. **Se sentir écouté, c'est se sentir exister pour l'autre. Écouter l'autre, c'est lui exprimer qu'il est important, qu'il vaut la peine d'être entendu.** Dans mon travail auprès des gens, j'ai vu à quel point la difficulté d'écoute peut être cause d'incommunicabilité. Les personnes en relation parlent, mais ne prennent pas le temps de s'écouter l'une l'autre. Quand l'un parle, l'autre se prépare mentalement à répondre plutôt que de l'écouter. Cette difficulté d'écoute vient d'une difficulté à nous écouter nous-mêmes.

La parole de l'autre déclenche des émotions, des sensations. Parce que nous ne sommes pas à l'écoute de ces sensations et de ces émotions, nous sommes incapables d'écouter l'autre pour comprendre ce qu'il essaie de nous dire. Chaque fois que nous ne sommes pas à l'écoute de notre vécu quand nous sommes en relation avec les autres, nous risquons d'être sur la défensive si nous sommes blessés. Nous nous défendons alors par le jugement, l'interprétation, la rationalisation, l'accusation, la confluence, la prise en charge ou encore par la punition, la négation ou le refoulement. Nous participons ainsi à un dialogue de sourds dans lequel il est impossible de rejoindre l'autre, chacun ayant le sentiment de ne pas exister et de vivre seul la relation. Il s'agit là de la solitude la plus douloureuse qui soit. La solitude avec soi-même, hors relation, apparaît beaucoup plus supportable que celle que nous vivons dans une relation affective. En effet, cette solitude à deux témoigne de façon permanente de la non-satisfaction des besoins fondamentaux d'être aimés, reconnus, écoutés et sécurisés. Elle révèle aussi la distance que nous prenons par rapport à notre vérité intérieure et, par conséquent, par rapport à celle de l'autre. Cette distance, précisément, nous empêche de communiquer authentiquement pour sortir de cette solitude.

Je reconnais qu'il est difficile de nous libérer de la solitude défensive dans laquelle nous nous enlisons parfois. Il n'est guère facile de nous écouter quand nous vivons des émotions intenses et désagréables par rapport à l'autre. Pour y arriver, nous devons accueillir notre monde émotionnel et non lui barrer la route. C'est difficile parce qu'il n'y a pas d'écoute de nous-mêmes sans ouverture à la souffrance, à l'amour et au bonheur. Nous avons peur de souffrir, bien sûr, mais nous avons aussi peur d'aimer et d'être aimés, car l'un et l'autre sont indissociables. C'est pourtant cet apprivoisement de l'écoute et de l'accueil de nous-mêmes qui ouvrira la porte à l'amour de la belle personne que nous sommes et à l'accueil de l'autre par la communication authentique.

5. les besoins d'accueil et d'acceptation

Les besoins d'accueil et d'acceptation sont souvent source de difficultés relationnelles lorsqu'ils ne sont pas conscientisés et assumés. En effet, au nom de l'acceptation inconditionnelle, certaines personnes se nient totalement au profit des autres. Pour préserver un principe d'acceptation idéale, elles deviennent des personnages qui ne se donnent aucun droit à leurs propres besoins et à leurs propres limites. Dans ce cas, la communication authentique devient impossible, puisqu'il n'y a pas de vérité profonde exprimée.

Claudette était en relation amoureuse avec Michel depuis plus de quatre ans. Elle tenait beaucoup à cette relation et s'était donné comme exigence de ne jamais brimer d'aucune façon la liberté de cet homme qu'elle aimait. Aussi, quand il lui a appris qu'il voulait vivre des expériences sexuelles avec d'autres femmes, elle n'a posé aucune résistance pour lui laisser cette liberté. Lorsqu'elle est venue me consulter en thérapie quelques mois plus tard, elle souffrait énormément de sa difficulté à accepter les relations multiples de Michel. Elle s'en voulait de ressentir des sentiments de jalousie et de manque affectif, et elle se jugeait immature et égoïste. Il était tellement important pour elle d'accueillir totalement Michel dans ses besoins qu'elle n'avait pas remarqué que, pour respecter la liberté de son conjoint, elle perdait la sienne; pour lui donner son droit à l'existence, elle perdait le sien; pour répondre à ses besoins à lui, elle négligeait complètement les siens. Aussi sa relation avec Michel se détériorait-elle de jour en jour. Elle s'étonnait d'ailleurs qu'il s'éloigne d'elle, qu'il ne lui donne plus d'importance et qu'il n'y ait plus entre eux que de longs silences chargés de non-dits, qu'il n'y ait plus de communication comme autrefois.

Pour respecter un principe d'acceptation inconditionnelle, Claudette avait manqué d'authenticité. Elle tentait de se conformer au personnage idéal qu'elle croyait devoir être et qui l'éloignait de sa vérité profonde. Michel pouvait, bien sûr, se donner à lui-même la liberté d'entretenir plusieurs relations sexuelles et affectives avec les femmes. Cependant si Claudette avait été honnête avec elle-même, si elle avait écouté sa vérité intérieure, elle se serait donné la liberté d'exprimer son vécu, d'exposer ses besoins et de poser ses limites. Elle n'aurait pas accepté inconditionnellement une situation dans laquelle elle n'était pas bien et qui ne lui convenait pas. Par son manque d'acceptation d'elle-même et par peur de perdre, elle avait, sans le vouloir, été la première à élever des barrières à la communication authentique et elle en subissait les conséquences.

Le plus difficile dans une relation affective est de respecter nos propres besoins et nos propres limites sans condamner l'autre, sans le juger. Claudette ne doit pas poser ses limites pour restreindre la liberté de Michel, mais par respect et par acceptation d'elle-même. Ce n'est pas non plus parce que Michel est fautif. C'est là que la communication authentique est possible, c'est-à-dire quand l'amour et le respect de soi sont un préalable à l'amour et au respect de l'autre. Ce n'est qu'avec le dévoilement de nos vérités profondes que nous pouvons établir ensemble des priorités, de façon à effectuer les choix les plus appropriés aux besoins de chacun dans la relation, y compris le choix de perdre pour ne pas nous perdre.

Lorsque Hugo a rencontré Sara, ils se sont aimés tout de suite. Plusieurs affinités les rapprochaient, en dépit de leur différence d'âge. Ils communiquaient avec une grande facilité authentiquement et sans se ménager. Ils partageaient aussi plusieurs goûts et plusieurs intérêts communs. Tout allait pour le mieux, jusqu'au jour où Hugo, qui avait 15 ans de moins que Sara, lui exprima son désir de fonder une famille et d'avoir des enfants. Sara qui avait déjà de grands enfants adolescents n'était pas prête à revivre cette expérience et à créer une seconde famille. Malgré l'amour qu'ils éprouvaient l'un pour l'autre, ils ont pris ensemble la décision de se laisser, parce que chacun d'eux avait des priorités qu'il ne pouvait sacrifier sans se nier. Sara a bien accueilli le désir d'Hugo d'avoir des enfants, mais elle ne s'est pas niée dans ce désir de l'autre au nom du respect d'Hugo et au nom de l'acceptation inconditionnelle.

Accueillir l'autre, c'est reconnaître son droit à la différence, au respect de ses besoins et à ses priorités tout en respectant les nôtres. Les limites fixées et les différences de priorités peuvent amener des choix difficiles, mais l'important, pour bien communiquer authentiquement, c'est de nous respecter nous-mêmes pour ne jamais nous fondre dans l'autre. **Au moment où nous nous perdons de vue, nous faussons la communication et nous hypothéquons subrepticement la relation.** Cependant il est parfois difficile d'accueillir l'autre et, en même temps, de nous respecter nous-mêmes sans poser nos limites, sans nous exprimer, sans nous affirmer.

6. le besoin d'affirmation

Il est bien évident qu'une communication authentique nécessite, chez les personnes en relation, une volonté de s'exprimer, de se poser, de s'affirmer dans leur vérité profonde. Nous affirmer, c'est dire ce que nous vivons, exprimer nos besoins, poser nos limites, arrêter des choix, prendre des décisions dans le respect et l'écoute de soi et de l'autre.

Un jour, une étudiante d'un de mes groupes de formation a demandé à s'exprimer dans le groupe. Elle s'est approchée d'une autre participante et lui a dit, devant tout le monde, à peu près ceci : « Quand je t'ai vue la première fois, je ne t'ai pas aimée. Je n'aime pas ta façon de me regarder. J'aimerais que tu ne sois pas ici parce que j'ai peur de toi et parce que je ne te fais pas confiance. »

Après avoir dit à cette participante ce qu'elle avait sur le cœur, elle est retournée à sa place et s'est assise. Un silence de mort pesait sur le groupe. Elle m'a regardée avec un grand sourire et m'a dit d'une façon, en apparence, très dégagée : « Maintenant ça va, je lui ai dit ce que j'avais à lui dire, tu peux passer à autre chose. » *Elle s'était affirmée honnêtement sans blâmer l'autre et pourtant un profond malaise m'envahissait parce qu'elle avait déversé son bagage émotionnel sans tenir compte de la personne à qui elle s'adressait, sans respect pour elle, sans écouter ce que ses paroles et son geste avaient déclenché dans le cœur de la personne à qui elle s'était adressée. L'autre n'avait ici aucune importance, seul comptait le besoin de se libérer. Son affirmation ne permettait aucune relation, aucune possibilité de communication.*

La communication authentique ne se limite pas à l'expression de soi. Elle ne nécessite pas seulement le courage de s'affirmer, mais aussi le courage d'écouter ce que nos affirmations produisent chez l'autre. Voilà pourquoi il est si difficile de nous exprimer. Si nous voulons rester en relation, si nous voulons vraiment communiquer, nous ne pouvons nous exprimer sans donner à l'autre le droit de réagir. C'est là que se trouve le principal obstacle à l'affirmation de soi. Par manque de confiance en nous-mêmes, nous ne nous affirmons pas ou nous le faisons sans donner de place à l'autre. Dans le premier cas, nous n'existons pas et, dans le deuxième cas, c'est l'autre qui n'existe pas. Par conséquent, il n'existe ni relation ni liberté.

7. le besoin de liberté

Être libre, c'est être entièrement nous-mêmes, en mesure de prendre en charge nos besoins et d'accepter la responsabilité de nos malaises, de nos problèmes, de nos choix, de nos décisions sans assumer la responsabilité de ce qui appartient aux autres.

Je crois que le besoin de liberté est l'un des plus difficiles à satisfaire. Pourtant il est impossible de connaître des relations affectives satisfaisantes sans nous sentir libres. Malheureusement le manque de liberté dans une relation est très souvent attribué à des causes extérieures, ce qui a pour effet de perturber considérablement la communication.

Quand j'ai rencontré Joëlle et Mathieu pour la première fois, ils étaient en instance de séparation. Ils avaient le souci commun de régler leur rupture de façon harmonieuse pour épargner à leurs enfants la souffrance des déchirements entre parents généralement provoqués par les divorces. Il ne m'a pas fallu beaucoup de temps pour voir qu'ils étaient encore très attachés l'un à l'autre. Leur décision reposait sur l'insécurité chronique que vivait Mathieu dans cette relation et sur le besoin vital de liberté qu'éprouvait Joëlle, besoin qu'elle n'arrivait pas à satisfaire avec son mari.

Jusqu'à l'âge de 18 *ans, Joëlle avait vécu sous la domination d'un père très autoritaire qui, par respect de certains principes religieux, la privait de sortir, de s'habiller à la mode, de fréquenter des amis en dehors de chez elle. Aussi avait-elle hâte de quitter la maison paternelle pour profiter enfin de sa liberté. Elle s'était alors promis que personne ne l'empêcherait d'agir selon son bon vouloir. Après plusieurs échecs amoureux, elle a rencontré Mathieu. Elle avait alors* 32 *ans, il en avait* 30. *Leur priorité à tous les deux consistait à fonder une famille. Ils se sont donc mariés et, trois ans plus tard, ils étaient parents de deux garçons. Joëlle vivait très difficilement les contraintes de la vie familiale et de la vie de couple. Elle voulait se sentir libre, sans rendre de comptes à son mari à propos de ses allées et venues, de ses dépenses, de ses amis.*

Mathieu se sentait seul et peu important pour son épouse. Il vivait beaucoup d'insécurité, car Joëlle, par peur chronique de perdre sa liberté, refusait de négocier et de lui consentir des ententes. Malheureusement son attitude la conduisait toujours vers des échecs relationnels. Sa peur de voir ses activités contrôlées comme elles l'avaient été par son père l'empêchait d'être en relation. Elle voulait vivre avec Mathieu comme si elle avait été seule, sans tenir compte de ses besoins et de ses limites à lui. Pour elle, « être libre » *signifiait* « faire ce qu'on veut ». *Sa conception de la liberté l'empêchait de vivre une relation affective profonde, de communiquer avec l'autre et la laissait toujours seule.*

Nous ne pouvons vivre une relation affective et agir entièrement à notre guise. Cette façon de concevoir la liberté est tout à fait incompatible avec la relation, parce qu'elle trahit un comportement égocentrique et ne tient pas compte de la réalité. Le choix d'entrer en relation affective avec une autre personne repose sur une réalité incontestable, qui consiste à reconnaître l'existence d'un lien entre nous et cette personne. Dès que nous parlons de lien, nous faisons allusion à quelque chose qui unit, qui relie, qui attache. Si l'un des deux partenaires n'admet pas l'existence de ce lien, aucune relation n'est possible pas plus que la communication authentique.

L'existence de ce lien entraîne nécessairement une acceptation de la relation avec l'autre. Il n'y a plus une seule personne, mais deux personnes qui, par leur désir d'être en relation, doivent s'occuper de leurs besoins et de leurs limites, et tenir compte également des besoins et des limites de l'autre. Le choix d'être en relation ne donne plus la possibilité de faire exclusivement ce que nous voulons, puisque deux personnes sont en présence. Cette liberté-là n'est pas possible, parce qu'elle nous empêche de nous parler pour trouver un terrain d'entente dans le respect des deux personnes concernées. Pour conserver le lien relationnel, la communication authentique s'avère indispensable.

Être libres ne signifie pas *faire ce que nous voulons*, mais *être le plus possible nous-mêmes*, affirmer le plus authentiquement possible notre vérité intérieure. Le but est d'arriver à nous rencontrer et à vivre sereinement les contraintes inévitables qu'impose le choix de vivre une relation. Ce choix place forcément chacun des partenaires devant la différence de l'autre, différence qui se manifeste dans le vécu, les besoins, les limites, les opinions, les goûts, etc.

Cette capacité, en relation, à vivre authentiquement en présence de l'autre tout en prenant la responsabilité de nos malaises et de nos besoins nous rend libres. C'est cette liberté qui nous permet de communiquer, de nous rencontrer et de devenir créateurs.

8. le besoin de création

Je me suis longtemps demandé ce qui rendait les gens créateurs. J'ai vu de nombreuses personnes suivre divers cours en créativité et n'être pas vraiment plus créatives par la suite. Il ne suffit pas, pour créer, d'apprendre des techniques, des méthodes, des trucs, des théories. Bien qu'importants, ces moyens ne suffisent pas à augmenter vraiment la créativité d'une personne. Liée à la pulsion de vie, la créativité puise à une source beaucoup plus profonde. **Créer, c'est effectivement donner la vie à quelque chose ou à quelqu'un, c'est le sortir du néant, de la mort, du vide.**

Qu'est-ce qui rend un être vivant? Il existe un lien entre la pulsion de vie chez un être humain et son ouverture à son monde intérieur. La vie profonde est faite de plaisir, de joie, d'enthousiasme, de confiance, d'amour, de gratitude et de foi. Elle est aussi faite de peine, de peurs, de tristesse, de méfiance et de souffrance. Lorsque l'homme se coupe de ce que comporte cette vie intérieure, lorsqu'il renonce à la joie et à la peine, à l'amour et à la haine, au bonheur et à la souffrance pour agir de façon défensive ou offensive, il se prive de sa source de vie et, par conséquent, de la source de sa créativité.

Pour que cette vie intérieure soit source de création, elle a besoin d'être nourrie par la relation et par la communication. En effet, la communication authentique nous permet de prendre contact avec notre monde intérieur et d'exprimer à l'autre ce qu'il contient. De fait, ce type de communication suppose une ouverture à soi et une écoute de ce que la relation déclenche à l'intérieur de nous-mêmes. La source créatrice naît vraiment de cette ouverture.

Rester ouverts ne signifie pas seulement accueillir l'autre, mais accueillir surtout les sentiments agréables et douloureux que réveille en nous la relation affective avec cet autre. Ces sentiments, spécialement quand ils nous font souffrir, portent les germes de la création. Il suffit, pour que ces germes ne meurent pas, que nous nous occupions de la souffrance, que nous l'entendions, que nous écoutions son message et ce qu'il a à nous apprendre. Si nous nous coupons de la souffrance pour ne pas la sentir ou si nous nous y noyons en nous apitoyant, nous détruisons par le fait même la source créatrice. La créativité ne naît pas de la destruction, puisque c'est une force de vie. Elle transforme la souffrance, lui donne un sens, une raison d'être, mais elle ne la nie pas. D'ailleurs, combien d'êtres humains à travers le monde ont réussi à composer avec leur souffrance au moyen de l'expression artistique !

Quand la souffrance et les émotions négatives sont niées dans la relation, non seulement la communication authentique devient impossible, mais des comportements destructeurs apparaissent souvent. Plutôt que de créer et de se créer, la personne qui se nie est porteuse de mort, au sens où elle risque d'agir avec son entourage comme elle agit avec elle-même. Elle risque de détruire parce qu'elle se détruit, de réprimer parce qu'elle se réprime, de contrôler parce qu'elle se contrôle, d'abandonner parce qu'elle s'abandonne, de rejeter parce qu'elle se rejette, de ne pas écouter parce qu'elle ne s'écoute pas, de nuire parce qu'elle se nuit.

Lorsque les émotions de haine, de colère, de jalousie, de peine sont réprimées et non communiquées authentiquement dans une relation affective, elles ne disparaissent pas. Elles se manifestent alors par des comportements défensifs autodestructeurs ou destructeurs. S'il émerge des réalisations quelconques de ces comportements, elles ne

sont pas créatrices de soi, de la relation et du monde, mais traduisent au contraire la confusion, le désordre, la guerre et la mort.

La relation humaine est source de bonheur, mais aussi de souffrance. Communiquer authentiquement, c'est nous ouvrir en même temps à ce bonheur et à cette souffrance, c'est toucher la vie en nous. Donner de la place à la peine, à l'agressivité, à la joie et à l'amour dans la relation affective, c'est nous donner le merveilleux cadeau non seulement de nous créer nous-mêmes, mais de créer la relation. Cette création de nos relations affectives fournit les éléments de notre propre réalisation et fait de chacun de nous un être créateur.

J'ai toujours été très sensible à la souffrance. En relation, le moindre petit déclencheur a sur moi un impact immédiat. Comme je suis très proche de mon vécu et de mon ressenti, et que je suis habitée par une très grande sensibilité à tous les déclencheurs, je dois m'occuper quotidiennement d'une gamme d'émotions plus ou moins intenses, plus ou moins agréables et plus ou moins douloureuses. Pendant de nombreuses années, j'ai rejeté ma vulnérabilité ; je la voyais comme une tare, comme un obstacle à mon bonheur. J'enviais les gens insensibles et j'en voulais à Dieu et à mes parents d'avoir fait de moi une personne aussi émotive et impressionnable. J'ai tout fait pour me libérer de cette sensibilité et pour la rationaliser. J'ai suivi des ateliers sur le contrôle des émotions et sur la pensée positive. J'ai consacré beaucoup de temps et d'énergie à ne valoriser que ma dimension rationnelle, en suivant des cours, en me formant dans divers domaines, en accumulant les diplômes. J'ai pratiqué le yoga, appris des techniques de respiration et je suis allée en thérapie.

Après toutes ces tentatives, je me retrouvais toujours aussi sensible et aussi facilement blessée. Puis quelque chose s'est transformé quand, lors d'une thérapie, j'ai découvert l'acceptation. J'avais tenté pendant toutes ces années de me débarrasser de ma vulnérabilité. Finalement je me suis rendu compte que j'étais d'une grande sensibilité et que, en essayant d'éloigner ma souffrance et mes blessures, je m'éloignais de moi-même et des autres. Cette souffrance n'en devenait que plus intolérable et me rendait plus défensive.

L'acceptation de ma vulnérabilité m'a permis de la prendre en compte dans mes relations plutôt que de chercher constamment à la rejeter et à la réprimer. Alors j'ai pu améliorer la communication authentique avec les gens que j'aime et sentir en moi la force de la vie. Cela a été une merveilleuse découverte de sentir cette force intérieure qui agit comme un tremplin au fond de moi. Chaque fois que je suis à l'écoute de ma vérité profonde et que je me manifeste telle que je suis dans la relation – ce qui n'est pas toujours le cas –, la vie prend sa place en moi. De plus, je sors très souvent de ces communications authentiques avec une confiance en moi accrue, un goût de créer et de me réaliser, une confiance en l'autre qui augmente ma gratitude envers la vie.

Aujourd'hui je considère ma sensibilité comme un cadeau. Même si elle me fait parfois souffrir, elle est vraiment une source de vie et de création. Parce que je sais maintenant l'accueillir davantage et lui donner sa véritable place, ma relation avec mes proches est plus créatrice et mon travail, plus créateur. L'écoute de la souffrance que me causent mes blessures m'a vraiment fait découvrir la force qui m'habite, cette vie créatrice qui me procure une confiance plus profonde en mes ressources intérieures.

B. La confiance mutuelle

La création d'un climat de confiance dans une relation est indispensable. Entretenir une relation affective et même professionnelle lorsque la confiance n'existe pas s'avère toujours très douloureux. La communication authentique n'est alors plus possible, car le manque de confiance et le manque de sécurité qui en découlent entraînent la peur de l'investissement personnel et de l'engagement.

Mais comment peut-on nourrir le climat de confiance ?

Nous inspirons confiance dans une relation quand nous montrons une volonté de respecter les engagements pris envers l'autre et que nous sommes authentiques et responsables.

Lorsque j'étais professeure de français au secondaire, j'ai souvent été témoin de sérieux problèmes de manque de confiance entre parents et adolescents. Je me souviens particulièrement du cas de Stéphane. Il vivait une relation très difficile avec ses parents. Il n'adhérait pas à leurs valeurs, ne respectait pas leurs exigences et réagissait à toute règle par la confrontation et la rébellion. Aucune communication n'était possible entre eux. Quand j'ai rencontré son père et sa mère lors de la remise du premier bulletin, ils m'ont fait part de leurs difficultés avec ce fils qui rejetait tout ce qui venait d'eux.

Stéphane était très secret sur ses relations et ses sorties, de sorte que ses parents vivaient beaucoup d'inquiétude à son sujet. Quand ils le questionnaient, ils recevaient des réponses vagues et mensongères. En fait, ils n'arrivaient pas à lui faire confiance. Aussi, plus ils étaient insécurisés, plus ils avaient tendance à le contrôler. Devant cette attitude, Stéphane répondait avec plus de fermeture et d'insolence. Au cours de cette rencontre, j'ai observé que les parents de cet adolescent étaient très préoccupés par l'image de leur fils, par sa réputation et sa réussite scolaire.

Cependant ils ne semblaient pas s'inquiéter de son vécu et de ses besoins d'amour, de reconnaissance et de liberté d'être lui-même. Le père de Stéphane, qui n'était jamais venu à une rencontre de parents avec les enseignants, m'a avoué qu'il attendait beaucoup de moi, étant donné que son fils me faisait confiance et qu'il m'aimait bien. Il espérait que je lui fasse entendre raison.

Stéphane n'était pas le seul adolescent qui vivait des problèmes avec ses parents. De nombreuses relations entre parents et adolescents étaient sérieusement perturbées par le manque de confiance et, par conséquent, par le manque de communication authentique. Un grand nombre de pères et de mères insécurisés et remplis de doute à l'endroit de leur fils ou de leur fille réagissaient en adoptant des mesures de contrôle, d'enquête et de surveillance. D'autres parents abdiquaient et adoptaient la politique du laisser-faire. Dans le premier cas, les jeunes se sentaient emprisonnés et se battaient pour leur liberté. Dans le deuxième cas, ils étaient libres d'agir à peu près comme ils voulaient. Toutefois ils se sentaient très malheureux parce qu'ils n'étaient pas sécurisés par l'encadrement et ne se sentaient ni aimés ni importants. Un fossé séparait ces jeunes de ceux dont ils avaient le plus besoin.

Il n'est pas toujours aisé pour certains parents de créer et de maintenir un climat de confiance et de communication avec leurs enfants. La tendance des jeunes et de leurs parents est de se blâmer mutuellement en rendant l'autre responsable de leur inconfort et de leur insécurité. Stéphane était en effet très rebelle. Par son choix d'amis peu recommandables, par ses sorties clandestines, par ses silences et ses retraits, par son refus de travailler et d'étudier, il causait une grande insécurité autour de lui. Cependant, dans l'échec de cette relation éducative, une part importante de responsabilité incombait aux parents. Ces derniers avaient toujours mis l'accent sur le paraître et ne s'étaient jamais préoccupés de savoir qui était vraiment leur fils ni ce qu'il ressentait. Ils avaient ainsi perdu sa confiance. Stéphane n'avait, en effet, pas assez confiance en ses parents pour leur parler de lui, de ses difficultés, de ses peurs, de ses vrais besoins. Comme ceux-ci étaient préoccupés par l'image, Stéphane les savait incapables d'entendre sa détresse. Aussi avait-il appris très jeune à taire son monde intérieur pour le préserver jalousement et à réagir, par la confrontation, le rejet et la rébellion, à l'importance que ses parents attachaient à l'apparence et à la réussite. Ainsi la communication authentique devenait impossible entre eux parce que la confiance n'existait pas. À cause de leurs valeurs complètement différentes, ils n'arrivaient pas à se rejoindre.

Est-il possible, dans ce type de relation entre les parents et les adolescents, de recréer un climat de confiance par la communication authentique ?

Communiquer authentiquement, c'est, ne l'oublions pas, révéler notre vérité profonde et entendre celle de l'autre. Cela suppose donc de part et d'autre un désir de rencontrer l'autre et de lui exprimer nos peurs, nos souffrances, nos besoins d'amour et de reconnaissance sans le blâmer. Seule l'expression authentique de cette vérité profonde dans le respect de l'autre et de nous-mêmes permet de rétablir à plus ou moins long terme le climat de confiance.

Pour y arriver, une implication honnête du jeune est requise, mais aussi, et surtout un investissement particulier de la part des parents, car ce sont eux les éducateurs. Il importe d'abord que ceux-ci s'assument comme parents, c'est-à-dire qu'ils sachent établir des règles, poser des limites et les faire respecter. Ce préalable est indispensable. Cependant cet encadrement ne sera accepté qu'en présence d'une relation humaine affective et chaleureuse entre le parent et l'enfant. Le jeune a besoin de sentir qu'il existe pour ce qu'il est et non seulement en fonction de ce qu'il fait et de son apparence. Il a besoin, pour faire confiance, d'une mère et d'un père sensibles à son vécu, préoccupés par ses souffrances et par son bonheur. Il a besoin de se sentir aimé.

Parce qu'il aura grandi dans un climat de confiance, il apprendra ainsi à communiquer authentiquement, à respecter ses engagements par le respect des règles.

La création de ce climat de confiance est nécessaire pour produire un sentiment de satisfaction dans les relations. **Vivre ou travailler au milieu de gens avec qui la confiance n'est pas établie, c'est nous placer dans des situations qui risquent d'engendrer la souffrance, car de telles situations déclenchent constamment l'insécurité intérieure.** Il est fondamental, si nous voulons que nos relations amoureuses, amicales ou professionnelles soient nourrissantes, d'accorder de part et d'autre la priorité au respect des engagements et de se soucier d'être authentiques et responsables. Respecter ces priorités permet de bâtir des relations sur les fondements solides de la confiance réciproque, fondements qui risqueront moins d'être ébranlés par les différences.

C. Le respect des différences

Au cours des premières années de ma relation amoureuse avec mon conjoint, je me préoccupais constamment de trouver le plus de points de ressemblance possible entre lui et moi. Il nous semblait que le succès de notre relation dépendait du nombre de traits de personnalité que nous partagions en commun. Aussi cherchions-nous à être semblables pour mieux nous entendre. Je dois avouer que pendant la période de fusion de notre relation, nous avons trouvé beaucoup de satisfaction à vouloir nous ressembler. Cependant cela n'a pas duré, parce que, pour y arriver, il nous a vite fallu nier nos différences, nos personnalités, nos besoins.

Cela nous a conduits à de sérieux problèmes de communication.

Nous avons mis du temps à retrouver chacun notre nature, à nous donner le droit d'être uniques. Nous avons dû affronter la peur de perdre, la peur du conflit, la peur du rejet et du jugement. De plus, il nous a fallu apprendre à exprimer nos peurs à l'autre, à exprimer nos inquiétudes et nos besoins. Grâce à cet échange, nous avons réussi à nous rapprocher et à apprivoiser petit à petit nos différences respectives. Par la communication authentique, chacun a été progressivement en mesure de s'accepter davantage et, par la suite, d'accepter davantage son partenaire comme il était. Plus cette acceptation de nos différences se manifestait, plus la communication authentique devenait facile. Cela m'a permis de découvrir que l'apprentissage de l'acceptation des différences ne peut se dissocier de l'apprentissage de la communication authentique. Ce processus parfois difficile nécessite une double intégration, mais il est d'autant plus satisfaisant qu'il conduit vers un double bénéfice.

Aujourd'hui, quand je regarde mon conjoint, je me rends compte que ce qui m'attire en lui, c'est précisément sa différence : sa nature extravertie, son intelligence pratique, son sens de la stabilité et de l'enracinement, son calme dans la tempête, son attention aux détails, sa souplesse, etc. Plus je m'assume dans ma différence, plus je reconnais la sienne. Par conséquent, je me sens beaucoup plus libre et je connais avec lui une plus grande complicité.

Cette différence ne se situe pas seulement dans les traits de personnalité, mais aussi dans les goûts. Sur ce point aussi, nous étions convaincus au départ que nous devions toujours, tous les deux, nous intéresser aux mêmes choses. Cette croyance exigeait de nous que chacun place entre parenthèses certains intérêts personnels importants pour rester en contact permanent avec l'autre ou que chacun s'impose des sorties sans intérêt pour lui. Aujourd'hui je reconnais, par exemple, la passion de mon amoureux pour les voitures, son intérêt pour les nouveaux modèles, pour tous les livres qui traitent de ce sujet. Je sais l'importance pour lui de posséder une voiture élégante et performante et je respecte grandement son intérêt pour les bolides de toutes sortes. Cependant je ne m'impose plus, comme auparavant, de visiter avec lui toutes les expositions de voitures. Au cours des années, j'ai bien compris que je n'y trouvais pas vraiment de satisfaction et qu'il était beaucoup plus agréable pour lui de visiter ces expositions en compagnie de quelqu'un qui partageait sa passion. J'ai accepté aussi le fait que j'éprouvais plus de plaisir à l'écouter me parler de ces soirées-là qu'à m'y rendre moi-même. Cela ne m'a pas empêchée, lors de notre dernier voyage à Paris, de l'accompagner sur l'avenue des Champs-Élysées pour voir les nouveaux modèles présentés par Renault et Citroën. Il ne s'agit pas pour moi de me fermer à sa différence, mais de respecter la mienne.

Cette différence s'est aussi manifestée sur le plan de la vie intérieure. Là encore nous voulions être semblables. Parce que nous n'étions pas authentiques, nos tentatives de communication s'en trouvaient considérablement perturbées. Pour nous, il est maintenant bien évident que, devant les mêmes événements, nous pouvons avoir des vécus et des besoins bien différents et que si, par exemple, la dernière réunion de famille l'a ennuyé, elle peut m'avoir enchantée au plus haut point.

Quand j'ai travaillé en thérapie relationnelle avec des couples, j'ai pu observer que la plupart d'entre eux arrivaient difficilement à composer avec leurs différences et que cette difficulté avait un impact sur leur communication. Le plus difficile est d'apprendre à nous assumer dans cette différence tout en respectant celle de l'autre. Il ne s'agit pas de vivre dans un monde à soi auquel l'autre n'a pas accès, encore moins de nous imposer d'aimer tout ce que l'autre aime et d'exercer toutes les mêmes activités. Il s'agit plutôt de vivre avec ces différences et de nous en servir comme forces complémentaires pour créer.

Lorsque s'établit la communication authentique, c'est-à-dire l'échange des vérités profondes de chacun, les différences sont plus faciles à accepter. Elles deviennent alors partie intégrante de la relation plutôt que sources d'éloignement ou d'isolement. Le fait d'accepter les différences dans une relation, de reconnaître celles de l'autre tout autant que les nôtres permet d'en tenir compte, de composer avec elles. Toutefois ce travail d'acceptation et d'intégration ne sera possible qu'à la condition de partager aussi des intérêts communs.

D. Les intérêts communs

Tenir compte de la différence de l'autre est possible quand, dans la relation, nous pouvons aussi nous appuyer sur des points et des intérêts communs qui nous permettent de nous rejoindre. La différence est stimulante, source de complémentarité et de liberté si elle est soutenue par la complicité qu'offre le partage d'intérêts communs. Ces derniers donnent le goût d'être ensemble, de ressentir un enthousiasme qui trouve une résonance chez l'autre et de servir de porte d'entrée privilégiée sur le monde intérieur, sur le dévoilement de la vérité profonde.

J'ai souvent observé, à l'occasion de thérapies de couples, que de nombreux problèmes de communication venaient de l'absence presque totale de projets communs dans le couple. Si chacun des partenaires trouve du plaisir et de la complicité plus souvent à l'extérieur qu'à l'intérieur de la relation, il finira par perdre son intérêt pour la relation elle-même et n'aura plus de motivation à rester en contact avec l'autre. Il est fondamental, dans toute relation affective, que les personnes impliquées élaborent des projets communs, qu'ils s'engagent dans un partage d'activités à long terme. Ce partage d'intérêts communs contribue à nourrir la relation. Sans lui, les possibilités d'entretenir la communication authentique sont diminuées, au point, dans certains cas, de détériorer une relation et même de la détruire.

Quand j'ai rencontré Caroline et Jonathan, ils vivaient une relation de couple infernale. Ils ne cessaient de se disputer, de s'attaquer, de se blesser l'un l'autre. C'est à cause de leur souffrance et de leur impuissance à retrouver l'harmonie perdue qu'ils ont décidé, en désespoir de cause, de me consulter. À les écouter parler, j'ai compris que cette difficulté relationnelle n'avait pas toujours existé. Elle était présente depuis quelques mois seulement, plus précisément depuis le jour où Caroline s'était acheté un ordinateur. Elle était tellement passionnée par l'informatique qu'elle y consacrait tous ses temps libres. Chaque fois qu'elle se dirigeait vers ce qu'il appelait « la machine », Jonathan se sentait abandonné et avait le sentiment profond d'être relégué au second rang. Il réagissait avec colère, ce qui provoquait le rejet de Caroline et entretenait des frustrations profondes chez l'un et chez l'autre.

Absorbée par sa passion pour l'informatique, Caroline ne laissait plus de place aux activités qu'elle partageait auparavant avec Jonathan. Elle avait complètement négligé leurs intérêts communs au détriment de ses propres intérêts. Par ce choix, elle provoquait une distance dans sa relation de couple et, par conséquent, une perturbation assez importante.

Une relation affective survit difficilement à l'absence de projets communs et de partage d'activités communes. C'est en faisant des choses ensemble que nous nous donnons l'occasion de nous parler et que nous nous ouvrons les portes de la communication authentique. La relation affective ne peut exister entre deux personnes isolées, indépendantes. Elle a plutôt besoin de deux personnes uniques qui s'occupent chacune d'elle-même tout en tenant compte de l'autre et de la relation. Si la réussite d'une telle rencontre est facilitée par le respect des différences et le partage des intérêts communs, elle l'est aussi par la gratuité.

E. La gratuité

La nature représente le plus beau modèle de gratuité qui puisse exister. Elle offre sa beauté, sa grâce, sa mouvance, ses couleurs, ses fruits, sans rien attendre en retour. À quoi sert la fleur que l'enfant m'apporte avec un sourire sinon à offrir gratuitement sa beauté et à m'exprimer, à travers le geste de celui qui me l'offre, tout le langage de l'émotion ?

La relation a besoin de gratuité, de ces gestes en apparence inutiles par lesquels nous donnons sans marchandage, sans manipulation, sans espoir de retour. Elle a besoin de cette volonté de donner gratuitement et de recevoir. Elle a besoin de temps gratuit, de mots gratuits, de tendresse gratuite, d'affection gratuite.

La gratuité n'est malheureusement pas toujours présente dans les relations affectives. Le fait de donner pour recevoir en retour engendre un malaise qui risque d'instaurer une relation du : « Je te donne tout, tu me dois tout.»

Un jour, alors que je donnais un cours aux étudiants en formation à la relation d'aide au Centre de Relation d'Aide de Montréal, une participante a demandé la parole. Elle m'a alors beaucoup louée pour mon travail, mes créations, mon cours, mon animation, etc. Elle ne tarissait pas d'éloges. Je l'écoutais tout en étant habitée par un malaise, que j'ai expliqué à ce moment-là par la difficulté que j'éprouvais à recevoir tant de reconnaissance. Le lendemain, après le cours, elle est venue me voir pour m'exprimer sa grande déception et me reprocher de ne pas avoir reconnu sa valeur alors qu'elle avait si bien reconnu la mienne. C'est à ce moment-là que j'ai compris quel était le déclencheur de mon malaise : elle avait reconnu ma valeur pour que je reconnaisse la sienne en retour. Je lui ai montré que sa reconnaissance était intéressée et que, au lieu d'exprimer clairement son besoin, elle prenait des moyens indirects. Cela créait des malaises et des doutes dans la relation et rendait impossible la communication authentique.

Il est difficile de communiquer avec quelqu'un qui donne pour recevoir. Ce marchandage, souvent inconscient, détruit petit à petit la confiance et suscite une grande insécurité. En effet, il déclenche un malaise sur lequel nous n'avons aucune prise, car le déclencheur exprime un double message.

Il est important, pour faciliter la communication authentique, d'agir gratuitement de part et d'autre, de faire plaisir à l'autre, de l'entourer d'attentions délicates sans marchandage, sans manipulation, sans attente. Ces attitudes traduisent un amour réel et expriment l'importance que revêt à nos yeux la personne aimée. Nous reconnaissons dans la véritable gratuité une transparence, une pureté qui éveille la confiance et favorise une attitude d'ouverture dans la communication. La gratuité dans la relation affective n'a rien à voir avec l'altruisme, le dévouement et le don de soi. Elle est spontanée, c'est-à-dire non calculée. Elle traduit tout simplement le vécu affectif, elle signifie à l'autre à quel point il est important pour nous et indique que nous n'attendons rien en retour.

La quête d'intérêt personnel est tellement présente dans un grand nombre de relations affectives qu'elle perturbe sérieusement la communication. Beaucoup de gens donnent pour obtenir quelque chose en retour. Ce comportement intéressé crée des malaises et un impact sur l'ouverture à recevoir. Comme mon travail est centré exclusivement sur tout ce qui touche la relation, y compris la relation d'aide, j'ai pu très souvent observer que de nombreuses communications deviennent progressivement impossibles entre des personnes qui disent s'aimer parce que l'une ou l'autre se révèle incapable de recevoir. Dans la plupart des cas, une telle attitude de fermeture provient de la peur inconsciente de perdre sa liberté, de se laisser emprisonner et manipuler par la personne qui donne. Comment communiquer et se rejoindre lorsque la porte du monde intérieur est fermée ?

Nous le savons, le besoin de protéger sa liberté est un besoin fondamental chez l'être humain. Aussi, si le don n'est pas vraiment gratuit, s'il est effectué avec l'intention d'obtenir de l'amour, de la reconnaissance, de l'approbation, de la sexualité ou quoi que ce soit d'autre, il aliène, il emprisonne, il étouffe. Dans un tel cas, nous ne donnons pas, nous achetons, nous manipulons. À long terme, ce que nous recevrons en retour, ce n'est pas l'amour, mais la méfiance et l'attitude défensive de fermeture et d'éloignement. Nous créons ainsi de l'incommunicabilité, car la plupart des gens craignent d'exprimer leur vécu authentiquement dans de telles situations. Ils ont peur de dire : « J'ai beaucoup de difficulté à accepter tes cadeaux, ta reconnaissance ou ton aide parce que j'ai peur que tu aies des attentes envers moi à l'avenir. »

Une autre façon d'agir permet de rétablir la communication. Elle concerne celui qui donne. L'ouverture nécessaire pour être reçu, pour être accueilli par l'autre, ne sera possible que si celui qui donne accepte d'entrer en lui-même et de conscientiser ses besoins réels et ses manques par rapport à l'autre. De cette façon, au lieu de manipuler par des cadeaux, des attentions, des compliments pour obtenir ce qu'il veut, il pourra dire clairement son besoin et faire des demandes claires. Son message ne sera alors pas équivoque.

Malheureusement, à cause de la difficulté de chaque partenaire à rester en relation avec lui-même, ce problème de manipulation inconsciente se pose très souvent dans les relations. **La satisfaction des besoins étant essentielle à l'équilibre psychique, il est évident que, si nous n'écoutons pas nos propres besoins et si nous ne les exprimons pas dans nos relations affectives importantes, il faudra prendre des moyens détournés, la plupart du temps inconscients, pour les satisfaire. Ainsi les communications, plutôt que d'être améliorées, seront perturbées.** Par exemple, une personne qui souffre de ne pas se sentir aimée peut manipuler l'autre pour combler ce manque, au point d'en arriver à le dominer et à devenir mesquine, voire méchante si elle n'arrive pas à satisfaire son besoin d'amour. Sa façon de combler son manque sera tellement aliénante qu'elle n'obtiendra jamais vraiment ce qu'elle recherche. Elle continuera ainsi désespérément à donner pour recevoir, sans jamais éprouver de satisfaction.

La dynamique donner/recevoir est présente dans toute relation affective. En l'absence de gratuité, la communication authentique est bloquée à cause du double message de celui qui donne et, à long terme, de l'attitude de fermeture de celui qui reçoit. Par contre, pour faciliter la communication, il est important d'en arriver à donner gratuitement et à nous ouvrir en pleine confiance. Cela est possible si une volonté de travailler sur nous se manifeste.

F. Le travail sur soi

On m'a souvent dit que j'avais de la chance de vivre une aussi belle relation de couple et de connaître une relation satisfaisante avec mes enfants. Certaines personnes croient que tout m'est tombé du ciel et que je n'ai jamais rencontré d'obstacles parce que je suis spécialiste de la relation humaine et que j'écris des livres sur le sujet. Bien au contraire, c'est précisément parce que j'ai rencontré des problèmes que je peux en parler avec la force de l'expérience plutôt qu'avec celle, chambranlante, de la seule théorie. Je reconnais que mes relations affectives me procurent beaucoup de bonheur. D'une manière générale, je peux communiquer authentiquement avec les gens auxquels je suis particulièrement attachée. Cependant, pour y arriver, j'ai toujours eu à fournir un travail important sur moi-même, à me remettre en question, à chercher à l'intérieur de moi les sources de mes difficultés relationnelles. Encore aujourd'hui, rien ne m'est donné à ce sujet. La communication authentique n'est pas toujours facile pour moi. Bien qu'elle me soit devenue indispensable, il n'en reste pas moins qu'elle me demande parfois, dans les situations difficiles, beaucoup de travail sur moi-même pour regarder en face mes blessures. Chaque fois que j'ai vécu des périodes critiques dans ma relation de couple, chaque fois que la souffrance m'a envahie, j'ai pris les moyens de voir clair, d'assumer ma responsabilité et de récupérer mon pouvoir. J'ai eu besoin d'aide et j'en ai encore besoin à certains moments.

La vie relationnelle est constamment jalonnée de déclencheurs qui suscitent la joie, la satisfaction, le bonheur,

mais aussi la peine, la colère, la souffrance. Il est inutile de s'illusionner et de croire que la partie désagréable disparaîtra un jour totalement et que, comme dans les contes de fées, tout sera toujours facile et agréable. Il ne peut exister de relation satisfaisante sans souffrance. Cependant, quand nous apprenons à communiquer authentiquement, nous nous donnons un moyen efficace et durable de vivre les émotions désagréables en relation, de façon qu'elles nous rapprochent au lieu de nous détruire, de détruire l'autre et de détruire la relation.

Apprendre à communiquer authentiquement, c'est, je le répète, apprendre à accueillir la souffrance déclenchée en nous par l'autre aussi bien que celle que nous déclenchons chez l'autre. Ce travail d'accueil ne consiste pas à faire disparaître les émotions désagréables ni à entretenir une illusion de nirvana, mais à apprendre à la vivre avec l'autre sans le rendre responsable des difficultés vécues. Cette volonté de vivre ensemble la peine comme la joie rend la douleur plus supportable parce que nous l'exprimons au lieu de nous isoler avec elle ou de chercher ailleurs des paradis perdus.

Combien de fois n'ai-je pas entendu des personnes me dire : « Avec mon partenaire amoureux, tout va bien quand je suis heureuse et quand il déclenche en moi des émotions agréables, mais si je souffre ou si je vis des émotions désagréables, il me rejette, me juge et je me retrouve devant une double souffrance : celle qui est déclenchée par la relation et celle de l'abandon. Dans ces cas-là, je sais que je ne retrouverai le contact avec lui que lorsque j'aurai retrouvé la joie. »

Beaucoup de gens sont incapables de laisser de la place à leur peine, à leur colère, à leur jalousie dans le cadre d'une relation. Ils n'expriment que le vécu agréable. En retour, cela les empêche d'accepter l'autre quand il vit aussi des émotions désagréables. La relation ne fonctionne alors que lorsque le ciel est bleu. Cependant, cela ne dure qu'un temps parce que **dans la réalité, le ciel n'est pas toujours bleu. Les nuages et la pluie font partie de la vie. Quand nous nions leur présence, nous perdons la passion de vivre et nous faussons la communication, qui ne peut plus être authentique**. Nous entretenons, nous amplifions ou nous banalisons ainsi la souffrance que nous refusons de voir et nous détruisons progressivement la relation.

C'est là qu'apparaît la nécessité du travail sur nous. Si l'autre refuse de se remettre en question, nous pouvons effectuer seul ce travail. Nous pouvons aussi le faire à deux si l'autre y consent. Même si nous le faisons seuls, nous obtiendrons aussi des résultats. En effet, si, dans une relation affective, l'un des partenaires travaille sur lui-même par des moyens comme la thérapie, il apprendra à être en relation avec lui-même et son changement intérieur exercera inévitablement un impact sur l'autre et sur la relation. L'influence peut, à long terme, être de deux ordres : il peut rapprocher les partenaires ou leur permettre de prendre conscience qu'il leur est impossible de se rejoindre. Dans un cas comme dans l'autre, ils trouvent leur voie.

Cependant, lorsque nous voulons améliorer la communication, il est toujours plus agréable d'entreprendre la démarche par ce que j'appelle la thérapie relationnelle.

Le but de la thérapie relationnelle, approche que j'ai créée en 1992, est d'apprendre aux personnes qui se heurtent à des difficultés dans leurs relations à communiquer authentiquement, par l'expérience concrète. Elle s'applique autant à la relation amoureuse qu'à la relation amicale ou à la relation entre parents et enfants. Elle constitue un moyen efficace de travailler sur nous-mêmes, un facilitateur pour apprendre à communiquer de façon satisfaisante, une source inépuisable de ressourcement.

G. Le ressourcement

Rien n'est acquis une fois pour toutes dans une relation affective. Pour qu'elle reste vivante et nourrissante, pour qu'elle soutienne la motivation, pour que la communication reste authentique et responsable, il est essentiel de nous en occuper. Autrement elle est comme une fleur que nous cessons d'arroser. Souvent, au moment où nous croyons que tout est acquis, au moment où tout va bien, un événement survient et nous rappelle l'importance d'entretenir ce à quoi nous tenons. Pour garder une relation vivante, stimulante, propulsive, il est primordial de nous ressourcer ensemble.

Se ressourcer signifie, d'après le Petit Robert, « trouver de nouvelles sources (psychologiques, spirituelles) ; reprendre des forces (physiques, morales) ».

Une relation stagnante est souvent triste et monotone. Pour maintenir la vie relationnelle, pour entretenir la communication, il est essentiel de ne jamais cesser de puiser ensemble à de nouvelles sources. Il ne s'agit pas seulement de partager des intérêts communs et de pratiquer des activités communes, mais de nous préoccuper constamment de la relation, de nourrir la communication, d'améliorer les échanges ; d'entretenir le désir de suivre le mouvement naturel de la vie et d'évoluer.

La communication authentique surpasse de loin la rencontre intime de deux personnes. Elle est aussi la source de ce qui les unit, de ce qui les met en relation. Quand nous communiquons authentiquement avec quelqu'un que nous aimons, la satisfaction ne vient pas seulement de l'intimité exprimée et partagée, mais aussi, et surtout du bonheur d'être en relation. Voilà ce qu'ajoute la communication authentique à l'expression de notre vérité intérieure et à l'écoute de celle de l'autre : elle ajoute la satisfaction d'être en relation. C'est pourquoi, en ce qui a trait à la vie relationnelle affective, il est si important de travailler non seulement sur nous-mêmes, mais aussi sur la relation.

Si nous voulons rendre une relation affective satisfaisante, il ne suffit pas de nourrir les personnes individuellement; il est aussi essentiel de nourrir la relation. Puisque c'est la communication authentique qui crée et recrée la relation intime, il importe donc de trouver ensemble des sources qui alimentent cette communication. Nous pouvons l'alimenter de bien des façons : par des voyages, des cours, des sessions de croissance ou par du travail thérapeutique. Le choix des moyens de ressourcement dépend des besoins.

Il se peut que la relation soit installée dans une routine devenue source d'ennui. Dans ce cas, elle a besoin de changements, d'aventures, d'un peu de fantaisie, de plaisir. En revanche, la relation peut aussi se perdre dans l'action, dans la vie extérieure, dans le mouvement. Elle a alors besoin d'intériorisation, de ressources d'ordre psychologique ou d'ordre spirituel ou tout simplement de repos.

Parfois les difficultés relationnelles se situent du côté de la dimension corporelle et sexuelle. La relation peut alors, selon ses besoins, trouver son ressourcement dans une activité physique qui favorise le contact, le toucher ou encore dans la sexothérapie. Il arrive aussi que la relation manque de nourriture intellectuelle et culturelle. Des cours suivis ensemble, des lectures communes qui encouragent la discussion, des activités culturelles auxquelles nous assistons ou auxquelles nous participons peuvent alors servir de nourriture.

Dans certains cas, la relation a besoin de ressources matérielles et financières. Il est possible ici d'apprendre ensemble à préparer un budget, de développer des intérêts pour l'administration, la gestion, le marketing. D'autres relations ont besoin d'ouverture sur le monde, d'implication sociale. Dans ce cas, l'investissement à deux peut emprunter diverses formes. Il s'agit toujours d'orienter l'action dans le sens qui convient aux besoins de la relation pour assurer sa pérennité.

Tous ces moyens de ressourcement offrent l'avantage de nourrir et de faciliter la communication et, par conséquent, de favoriser l'évolution de la relation et des personnes qui sont liées et qui tiennent vraiment à la qualité de leur relation.

Si chacun est responsable de ses besoins, de son vécu, de ses choix dans la relation affective, il n'en reste pas moins que les deux personnes concernées sont responsables de la relation et qu'une relation doit son succès à l'investissement volontaire de deux personnes et non d'une seule. Pour communiquer authentiquement, il faut impérativement être deux à vouloir le faire et à prendre les moyens pour y arriver. Choisir ensemble de ressourcer la relation, c'est choisir de vivre l'intimité que procure la communication authentique. Ce type de communication, bien que facilité par la satisfaction des besoins fondamentaux, la confiance, le respect des différences, les intérêts communs, la gratuité, le travail sur soi et le ressourcement ne s'obtient pas sans engagement, sans désir profond d'évoluer toujours davantage dans la relation avec nous-mêmes et dans la relation avec l'autre. Je sais que l'investissement n'est pas donné, mais je sais aussi que ce qui en résulte est inestimable. Rien au monde n'est plus satisfaisant que le temps consacré à apprendre à communiquer et à être en relation avec tous ceux que nous aimons, même quand ceux-ci représentent pour nous des autorités.

Chapitre 9

La communication authentique avec l'autorité

Les exemples apportés dans ce livre ont touché particulièrement la relation de couple, la relation amicale et la relation parents-enfants. Il existe toutefois un type de relation, non dépourvue d'affectivité, qui n'a pas été abordé et qui n'en est pas moins important : la relation avec l'autorité.

Ce type particulier de relation fera l'objet de ce chapitre, lequel répondra aux questions suivantes. Que signifie le mot *autorité* ? Qu'est-ce qui perturbe la communication authentique avec les personnes en position d'autorité et qu'est-ce qui la favorise ?

A. L'autorité

Le phénomène de l'autorité est une réalité qui existe depuis toujours et à laquelle personne ne peut échapper. Dès sa naissance, l'enfant se heurte à l'autorité parentale. À l'école, il découvre celle de ses professeurs. Plus tard, jusqu'à ce qu'il devienne peut-être un jour lui-même une personne qui détient l'autorité, il doit se mesurer avec l'autorité de ses employeurs et avec celle que la société lui impose. Voilà pourquoi il est si important de s'arrêter à ce phénomène. Tous, nous avons à vivre avec cette réalité, propulsive pour certains et contraignante pour d'autres. Pour mieux saisir ce phénomène de l'intérieur, voyons d'abord le sens du mot *autorité*.

Sur le plan étymologique, le mot *autorité* vient du latin *auctor*, qui signifie *celui qui accroît, qui fonde*. L'*auctor* est celui qui se trouve à l'origine d'une chose, un fondateur, un initiateur, un responsable (Le Petit Robert). Il n'est pas un dominateur, un oppresseur ou un dictateur, mais un être d'influence, un leader, un créateur, un éclaireur. Dans le sens que je lui attribue ici, l'autorité ne représente ni un rôle que nous nous donnons ni une fonction que nous exerçons, mais un état, une manière d'être. **Il ne s'agit pas d'avoir de l'autorité, mais d'être une autorité. Je fais une différence fondamentale entre un parent qui a de l'autorité sur ses enfants (avoir sur) et un parent qui est une autorité pour ses enfants (être pour).** Dans le premier cas, le parent exerce un pouvoir qui l'empêche de communiquer. Dans le deuxième cas, il assume la responsabilité que lui confère le fait d'être le père, la mère, le professeur, le thérapeute, l'employeur, etc. Il reste donc, en même temps qu'il s'affirme, une personne humaine, sensible, aimante, qui se laisse toucher et qui a la volonté d'être en relation et de communiquer authentiquement. Cela signifie que **la personne en autorité est en mesure de s'affirmer, d'assurer l'encadrement, de poser les règles et de les faire respecter avec honnêteté et justice, tout en restant sensible aux besoins fondamentaux des enfants, des étudiants, des clients, des employés, sensibles à leurs besoins d'être aimés, reconnus, sécurisés, écoutés et libres d'être eux-mêmes.**

Ces deux aspects de l'autorité s'avèrent indispensables pour assurer une communication authentique. Dans mon travail de pédagogue et de thérapeute en relation d'aide, j'ai vu beaucoup de personnes souffrir du manque de chaleur humaine de leurs parents, de leurs professeurs, de leur patron. J'ai reçu aussi de nombreuses personnes constamment insécurisées parce qu'elles ne possédaient pas les outils nécessaires pour organiser leur vie, la prendre en main et se réaliser.

Être l'autorité, c'est toute une responsabilité. Cela suppose une ouverture à la relation, une volonté de nous remettre en question, de reconnaître nos erreurs, de nous affirmer, de nous assumer comme autorité et comme personne humaine, une volonté de communiquer authentiquement tout en affrontant les obstacles qui perturbent la relation.

B. Les obstacles à la communication avec l'autorité

Le premier obstacle à la communication avec l'autorité découle de l'attitude de la personne en position d'autorité. Si celle-ci se montre autoritaire, si elle abuse du pouvoir, si elle se cache derrière son rôle, si elle nie sa sensibilité et sa vulnérabilité, elle empêchera la communication authentique et, par conséquent, la relation. Lorsqu'une personne côtoie souvent dans sa vie, à travers des figures importantes telles ses parents ou ses professeurs, un tel type d'autorité, elle connaît une expérience négative de la relation avec l'autorité. Elle risque alors d'effectuer des transferts négatifs sur les autorités qu'elle rencontrera par la suite dans sa vie et de réagir défensivement aux règles, aux limites et à toute forme d'encadrement.

Un problème aussi important se pose avec des autorités qui ne s'assument pas, qui manquent de tonus et d'énergie, des autorités bonasses, adeptes du laisser-faire et du laisser-aller. Les personnes qui exercent ce type d'autorité créent une grande insécurité et enseignent inconsciemment la paresse, la mollesse, la facilité, l'éparpillement, la confusion, le désordre intérieur et extérieur. Avec des parents trop permissifs, l'enfant n'apprend pas à développer sa volonté, à organiser sa vie, à passer à l'action. Il rêve sa vie et rencontre constamment la frustration due au manque d'effort et de volonté pour passer à l'action. De plus, son habitude de la facilité l'empêchera d'accueillir les souffrances inévitables de la relation et le privera des bienfaits que procure la communication authentique.

Quand une personne rencontre des autorités incapables de relation et de communication, elle perd confiance en tout ce qui s'appelle *autorité* et elle fait très souvent sur les personnes en position d'autorité des transferts négatifs ou positifs qui l'empêchent d'être véritablement en relation.

C. Le transfert

Si une personne fait un transfert sur une autorité quelconque, elle ne peut communiquer authentiquement avec cette autorité, parce qu'elle ne la voit pas telle qu'elle est. Par sa voix, son regard, ses gestes ou ses attitudes, cette autorité déclenche en elle des émotions et des sentiments agréables ou désagréables, vécus et non résolus par rapport à une personne qui a été importante dans le passé. Par exemple, il peut s'agir du père, de la mère, d'un professeur, des grands-parents, d'un oncle, d'une gardienne, etc. Comme ces émotions n'ont pas été exprimées au moment où elles ont été vécues, elles sont toujours présentes dans le psychisme, de sorte qu'un déclencheur qui rappelle des déclencheurs passés les ravive. La personne habitée par ces sentiments refoulés les transpose donc dans l'ici et maintenant sur la personne en position d'autorité. Ces émotions sont d'abord réveillées par un déclencheur inconscient qui rappelle à la mémoire inconsciente un vécu non résolu. Elles sont ensuite dirigées sur la personne présente, bien que cette dernière ne soit en rien concernée. Celle-ci devient donc, aux yeux de celui qui fait le transfert, un monstre ou un dieu, suivant que le transfert est négatif ou positif.

À cause de l'absence de relation et de communication authentique entre les deux personnes, le transfert est toujours difficile à vivre, spécialement quand il est négatif, tant pour la personne qui le réalise que pour celle sur qui il est opéré. En effet, il est impossible d'établir une relation, puisque la personne qui fait le transfert ne voit pas l'autorité telle qu'elle est. Inconsciemment elle voit plutôt la personne transférée. En fait, ce qui est difficile, c'est que l'autorité présente n'existe pas en tant que personne réelle. C'est l'image inconsciente d'une autre qui prend sa place.

Avant de démontrer comment peut se régler un problème de transfert de façon que les personnes retrouvent une communication authentique, voyons comment se manifestent le transfert négatif et le transfert positif.

1. le transfert négatif

En tant que détenteurs de l'autorité, nous reconnaissons qu'une personne fait sur nous un transfert négatif quand ses réactions n'ont pas de lien avec la réalité de l'histoire relationnelle que cette personne entretient avec nous.

J'ai reçu un jour dans mon bureau un de mes employés qui voulait me parler. Il était très en colère contre moi, à cause d'une exigence que j'imposais au personnel à propos de la ponctualité au travail. Il m'a parlé pendant vingt minutes pour me reprocher de lui enlever sa liberté, de le contrôler, de l'empêcher d'être lui-même, de ne pas lui donner le droit de s'exprimer, de ne pas lui accorder d'importance, et j'en passe. Cet homme-là travaillait pour moi depuis plus de deux ans et nous avions toujours eu une excellente relation. Je lui ai parlé de mes malaises au sujet de ces accusations et je l'ai amené à prendre conscience de son expérience relationnelle avec moi. Quand lui avais-je enlevé le droit de s'exprimer? Quand avait-il été privé de sa liberté? Quand l'avais-je contrôlé? Quand l'avais-je empêché d'être lui-même? Rien dans ces accusations ne s'adressait vraiment à moi, mais plutôt à son père. Je n'avais été qu'un déclencheur de souffrance refoulée. La prise de conscience de son transfert lui a permis de faire la part des choses et de voir sa relation avec moi telle qu'elle était.

La confrontation avec l'autorité est souvent l'une des principales caractéristiques des personnes qui font un transfert négatif. Elle n'en est toutefois pas le seul trait. Ces personnes adoptent souvent une attitude rebelle. Elles ont tendance à provoquer, à ne pas respecter les règles et les limites, à se voir comme supérieures, à critiquer l'autorité, à la rabaisser. Nous remarquons aussi chez elles un besoin de prouver, une attitude de rejet, une grande difficulté à prendre conscience des peurs et des besoins affectifs par rapport à l'autorité ainsi qu'une difficulté à les reconnaître. Ces personnes versent plutôt dans une indépendance défensive, une négation de l'autorité, une opposition constante, une attitude de pouvoir.

Évidemment ces comportements ne sont pas toujours causés par un transfert. Ils sont fréquemment déclenchés

par l'autorité elle-même. Si cette dernière est autoritaire, si elle abuse du pouvoir, si elle manque de qualités humaines et de sensibilité, elle risque fort de provoquer de telles attitudes défensives. Aussi est-il fondamental de bien distinguer ce qui est *transfert* de ce qui est *réalité*. Il est trop facile pour une personne en position d'autorité d'invoquer le transfert pour se disculper et éviter ainsi de se remettre en question lorsque de tels problèmes se posent.

Il est toujours difficile, quand nous sommes une autorité, d'être l'objet d'un transfert négatif. En effet, comme je viens de l'expliquer, nous n'existons pas tels que nous sommes pour la personne qui transfère l'image d'une autre personne sur nous. Cela nous empêche d'être en relation et de communiquer authentiquement. Cette difficulté se retrouve aussi dans le cas d'un transfert positif.

2. le transfert positif

Dans le cas du transfert positif, le client, l'étudiant, le participant, l'employé vit par rapport au thérapeute, au professeur, à l'animateur, au patron des sentiments vécus envers une autorité aimée et admirée dans le passé ou à l'égard d'un idéal complètement imaginaire. Encore ici, un tel transfert empêche de voir la personne en position d'autorité telle qu'elle est. L'autorité est donc vue comme un être parfait, idéal, presque désincarné. Aucune erreur, aucune imperfection ne lui sont permises. Un désir inconscient de fusion et d'exclusivité habite la personne qui fait le transfert. Elle a même parfois tendance à s'infantiliser.

Cependant il importe ici de bien distinguer entre le transfert positif et l'identification à des modèles. Toute personne a besoin de s'identifier à un modèle pour trouver son identité et pour se propulser. L'identification est différente du transfert, car elle s'adresse à une personne réelle, une personne humaine. Cette dernière est alors admirée pour ce qu'elle est réellement sans être idéalisée, car c'est une personne influente, à qui nous reconnaissons des talents réels, des forces réelles, des qualités réelles. L'identification à un modèle ramène à nos propres forces, à nos propres valeurs, à nos propres potentialités; alors que dans le transfert positif nous nous perdons dans l'autre, que nous imaginons parfait, sans faille, sans défaut. Le transfert positif détache la personne de la réalité pour l'amener dans un imaginaire où l'idéal de perfection est projeté sur l'autorité, à laquelle sont alors conférés tous les pouvoirs.

Il est parfois aussi difficile, pour la personne en position d'autorité, d'être l'objet d'un transfert positif que d'un transfert négatif. Par l'idéalisation, la personne qui fait le transfert reconnaît l'autorité, mais elle ne reconnaît pas la personne qui la détient. Comme le besoin d'être reconnu est un besoin psychique fondamental, il est possible que certaines autorités, pour être reconnues, entretiennent le transfert en maintenant l'image d'un personnage de perfection. Devant le transfert positif, la meilleure attitude à adopter en tant qu'autorité est de rester nous-mêmes, en reconnaissant nos forces, nos limites et nos faiblesses tout en nous assumant comme autorité. La personne qui fait le transfert sortira progressivement de l'imaginaire pour entrer dans la relation réelle.

Nous voyons par ce qui précède qu'il n'est pas facile de vivre avec le transfert, d'autant plus qu'il se présente partout et que de nombreuses relations avec l'autorité sont perturbées quand il n'est pas conscientisé.

3. La façon de reconnaître un transfert

Je crois qu'il faut beaucoup de vigilance et d'honnêteté pour reconnaître un transfert et être en mesure de vivre avec cette réalité. Ce phénomène devrait, à mon avis, faire partie de la formation de tous les enseignants et surtout de tous les thérapeutes. En relation d'aide, l'aidé qui fait un transfert ne voit pas son thérapeute tel qu'il est. La relation et la communication s'en trouvent donc perturbées. Un déclencheur venant de l'aidant peut toujours faire naître le transfert. Ce déclencheur inconscient peut être, par exemple, une voix grave ou nasillarde, un ton aigu ou bas, de grands yeux ou des yeux bleus, des mains potelées, des gestes saccadés, etc. Ces détails, auxquels l'aidé est sensible, exercent un impact sur son psychisme et le touchent émotionnellement. Cela s'explique par le fait que la sensation produite par le déclencheur réveille des émotions agréables ou désagréables vécues dans le passé par rapport à un déclencheur semblable. Par exemple, si ma mère parlait sur ton aigu chaque fois qu'elle me punissait et m'humiliait, le ton aigu fera donc naître le même vécu que suscitait la voix de ma mère et me fera réagir spontanément à l'autorité qui déclenche le malaise, comme s'il s'agissait de ma mère. Par le fait même, la relation avec l'autorité présente est brisée et la communication, sérieusement perturbée.

Subsiste toutefois le danger pour un thérapeute ou une personne en position d'autorité de voir des transferts partout. Nous ne pouvons pas parler de transfert chaque fois qu'une personne réagit négativement envers l'autorité. Nous reconnaissons le transfert quand il est clair, dans la relation thérapeutique par exemple, que l'aidé prête à l'aidant des sentiments, des attributs, des intentions qu'il n'a pas, qu'il grossit démesurément des situations toutes simples, qu'il invente ou imagine des scénarios non applicables à la relation présente, qu'il déforme la réalité. Lorsque l'aidant est sûr qu'il est en présence d'un transfert, il doit savoir comment travailler avec l'aidé de façon à rétablir la communication.

4. La façon de composer avec le transfert

Je ne crois pas, comme le préconise la psychanalyse, que nous pouvons régler un transfert par un retour dans le passé. Comme il est déclenché dans le présent, c'est par la relation présente qu'il se dénouera si l'aidant ou la personne en autorité sait composer avec lui. Pour ce faire, la personne aidante doit utiliser les moyens suivants :

a. Elle doit d'abord reconnaître et accueillir les émotions positives ou négatives de l'aidé sans les banaliser, sans les condamner. Le vécu de ce dernier est réel et mérite d'être entendu et reçu sans jugement.

b. Il est important aussi que l'aidant accueille ses propres émotions engendrées par l'attitude de l'aidé. L'écoute silencieuse de ce qui se passe en lui permet à l'aidant de rester une personne sensible et de ne pas tomber dans des réactions défensives telles que le jugement, le blâme, l'explication, l'interprétation, l'argumentation, l'enseignement, la rationalisation, la projection, la prise de pouvoir. S'il devient défensif, l'aidant tombe dans le piège de l'autorité transférée, ce qui rend impossible la résolution du transfert. Il est donc fondamental que le monde émotionnel soulevé dans la situation soit bien entendu par l'aidant, tant celui de l'aidé que le sien.

c. Après avoir pris le temps de bien accueillir les émotions, l'aidant peut faire des observations objectives précises pour permettre à l'aidé de saisir son fonctionnement psychique dans la situation présente (besoins, peurs, mécanismes de défense, etc.) et ce, de façon que la relation se rétablisse.

d. Il est important que l'aidant ne laisse pas l'aidé se perdre dans des affirmations non fondées au sujet de sa relation avec lui ou dans des généralités du genre de celles-ci : « Tu m'enlèves ma liberté. Tu ne me donnes pas le droit de faire ce que je veux, etc. » L'aidé doit prendre conscience de son transfert et, pour cela, le thérapeute doit être en mesure de lui montrer honnêtement tout ce qui, dans ses paroles ou son attitude, ne correspond pas à la réalité de la relation présente. Cela permettra à l'aidé de constater qu'il est en situation de transfert et que cela l'empêche de voir l'aidant tel qu'il est et d'être en relation avec lui. Il découvrira ainsi quelle personne de son expérience passée il transfère sur l'autorité présente et pourra libérer, par le fait même, la souffrance refoulée déclenchée autrefois par cette personne.

e. Tout au long du processus, l'aidant doit rester une autorité, mais aussi une personne sensible et touchée par l'autre. Il importe donc qu'il exprime à l'aidé le malaise causé par le fait qu'il n'est pas vu tel qu'il est et qu'il n'est pas en relation. Il est essentiel aussi qu'il ne change pas ses règles, ses exigences, son approche pour ménager l'aidé par peur de ses réactions transférentielles.

Lorsqu'une personne s'assume comme autorité dans l'ici et maintenant dans ses relations, tout en restant humaine et sensible à l'autre, elle devient une aide précieuse pour tous ceux qui vivent des problèmes avec l'autorité. Ces personnes apprennent alors à vivre la relation avec l'autorité sans se sentir menacées. Par la suite, ils s'habituent également à aborder toute autorité en restant en relation avec

elle, en étant capables de communiquer authentiquement, sans l'idéaliser et sans la confronter, dans le respect d'eux-mêmes et dans le respect de l'autre.

Le respect est l'un des plus grands facilitateurs de la communication authentique si chacun apprend, dans le cadre d'une relation, à se respecter lui-même et à respecter ceux avec lesquels il est en relation.

Conclusion

J'ai longtemps cru que, pour se donner le droit d'écrire un livre de psychologie, de pédagogie, de philosophie, tout livre qui traite des thèmes tels la vie, la relation d'aide, l'amour, la communication, il fallait avoir tout réglé, tout compris, tout intégré à propos du sujet traité. Je croyais qu'il fallait représenter soi-même le modèle parfait, en concordance avec les explications du livre. J'ai beaucoup lu. J'ai toujours été une passionnée de la lecture, spécialement de livres qui concernent la personne humaine dans ses dimensions corporelle, affective, intellectuelle et spirituelle. J'ai même idéalisé de nombreux auteurs, que j'ai par la suite rencontrés. Ma relation avec eux m'a appris l'essentiel, c'est-à-dire l'importance d'accorder la priorité à l'humain, à sa démarche évolutive, à sa recherche constante de compréhension et de bonheur.

Écrire dans ce domaine si mouvant qu'est la psychologie humaine, c'est plutôt, selon moi, témoigner d'un sujet que nous connaissons vraiment, que nous avons expérimenté plusieurs de fois. C'est parler d'un sujet que nous avons étudié, approfondi et sur lequel nous avons effectué une recherche sérieuse ; un sujet qui nous occupe et nous préoccupe partout, tant sur le plan de la pensée que du vécu, tant sur le plan de la réflexion que de la relation, tant sur le plan personnel que professionnel. Écrire, c'est partager ses découvertes et son expérience en demeurant bien conscient que ce don aura des résonances internes plus ou moins importantes dans le cœur des lecteurs et que leur importance dépend de la volonté de l'auteur à rester humain, à continuer sa démarche, à ne pas se croire arrivé au but.

La communication authentique me tient à cœur dans toutes les situations relationnelles, avec mes enfants, avec mon conjoint, avec mes amis, avec mon entourage. Je crois que ce qui m'a permis de vous en parler, c'est l'acceptation de mes imperfections et de ma nature humaine. **Si vous lisez ce livre en considérant son contenu comme un idéal qui vous enlève la liberté d'être vous-mêmes, il ne sera pour vous qu'un carcan de plus et ne servira qu'à alimenter les personnages que vous incarnez. Nous n'apprenons à communiquer authentiquement que si nous acceptons et reconnaissons nos manques d'authenticité, de responsabilité et d'acceptation. C'est paradoxalement la tendance à rechercher la perfection qui nous prive du bonheur de communiquer authentiquement.**

Apprendre à communiquer, c'est découvrir et reconnaître dans chaque communication la source de nos rapprochements et la source de ces moments au cours desquels la relation est bloquée. Apprendre à communiquer authentiquement, c'est tout simplement apprendre à vivre l'intimité dans la relation et accepter de nous attacher.

La communication authentique est impossible sans ouverture à l'attachement. Je me suis longtemps demandé pourquoi je m'attachais à certaines personnes lors d'une première rencontre, alors que je ne connaissais aucun attachement pour d'autres que je côtoyais depuis longtemps.

J'ai compris un jour que l'attachement est un phénomène d'ordre affectif qui naît de la relation intime avec l'autre, qui résulte de l'investissement profond que favorise la communication authentique. **Dès que le monde émotionnel est engagé dans la relation, dès que nous sommes rejoints intérieurement par l'autre, comme nous le sommes spontanément avec les enfants, dès qu'une ouverture authentique se crée de cœur à cœur, qu'il s'agisse de la première ou de la énième rencontre, l'attachement s'installe et ne disparaît jamais, parce que ces moments d'intimité font partie de ce que nous sommes.**

La relation peut connaître des moments de grand bonheur quand il y a communication, mais des moments de souffrance intense quand l'intimité est perturbée par l'absence de communication authentique. Elle peut aussi se rompre ou mourir. Dans un cas comme dans l'autre toutefois, l'attachement persiste, parce que nous avons livré notre cœur à l'autre et que nous avons accepté d'accueillir le sien. L'autre fait alors partie de notre expérience de vie et rien ni personne au monde ne peut l'arracher, encore moins nous-mêmes. Nous pouvons nous défendre de la souffrance de l'attachement en la jugeant ou en la refoulant ; nous pouvons aussi nous en servir pour nous détruire ou pour nous bâtir, mais nous ne nous en départons pas. Nous apprenons plutôt à vivre à partir de cette souffrance de façon à la transformer en une force intérieure, un acquis supplémentaire. C'est le cadeau que laisse la communication authentique. Celle-ci nous remplit de la richesse de l'expérience qui construit et propulse. Elle enrichit le bagage affectif de chacun parce qu'elle est source d'attachement.

Je ne peux terminer ce livre sans exprimer ma gratitude à tous ces êtres auxquels je me suis attachée au cours de ma vie et qui, par la relation que j'ai entretenue avec eux, ont contribué à ma réalisation intérieure. Les expériences relationnelles qui m'ont fait grandir et qui m'ont permis d'apprendre à être en relation sont nombreuses : celles que j'ai vécues avec ma famille et la famille de mon conjoint ainsi qu'avec tous les élèves que j'ai connus au cours de mes 19 années d'enseignement à l'école secondaire; celles que j'ai vécues aussi avec certains de mes professeurs et avec mes amis tant au Québec qu'à l'étranger, avec tous les étudiants à qui j'ai enseigné au Centre de Relation d'Aide de Montréal et avec la merveilleuse équipe qui travaillait avec moi. Les expériences relationnelles qui ont contribué à mon évolution sont spécialement celles que j'ai vécues avec les êtres qui me sont le plus chers : mes quatre enfants, mon amoureux depuis cinquante ans et mes merveilleux petits-enfants. Je ne peux dire à quel point je leur suis reconnaissante pour tout ce qu'ils m'ont apporté et tout ce qu'ils m'apportent encore, non seulement par la communication authentique, mais aussi par les moments d'incommunicabilité.

Ces expériences n'ont pas toujours été faciles, loin de là. J'ai parfois manqué de responsabilité, d'authenticité. J'ai souffert de mes blocages, de mes écueils, de mes nombreuses blessures. J'ai souffert de ces moments où, par orgueil ou par peur, je perturbais ou empêchais la communication. Cependant ce que j'ai appris avec eux n'a pas de prix. Je sais maintenant que l'essentiel pour moi, c'est d'être en relation avec ceux que j'aime, c'est d'accepter de vivre la souffrance et le bonheur de l'attachement par la communication authentique, parce que c'est le chemin le plus sûr que j'ai trouvé pour être heureuse et me réaliser. C'est aussi pour moi le chemin le plus sûr pour contribuer, à ma façon, à la réalisation intérieure de l'homme et, par conséquent, à la création d'une société dans laquelle les valeurs humaines profondes véhiculées par la relation et la communication domineront celles que procure le pouvoir du savoir, de l'avoir et de la manipulation. **L'avenir de l'homme, j'en suis profondément convaincue, ne se trouve pas dans des changements extérieurs, mais dans son ouverture à sa vérité profonde et à celle des autres, dans sa volonté d'apprendre à communiquer authentiquement. L'avenir de l'homme réside dans sa relation intime avec lui-même, avec les autres et avec le monde.**

Bibliographie

AMADE, G. et A. GUILLET. *La dynamique des communications dans les groupes*. Paris : Éditions Armand Colin, 1975, 209 pages.

BRADSHAW, John. 1933- *Retrouver l'enfant en soi*. Montréal : Les Éditions de l'Homme, 1990 pour l'édition originale, 2004 pour la traduction française, 432 pages.

BUSCAGLIA, Leo. 1924-1988. *S'aimer ou le défi des relations humaines*. Traduit de l'américain par Christine Balta. Montréal : Éditions Le Jour, 1985, 172 pages.

LEMBOS, E. *Les barrages personnels dans les rapports humains. Comment les comprendre et les surmonter*. Paris : Éditions ESF, 1984, 82 pages.

LOBROT, Michel. 1924- *Les forces profondes du moi*. Paris : Économica, 1983, 322 pages.

LOWEN, Dr Alexander. 1910-2008. *La bio-énergie*. Montréal : Éditions Le Jour, 1977, 307 pages.

PERLS, Dr Fritz. 1893-1970. *Ma gestalt-thérapie. Une poubelle-vue-du-dehors-et-du-dedans*. Évreux : Tchou, 1976, 306 pages.

PERLS, Dr Fritz. 1893-1970, R.-E. HEFFERLINE 1910-1974 et P. GOODMAN. *Gestalt-thérapie. Technique d'épanouissement personnel*. Traduit de l'américain par Martine Wiznitzer. Ottawa : Éditions internationales Alain Stanké, 1977, 308 pages.

POITOU, Jean-Pierre. 1936- *La dissonance cognitive*. Paris : Éditions Armand Colin, 1974, 125 pages.

PORTELANCE, Colette. 1943- *Aimer sans perdre sa liberté*. Montréal : Éditions du CRAM, 3e édition 2012, 250 pages.

PORTELANCE, Colette. 1943- *Éduquer pour rendre heureux*. Montréal : Éditions du CRAM, 2e édition 2008, 332 pages.

PORTELANCE, Colette. 1943- *Relation d'aide et amour de soi*. Montréal : Éditions du CRAM, 6e édition 2005, retirage 2009, 452 pages.

PORTELANCE, Colette. 1943- *3 grands secrets pour réussir votre vie amoureuse*. Montréal : Éditions du CRAM, 2011, 186 pages.

VANOYE, F. *Expression Communication*. Paris : Éditions Armand Colin, 1975, 241 pages.

Pour une thérapie individuelle,
pour une thérapie relationnelle
ou pour un travail en groupe

1 877 598-7758

514 598-7758

Achevé d'imprimer
au mois de décembre 2011
sur les presses des Imprimeries
Transcontinental (Gagné)
à Louiseville (Québec).